Lance Lambert

Israel – Zentrum der Weltgeschichte?

Zu den Bibelzitaten:

Bibelverse werden in diesem Buch nach der Luther-Übersetzung (= Lu.)
in der Revision von 1964/1956, nach der Zürcher Übersetzung (= Zü.) (1931)
oder nach der Einheitsübersetzung (= Einh.) (1980) wiedergegeben, in
einzelnen Fällen auch nach der Schlachter-Übersetzung (= Schl.).

Die Deutsche Bibliothek – CIP-Einheitsaufnahme

Lambert, Lance:
Israel – Zentrum der Weltgeschichte? / Lance Lambert. [Übers.
von Carola Westphal]. – 2. Aufl. – Neuhausen-Stuttgart:
Hänssler, 1992
  (Edition C : C ; 351)
  Einheitssacht.: The uniqueness of Israel < dt. >
  1. Aufl. u. d.T.: Lambert, Lance: Die Einzigartigkeit Israels
  ISBN 3-7751-1788-1
NE: Edition C / C

2. Auflage 1992
EDITION C-Paperback C 351
Bestell-Nr. 58.051
© Copyright 1980 by Lance Lambert
Published by Kingsway Publications Ltd., Eastbourne, Great Britain
Originaltitel: The Uniqueness of Israel
Übersetzt von Carola Westphal
© Copyright der deutschen Ausgabe by Hänssler-Verlag,
Neuhausen-Stuttgart
Die erste Auflage des vorliegenden Buchs erschien als TELOS-
Paperback 1229 unter dem Titel »Die Einzigartigkeit Israels«
Titelbild: ZEFA, Düsseldorf
Umschlaggestaltung: Heide Schnorr v. Carolsfeld
Printed in Germany

Inhalt

Vorwort zur deutschen Ausgabe

Das vorliegende Buch von Lance Lambert ist eine Studie über das Volk Israel, in welcher Gottes Heilsplan mit diesem Volk im Mittelpunkt steht. Es ist von tiefer Sach- und Bibelkenntnis getragen sowie von großer Liebe zu diesem in dieser Welt so oft verachteten und gehaßten Volk und zu seinem Messias, Jesus Christus. Es ist faszinierend zu lesen, wie Israel durch alle Gerichte und Tiefen hindurch doch immer Gottes auserwähltes Volk bleibt und niemals seine Identität verliert und wie der letztliche Schlüssel zu seiner Geschichte »Jesus Christus« (Jesus, der Messias) heißt.

Es ist eine bekannte Tatsache, daß es gerade über den Themen »Heilsplan Gottes« und »Israel« sehr leicht zu Meinungsverschiedenheiten auch unter Christen kommt. Das ist nur natürlich. Zu komplex ist die Thematik, zu verschieden die Auslegungen der entsprechenden Bibelabschnitte, zu groß schließlich manchmal die Zahl derer, die hier meinen, bereits alles zu wissen. Es wäre daher sehr verwunderlich, wenn alle Leser dieses Buches mit allen seinen Ausführungen übereinstimmen würden. Manch einer wird mit dieser oder jener Auslegung oder Belegstelle des Verfassers nicht einverstanden sein. Manch einer wird sogar in den größeren Linien anders denken und etwa bemängeln, der Autor habe die noch ausstehende irdische Geschichte Israels zu optimistisch dargestellt und die letzten großen Kämpfe und Nöte, die vor der Rückkunft des Messias noch über dieses Volk hereinbrechen werden, zu wenig betont.

Es sei daher von vornherein betont: Es wäre falsch, dieses Buch so zu lesen, als sei es unfehlbar (unfehlbare Bücher gibt es außerhalb der Bibel nicht). Genauso falsch wäre es, von Seite zu Seite nach möglichen »Fehlern« des Autors zu suchen. Das Buch will vielmehr gelesen werden als lehrreiche Information, als persönliches Bekenntnis des Verfassers und als lebendige Anregung zu eigener Beschäftigung mit Israel und seiner Geschichte und göttlichen Bestimmung – und auch, wo das im Leben des Lesers noch nicht geschehen ist, als Aufruf zur persönlichen Begegnung mit Jesus Christus, der der Erlöser nicht nur der Juden, sondern auch jedes anderen Menschen sein will.

Vorwort

Es ist wohl nicht von ungefähr, daß ich gerade heute, am Holocaust-Tag, mit dem Schreiben dieses Buches zum Abschluß komme. Heute gedenkt ganz Israel der systematischen Ausrottung von sechs Millionen Juden in den Konzentrationslagern der Nazis. Als die Sirenen heulten und das jüdische Volk zwei Minuten lang in Schweigen verharrte, konnte ich im stillen nur staunen über alles, was sich innerhalb der kurzen Zeitspanne von einer Generation ereignet hat. Zur Zeit des Zweiten Weltkrieges hätte man den Gedanken an einen eigenen jüdischen Staat als lächerlich abgetan, ja als ein Ding der Unmöglichkeit bezeichnet. Heute aber stand ich schweigend mitten unter dem Volk eines wiedergeborenen Staates. Der unerschütterliche Vorsatz Gottes hatte sich erfüllt, wenn auch durch viel Widerstand und Blutvergießen hindurch.

Letzte Nacht schaute ich auf den einzelnen feststehenden Lichtstrahl, der sich in den Nachthimmel erhob, als wolle er ihn durchdringen. Die Stärke seiner Helligkeit und die gleichzeitige Schwäche seiner Einsamkeit beeindruckten mich zutiefst. Er strahlte in das Dunkel des Himmels über Yad Vashem, dem Denkmal für die Holocaust-Opfer im Westen Jerusalems; er strahlte in das Dunkel, um an ihren Tod zu erinnern. Es war, als hörte man das Volk sagen:»Wir haben euch nicht vergessen; aus eurem Leiden, eurem Tod sind wir hervorgegangen.« Denn Israel wurde aus großem Leid heraus geboren. Dieser Lichtstrahl, Erde und Himmel verbindend, schien mir ein Symbol zu sein für die Geschichte Israels – Licht aus der Finsternis. Er war Ausdruck nicht nur des Vergangenen, sondern auch des Zukünftigen, der bevorstehenden Herrlichkeit.

Es ist mein Gebet, daß dieses Buch, das ich im Bewußtsein meiner eigenen Unvollkommenheit und unter manchen Anfechtungen schrieb, für einige meiner Leser zum »Licht aus der Finsternis« wird. Ich weiß, daß es nur wenige Dinge gibt, über die soviel diskutiert und gestritten wird wie über das Thema dieses Buches. Einige werden denken, daß ich das Thema sehr einseitig angegangen bin. Ich möchte aber meine Leser daran erinnern, daß dies ein Buch über das jüdische Volk ist und ich mich deshalb an die Grenzen meines Themas halten mußte. Andere werden meinen, ich sei nicht genügend kritisch oder direkt gewesen. Ich kann nicht erwarten, daß meine Ansichten von allen geteilt werden. Ich hoffe nur, daß diejenigen, die ganz anders über die Sache denken, dieses Buch zumindest zu Ende lesen und ihm ihre volle Aufmerksamkeit schenken.

Hineingewoben in das Mark der jüdischen Existenz ist eine Einzigartigkeit, die niemand leugnen kann. Viele Juden würden ihr gerne entfliehen, zumindest aber sie vergessen oder ignorieren. Sie können es nicht. Und ebensowenig unausweichlich wie ihre Einzigartigkeit ist ihre göttliche Bestimmung. Denn der Messias hat Israel nicht nur seine Einzigartigkeit verliehen – dem Land, der Hauptstadt Jerusalem und dem jüdischen Volk mit seiner Geschichte und seiner Erlösung am Ende der Zeiten. Er hat es dazu ersehen, in alle Ewigkeit an seiner eigenen herrlichen Bestimmung teilzuhaben.

In diesem Buch habe ich schriftlich niedergelegt, was ich in all den Jahren engster Verbundenheit mit Gott von ihm über seinen Plan und die Bestimmung Israels gelernt habe. Wenn ich auch ein schlechter Schüler und Nachfolger des Herrn war, so habe ich es doch mit seiner Hilfe so aufrichtig wie möglich geschrieben. Wenn die Wahrheit, die mir im Herzen brennt, verdunkelt wurde durch meine Schwächen und Fehler, so bitte ich meine Leser um Vergebung. Nichtsdestoweniger halte ich aber daran fest, daß es die ewige und unüberwindliche Wahrheit ist, und für diese entschuldige ich mich nicht.

Deshalb lassen mich auch die heftigen Diskussionen und Kontroversen über Israel völlig unberührt. Die Zeit selbst wird der Wahrheit Zeugnis geben. Der Tag kommt – so sicher wie der Aufgang von Sonne und Mond oder der Wechsel der Jahreszeiten –, an dem das jüdische Volk wieder von Gott angenommen werden wird. Es wird ein Tag grenzenloser Herrlichkeit sein, ein

Tag der Gnade, der Auferstehungskraft und des Lebens für die ganze erlöste Gemeinde. Ich sehne diesen Tag herbei und weiß gewiß: Er wird kommen. Er wurde festgesetzt in dem unabänderlichen Ratschluß Gottes, und dieser bleibt bestehen.

In tiefer Dankbarkeit bin ich all denen verbunden, die auf verschiedene Weise zum Entstehen dieses Buches beigetragen haben – sei es durch Nachforschungen, Korrektur des Sprachlichen, Tippen des Manuskriptes oder durch wertvolle Anregungen. Vor allem aber danke ich Gott für ihre Gebete und ihre Gemeinschaft.

Lance Lambert

Teil I
Die Einzigartigkeit des Landes

Ein Land, das ich ihnen bestimmt hatte ... ein Kleinod vor allen
Ländern. (Hes 20,6 – Zü.)

1. Ein Kleinod vor allen Ländern

»Ein Kleinod vor allen Ländern« – so nannte Gott das Land
Israel (Hes 20,6 – Zü.), ein Land, das er ihnen »bestimmt« hatte.
Für viele Besucher Israels mag diese Bezeichnung seltsam klin-
gen. Einige fühlen sich enttäuscht. Es entspricht nicht dem Bild,
das sie sich im Lauf der Jahre in ihrer Phantasie ausgemalt
haben. Sie erkennen es zwar an als das Land der Patriarchen,
Propheten, Psalmisten und vor allem als das Land unseres Herrn
Jesus Christus, aber nur wenige würden es »ein Kleinod vor allen
Ländern« nennen. Viele Länder dieser Erde sind landschaftlich
reizvoller als Israel. Es hat nicht, was mit der majestätischen
Schönheit der Alpen oder der norwegischen Fjorde zu vergleichen wäre. Was schroffe Felswände und krasse Höhenunter-
schiede anbelangt, kann Israel es nicht mit dem Himalaya-
Gebirge oder dem Grand Canyon aufnehmen. Seine Küste reicht
nicht an die Lieblichkeit der italienischen Riviera heran. Und
doch ist das Land Israel einzigartig. Es hat etwas Geheimnisvol-
les und Anziehendes an sich, das sich nicht genau in Worte fassen
läßt. Viele Besucher – bei weitem nicht nur Juden – bezeugen
dies.

Israel ist im großen und ganzen ein Hügelland. Ein großer Teil
des Zentralplateaus, das von Judäa und Samarien eingenommen
wird, liegt oberhalb der 900-Meter-Grenze. Im Norden ist der
Hermon mit 2814 Metern der höchste Gipfel, in Galiläa der
Meron mit 1208 Metern. Im Sinaigebirge im Süden finden sich
mehrere Zweitausender, der höchste von ihnen ist der Berg
Katharina mit 2637 Metern. In Edom (Südjordanien) überragen
manche Berge die 1500-Meter-Grenze.

Trotz seines kleinen Umfangs weist das Land die verschiedensten Landschaftsformen auf. Die typische Mittelmeerlandschaft finden wir in Galiläa und im Norden und auch zum Teil entlang der Mittelmeerküste. Östlich von Jerusalem und rund um Beerseba geht sie in Steppe über und im Süden und in der Arava in Wüste. Es gibt einige sehr tiefe Täler. Das Jordantal ist nur ein Teil des 6500 Kilometer langen Grabenbruches, der sich von den Bergen der Türkei, Syriens und des Libanon bis zum Kilimandscharo in Ostafrika erstreckt. Am See Genezareth liegt das Jordantal 213 Meter u. d. M., am Toten Meer sinkt es sogar auf minus 392 Meter ab, den tiefsten Punkt der Erdoberfläche. Diese Tatsache allein verleiht dem Land Israel einen einzigartigen Charakter.

Es ist ein Land scharfer Kontraste und harter Gegensätze: gleißendes Sonnenlicht und pechschwarze Nacht, frostlose Wildheit und größte Fruchtbarkeit, verschlungene Gebirgsketten und tiefe Täler, sengende Hitze am Tage und klirrende Kälte in der Nacht, zarte Blumen und dichtes Dornengestrüpp, moderne Gebrauchsartikel und uralte Traditionen.

Drei grundlegende geographische Faktoren haben den Charakter des Landes entscheidend geprägt: Es liegt innerhalb der Mittelmeerzone, am Schnittpunkt dreier Kontinente und zweier Ozeane und an der Berührungslinie zwischen Wüste und Agrarland. Wenn das Land auch flächenmäßig klein ist, so steht doch seine Bedeutung in gar keinem Verhältnis zu seiner geographischen Ausdehnung. Während einer bestimmten Zeitspanne in Israels Geschichte war die Bezeichnung »von Dan bis Beerseba« allgemein geläufig, um das ganze Land zu beschreiben. Aber es liegen ganze 225 Kilometer zwischen Dan im Norden (am Fuße des Hermon und nahe der Hauptquelle des Jordan) und Beerseba im Süden (nahe der Grenze zwischen Steppe und Wüste, gleichzeitig die Grenze der damaligen Zivilisation). Verglichen mit solchen weiten, fruchtbaren, reichen Landstrichen wie Mesopotamien oder dem Niltal und -delta, die so viel für die Entwicklung menschlicher Kultur bedeutet haben, ist das Land Israel klein und arm. Und doch war und ist es an den Geschehnissen der Weltgeschichte zentral beteiligt, und seine stürmische Vergangenheit liefert genug Beweismaterial für seine hohe Bedeutung und Berufung.

Israel liegt am Knotenpunkt dreier Kontinente – Afrika, Asien und Europa. Die wichtigsten Hauptstraßen des Altertums führten durch das Land. Eine dieser Straßen, der sogenannte »Weg nach dem Meer« (Jes 9,1), von den Römern *Via Maris* genannt, verband Ägypten mit Mesopotamien und Europa. Von Ägypten kommend, verlief sie entlang der Mittelmeerküste, bog dann landeinwärts auf Megiddo zu, durchquerte Galiläa bis nach Hazor und führte dann nach Damaskus. Bei Damaskus gabelte sie sich nach Osten Richtung Babylon und Ur und nach Norden Richtung Kleinasien (der heutigen Türkei). Eine andere Nord-Süd-Hauptstraße war die sogenannte »Königsstraße«. Sie zog von der Arabischen Halbinsel durch das heutige Akaba hindurch nach Rabbath-Ammon, dem heutigen Amman, und führte dann nach Damaskus, wo sie sich mit der Via Maris vereinigte.

Gerade die Kontrolle dieser wichtigen Handelsstraßen ließ Israel für die Großmächte der damaligen Zeit so interessant erscheinen. Jeder einigermaßen ehrgeizige Machthaber hatte es darauf abgesehen, diese Straßen in seinen Herrschaftsbereich mit einzubeziehen. So wurde das Land Israel zum Angriffspunkt unzähliger militärischer Feldzüge und historischer Schlachten. Wer immer es besetzte, konnte gleichzeitig die Handelsstraßen der damaligen Welt überwachen. Die Pharaonen Ägyptens, die Könige von Assyrien, Babylonien und Persien, Alexander der Große, ptolemäische und seleukidische Könige, römische und byzantinische Kaiser, Araber, Kreuzfahrer, Mamelucken und Türken, sogar die Briten unter General Allenby während des Ersten Weltkrieges: sie alle kämpften um die Vorherrschaft in diesem kleinen Gebiet. Das Land Israel galt als unentbehrlich für die Sicherheit und das Wohlergehen der einen oder anderen Seite.

Israel liegt nicht nur am Schnittpunkt dreier Kontinente, es liegt auch zwischen zwei Meeren: dem Indischen Ozean im Süden und seinen beiden Ausläufern, dem Golf von Akaba und dem Golf von Suez, und dem Mittelmeer im Westen. Es liegt zwischen drei Wüsten – im Osten die Syrische Wüste, im Süden die Arabische Wüste, im Südwesten die Sahara. Dies ist das größte Wüstengebiet der Welt; es zieht sich fast ohne Unterbrechung von der Sahara über Arabien nach Syrien und von dort weiter nach dem südlichen Iran und Mittelasien. Das Zusammenspiel all dieser Faktoren schafft eine einzigartige Vielfalt auf kleinstem Raum. Es hat das Klima des Landes beeinflußt, seine Bodenbeschaffenheit, seine Pflanzen- und Tierwelt. Die Urkräfte des Meeres und der Wüste haben beide ihren Teil zur Gestaltung dieses kleinen, zwischen ihnen liegenden Landes beigetragen. Vom Mittelmeer bringen feuchte Westwinde Regen im Winter und etwas kühle Luft im langen, trockenen Sommer. Aus der Wüste tragen heiße und trockene Ostwinde Sandstürme und Hitzewellen über das Land.

Die Regenzeit in Israel ist nur von kurzer Dauer. Mehr als 70 Prozent des jährlichen Niederschlages fällt in den Monaten November bis Februar. Genauer gesagt, fällt der gesamte jährliche Niederschlag innerhalb 40 bis 60 Tagen, auf einen Zeitraum von sieben Monaten verteilt. Dieser Regen wird in der Bibel als Früh- und Spätregen beschrieben. Im Grunde genommen gibt es in Israel nur zwei Jahreszeiten: den heißen, trockenen Sommer und den regnerischen Winter. Der Talmud spricht ganz einfach von den »Sonnen- und Regentagen«. Die Menge des Regens wechselt nicht nur von Jahr zu Jahr, sondern auch von Gebiet zu Gebiet. Im Mittelmeerraum gelten zum Beispiel Werte zwischen 430 Millimeter und 1000 Millimeter pro Jahr als normal. Im allgemeinen kann man sagen: Je weiter man nach Norden geht, desto feuchter ist der Winter, je weiter man Richtung Süden zieht, desto mehr nimmt der Niederschlag ab. Elat zum Beispiel hat einen jährlichen Durchschnittswert von 13 Millimeter Regen. Interessant ist, daß die Jahresmittel von Jerusalem und London mit 560 Millimeter gleich liegen. Der Unterschied besteht darin, daß er in Jerusalem innerhalb von 50 Tagen fällt, während er sich in London auf eine Zeitspanne von ca. 300 Tagen verteilt. Die Regenfälle in Israel sind oft geradezu wolkenbruchartig. Die Besucher des Landes betrachten oft voller Staunen die weiten, staubigen Wadis oder ausgetrockneten Flußbetten im Sinai, im Negev oder in der Arava. Man kann sich kaum vorstellen, daß jemals Wasser in ihnen fließt. Doch in der Regenzeit verwandeln sie sich in reißende Flüsse, die innerhalb weniger Stunden auftauchen und auch wieder verschwinden. Der Regen kann sich in dieser Gegend so sehr lokalisieren, daß ein Wadi zum mächtigen Strom wird und das andere, nur wenige Kilometer entfernte Wadi trocken bleibt. Der Boden ist staubig und trocken und kann das Regenwasser nicht in sich aufnehmen. So erklären sich auch die Unmengen von Wasser in den Wadis. Nahezu das ganze Regenwasser wird von ihnen aufgefangen. Schätzungen zufolge dringen nur 3 Prozent des Regenwassers in die Erdoberfläche ein, während der Rest ins Meer fließt oder schnell verdunstet.

Dieser Regenzeit verdankt Israel seine Verwandlung zum Blumengarten in den Monaten Februar und März. Für einige wenige Wochen wird das Land zu einem Paradies von Farben und Düften. Die Luft ist erfüllt mit dem Zwitschern der Vögel und dem Summen der Insekten. Dieses von Jahr zu Jahr auftretende Auferstehungswunder fasziniert den Besucher immer wieder. Den Anblick der im Rot der Anemonen und Mohnblumen, im Blau der Lupinen und im Rosa des Flachses leuchtenden Felder vergißt man nicht so leicht. Nicht weniger eindrucksvoll sind die kleinen Stauden von blauen Iris am Wegrand, die rosa oder weißen Alpenveilchen in den Felsspalten, die einsame Schönheit der Orchidee oder die majestätische Gestalt einer Schwertlilie in Galiläa. Die erstaunliche Vielfalt und Farbenpracht der Blumen Israels, die man einfach erst gesehen haben muß, um sich ein Bild davon machen zu können, ist um so bemerkenswerter, als so viele verschiedene Arten innerhalb kürzester Zeit zum Blühen kommen. Besucher, die das Land nur in den Sommer- oder Herbstmonaten kannten, können es kaum fassen, daß es dasselbe Land ist. Selbst die Einöde ist grün und bedeckt mit vielen Sorten von Blumen, ja die Wüste fängt an zu blühen. Wer einmal die von Blütenduft erfüllte Februar- und Märzluft Israels in sich aufgenommen hat, kann sie nie mehr vergessen.

Als Gott mit Mose sprach, bezeichnete er das Gelobte Land als ein »schönes, weites Land, ein Land, wo Milch und Honig fließt« (2 Mo 3,8.17; 4 Mo 13,28). Diese Beschreibung drang tief in die Vorstellungswelt des Volkes Gottes ein. Ja, für alle Leser der Bibel wurde dieser Ausdruck zum Inbegriff des Gelobten Landes und seiner Fruchtbarkeit. Mit dieser Fruchtbarkeit war jedoch – ganz entgegen dem geläufigen Verständnis – nicht gemeint, daß das Land ein hochkultiviertes Ackerland sei. Im Gegenteil! Es war ein unbebautes Land, in welchem die Hügel von Wäldern, Dickicht und Unterholz bedeckt waren, die ihrerseits einen wilden Reichtum an Pflanzen hervorbrachten. Ein Weideland war gemeint, von dem sich sowohl wilde als auch Hausziegen ernähren konnten, die wiederum dem Menschen Milch gaben. Die reiche Pflanzenwelt lockte die Bienen heran, von welchen die Menschen Honig gewinnen konnten. Diese Auslegung finden wir bestätigt in den Worten Jesajas:

An jenem Tage wird sich ein jeder eine junge Kuh und zwei Schafe halten. Da wird er Sahne essen ob der vielen Milch, die er bekommt; denn Sahne und Honig wird ein jeder essen, der übrigbleibt im Lande. An jenem Tage wird ein jeder Ort, an welchem tausend Reben für tausend Lot Silber stehen, den Dornen und Disteln gehören. Mit Pfeil und Bogen wird man dorthin kommen; denn Dornen und Disteln wird das ganze Land sein. Und auf alle Berge, die man jetzt mit der Hacke hackt, wirst du aus Furcht vor Dornen und Disteln nicht hingehen, sondern man wird die Rinder dahin treiben, und die Schafe werden sie zertreten (Jes 7,21–25 – Zü).

An dieser Stelle müssen wir beachten, daß der Genuß von Sahne und Honig in direktem Zusammenhang zu stehen scheint mit der Zerstörung der Weingärten und der Terrassierung der Hügel. Das Endergebnis der Zerstörung des angebauten Landes würde seine Verwilderung sein, und dann würde sich Wild einfinden. und Ziegen und Schafe darin grasen. Der Satz »ein Land, wo Milch und Honig fließt« vermittelt uns die Vorstellung von einem ganz anderen Land als zum Beispiel Ägypten oder den umliegenden Wüsten- und Steppengebieten.

Den eben genannten Faktoren verdankt das Land die reiche Vielfalt seiner Tier- und Pflanzenwelt. Immer wieder in der Vergangenheit zeigten sich die Naturforscher verblüfft, wenn sie die für ein so kleines Gebiet verwirrend große Vielfalt von Pflanzen und Tieren verschiedenster Herkunft und Spezien ordnen wollten. Normalerweise geschieht der Übergang von Wüste und Steppe und dann in Waldgebiet ganz allmählich, über große Landstriche hinweg. In Israel dagegen findet der Wechsel in einem kleinen Gebiet statt und ist daher recht abrupt. In einigen Fällen reicht die Mittelmeerlandschaft bis an die Wüste heran, ohne den Übergang der Steppe aufzuweisen. Innerhalb des kleinen Landes Israel finden wir fünf Vegetationszonen:

1. Die eurosiberische Zone, die die Vegetation Europas, Rußlands und Sibiriens vertritt. Die dieser Zone zugehörigen Pflanzen wachsen über das ganze Land verstreut, während es sich bei den anderen vier Zonen um fest abgegrenzte Bezirke handelt.

2. Die Mittelmeerzone, in welcher ähnliche Verhältnisse herrschen wie in den anderen am Mittelmeer gelegenen Ländern.

3. Die irano-turanische Zone, die sich durch ähnliches Steppenland auszeichnet, wie es sich in einer weiten Fläche von Israel nach China über Iran, Turkestan, Innerasien und die Wüste Gobi im Innern der Mongolei hinzieht.

4. Die saharo-arabische Zone, ein reines Wüstenland wie der größte Teil der Sahara in Afrika, die Arabische Halbinsel und Teile von Südiran.

5. Die sudanesisch-dekkanische Zone mit einer tropischen Vegetation, die sich in Israel auf einige kleine, aber sehr interessante Enklaven und Oasen beschränkt.

Bei der zweiten, dritten und vierten Zone handelt es sich in Israel um Ausläufer ihrer Ursprungsgebiete; die letzte Zone hingegen ist völlig unabhängig Hunderte von Kilometern von ihrem Heimatort entfernt hier anzutreffen. Das Vorhandensein so vieler Vegetationszonen auf so engem Raum ist eine der interessantesten Gegebenheiten Israels.

Die geographische Lage Israels am Knotenpunkt dreier Kontinente macht es zum Treffpunkt von Pflanzen, die in den verschiedensten Teilen der Welt zu Hause sind: Sibirien, Westeuropa, Innerasien, Nordafrika und Ostafrika. Die meisten Bibelkundigen haben von der »Rose zu Saron«, vom »Ysop, der aus der Mauer wächst« oder von der »Lilie in den Tälern« gehört, ohne der biblischen Pflanzenwelt weitere Beachtung zu schenken. Es gibt jedoch heutigen Statistiken zufolge ca. 3000 verschiedene Pflanzenarten in diesem kleinen Land. Dies ist eine beachtliche Zahl im Vergleich zu den 1800 Pflanzenspezies auf den Britischen Inseln, einem zweieinhalbmal so großen Gebiet wie Israel, oder den 1500 Spezies in Ägypten, das zehnmal so groß ist und eines der größten und fruchtbarsten Gebiete des Nahen Ostens, das Nildelta, mit einschließt. Kein anderes Land der Welt verfügt über ein so reiches Pflanzenleben auf so engem Raum wie Israel.

Für viele dieser Pflanzen gilt auch, daß Israel der Grenzbereich ihres Vorkommens ist. Es ist die östliche Grenze für viele Mittelmeerpflanzen, die westliche Grenze einiger asiatischen Steppenpflanzen, die nördliche Grenze afrikanischer Pflanzen und die südliche Grenze der euro-sibirischen Pflanzen. Dies ist einer der einzigartigen Charakterzüge dieses Landes. Nehmen wir zum Beispiel die tropischen Doom-(Ast-)palmen nördlich von Elat, die aus Ostafrika stammen. Es gibt nur drei Baumgruppen dieser Art in Israel, und diese stellen die nördliche Grenze des Vorkommens dieser speziellen Palme dar. Ihre nächsten Verwandten sind mehr als tausend Kilometer von ihnen entfernt, und niemand weiß, wie sie nach Israel gekommen sind. Ein anderes erstaunliches Beispiel sind die Mangrovenbäume im Süden des Sinai. Dies ist der nördlichst gelegene Punkt des Vorkommens dieser in den Tropen beheimateten Bäume. Ein weiteres Beispiel ist der Jujube-Baum oder Christdorn (ziziphus spina-Christi), der eigentlich in die Tropen gehört, aber auch in fast allen Teilen Israels anzutreffen ist. Oder der Moringa-Baum, der im Sudan seine Heimat hat. Diese Moringa-Bäume wachsen in En-Gedi am Toten Meer, östlich von Jerusalem.

Manchmal gerät man in eine Schlucht, von Osten nach Westen verlaufend, deren südliche Wand, die nach Norden zeigt und deshalb kühler ist, mit Mittelmeerpflanzen bedeckt ist, während die Nordwand heiß und trocken ist und deshalb mit Steppenpflanzen bewachsen ist; der dazwischenliegende Talboden vereinigt beide Pflanzenarten. Die Besucher von Jerusalem sind immer wieder fasziniert von dem Gegensatz der beiden Stadtteile östlich und westlich des Ölbergs. Jerusalem liegt an der Grenzlinie zwischen der Mittelmeerzone im Westen und der Steppen- und Wüstenlandschaft im Osten. Ebenso verwunderlich ist es, in irgendeiner Senke in der Wüste auf einmal auf eine Quelle zu stoßen und sich mitten in der Einöde plötzlich in tropischem, saftigem Grün wiederzufinden. Für viele ist es eine Überraschung, wenn sie zum Beispiel Frauenfarn oder gar Moos an einer Quelle wie En-Gedi entdecken, einen Steinwurf weit von der trockenen Wüste entfernt. Ein ebenso großartiger Anblick ist es, in galiläischen Wäldern das in Europa so häufig anzutreffende Farnkraut wiederzufinden oder in den Überresten des Hule-Sumpfes im Hule-Naturschutzpark in Obergaliläa den europäischen Froschbiß Seite an Seite neben einem tropischen Papyrus wachsen zu sehen.

Eine andere Art von Pflanzen, die mich begeistert, sind die Wüstenpflanzen. Viele Menschen halten die Wüste für tot, bis sie anfangen, sie zu erforschen. Zu ihrer Überraschung stellen sie dann fest, daß sie vor Leben geradezu strotzt, Leben, das sich in ganz bemerkenswerter Weise an scheinbar unmögliche Verhältnisse angepaßt hat. Viele Wüstenpflanzen haben zum Beispiel ihren ganzen Lebenszyklus auf eine Zeitspanne von wenigen Monaten konzentriert, in der sie keimen, Blätter hervorbringen, blühen und Frucht tragen. In einem Regenjahr produzieren sie genug Samen für mehrere Blütezeiten im voraus. Einige Samenkörner ruhen jahrelang und warten günstige Verhältnisse zum Keimen ab. Einige Bäume und Büsche verlieren ihre Blätter in regenlosen Jahren, und der Unwissende hält sie für abgestorben. Sobald aber Feuchtigkeit kommt, erwachen sie wieder zum Leben. Andere werfen ihre Blätter in den heißen und trockenen Sommermonaten ab, um sich am Leben zu erhalten. Die Wüstengebiete Israels sind eines der Wunder dieses Landes.

Aber nicht nur die Pflanzenwelt Israels ist außergewöhnlich, auch seine Vogelwelt. Der Bibelleser kennt den Adler, den Raben, den Storch, die Schwalbe und den Spatz. Gegenwärtigen Zählungen zufolge gibt es etwa 450 Vogelarten in Israel. Vergleichen wir damit die viel größere Fläche der Britischen Inseln mit 560 Arten, ganz Europa und den europäischen Teil Rußlands mit 800 und die Vereinigten Staaten mit 725 Spezies, so fangen wir an, die Vielfalt der in Israel vorkommenden Vögel zu ermessen. Einige von ihnen halten sich das ganze Jahr über in Israel auf, wie zum Beispiel der palästinische Sonnenvogel, die persische Nachtigall und der Spatz. Andere sind Wintergäste aus Europa und Westasien, so etwa die Saatkrähe oder die schwarzköpfige Möwe. Wieder andere kommen im Sommer, vor allem aus Afrika, wie zum Beispiel der Purpurreiher. Und dann die Zugvögel, die zweimal im Jahr Israel durchqueren, wie die Schwalbe und der Storch. Eine weitere Gruppe von Vögeln sind diejenigen, die in Israel nur zeitweise auftauchen, aber keinem bestimmten Rhythmus folgen.

In Israel gibt es nicht nur für die Menschen Verkehrswege, die drei Kontinente miteinander verbinden, sondern auch für die Vögel. Einige der Zugvögel in Israel kommen vom fernen Norden Rußlands, von Lappland und Grönland oder aus Ost-, Zentral- und sogar Südasien. Das Land Israel liegt im wahrsten Sinne des Wortes am Schnittpunkt ihrer Fluglinien. Afrikanische und europäische Zugvögel folgen normalerweise dem großen Grabenbruch, indem sie den Golf von Elat, die Arava, das Tote Meer, das Jordantal und Galiläa überfliegen. Oder sie ziehen an der Mittelmeerküste Israels entlang. Wie für manche Pflanzen ist Israel auch für einige Vögel der südlichste bzw. nördlichste Punkt ihres Vorkommens.

Für mich ist es jedesmal eine große Freude, wenn ich im Frühjahr oder Herbst diese von Vogelscharen bevölkerten Fluglinien sehen kann. Es ist ein unvergeßliches Erlebnis, Tausende von Störchen dabei zu beobachten, wie sie den Aufwind nutzen, um an Höhe zu gewinnen, und dann in Hunderten von Metern Höhe nach Norden oder Süden fliegen. Oder man sieht die Schwalben bei Sharm el Sheikh, der südlichsten Spitze des Sinais, über das Meer dahingleiten und weiß, daß sie gerade aus

Afrika kommen und sich auf dem langen Weg nach Norden befinden. Nicht weniger faszinierend ist der Anblick einer Schar von exotischen Bienenspechten weit oben nach der libanesischen Grenze oder der schwerfällige Flügelschlag von neun oder zehn in Formation fliegenden Pelikanen, die soeben von Zentralafrika kommen.

Ich bin immer wieder begeistert von diesen Vögeln, sei es nun von dem winzigen Zaunkönig oder Goldhähnchen oder dem seltsamen, aber doch netten Wiedehopf, Israels Nationalvogel, der regelmäßig im Gartengrab in Jerusalem nistet. Eines Morgens sah ich einen Lämmergeier, der mit einer Spannweite von fast drei Metern zu den größten Geierarten zählt, wie er langsam und majestätisch ein Tal im südlichen Sinaigebiet hinaufflog. Die ungewöhnliche Vogelwelt dieses Landes umfaßt alle Größenordnungen, vom palästinischen Sonnenvogel, der nur etwas größer als ein Kolibri ist, bis zu den großen Adlern, von denen der Kaiseradler, der Bonelli-Adler und der kurzkrallige Adler am häufigsten vorkommen. Im Altertum reichte die Skala sogar noch weiter, denn der Strauß, der größte aller Vögel, war damals ein häufiger Wüstenbewohner.

Das Land Israel ist aber auch ein Sammelplatz für Vierbeiner. Vertreter aller in Israel vertretenen Landschaftsarten sind hier anzutreffen. Der afrikanische Löwe, das Nashorn, das Flußpferd, die Kuhantilope, das Warzenschwein, das Krokodil, der syrische Bär und der Gepard – sie alle sind in Israel ausgestorben. Aber es gibt noch Leoparden, Luchse und Sumpfluchse, Steinböcke, Gazellen und Wildziegen, Hyänen, Schakale, Wölfe und Füchse, Wildschweine, Dachse, Stachelschweine und Iltisse. Israel ist die südliche Grenze für den sibirischen Wolf, der immer kleiner wird, je weiter südlich er vorkommt. In Afrika gibt es ihn gar nicht mehr. Ein anderes europäisches Tier, das jetzt sogar bis zum Sinaigebirge vorstieß, ist die kleine Haselmaus. Andererseits sind Israel und Syrien für den Klippdachs, eigentlich ein afrikanisches Tier, die nördliche Grenze. Für den Leoparden stellt Israel die westliche Grenze dar. Nicht nur die verschiedenen Kontinente sind hier vertreten, sondern manchmal leben sogar afrikanische und asiatische Spezies derselben

Gattung nebeneinander. Zum Beispiel kann Israel nicht weniger als 25 Arten von Fledermäusen aufweisen, aus drei Kontinenten (Europa, Asien und Afrika) stammend. Der Bibel-Safari-Park bei Hai Bar, nördlich von Elat, liefert noch andere Beispiele. In diesem Land gibt es sowohl Tiere, die nicht lange ohne Wasser auskommen können, wie zum Beispiel der Wolf, als auch Tiere, die sich den trockenen Verhältnissen dermaßen angepaßt haben, daß sie weiterleben können, ohne Wasser zu trinken, wie zum Beispiel die Dornmaus im Negev. Dieses kleine Lebewesen ist ein Meister in der Verwertung seiner Körperflüssigkeit und scheidet so gut wie kein Wasser aus. Sogar das Kamel und die für die Beduinen typischen schwarzen Ziegen können 14 Tage ohne Wasseraufnahme auskommen. Erst kürzlich entdeckte man, daß diese spezielle Ziegenart auf dieselbe Weise Feuchtigkeit speichert wie das Kamel. Sogar die Hühner der Beduinen scheinen diese Fähigkeiten zu besitzen, und gegenwärtig werden Nachforschungen angestellt, um herauszufinden, ob es sich um eine spezielle Art von Hühnern handelt oder um eine Form von Anpassung. Über die Herkunft der in Israel anzutreffenden Ziegen und Schafe herrschen unterschiedliche Auffassungen. Die Mehrzahl stimmt aber darin überein, daß es sich um asiatische und nichteuropäische Spezies handelt. Die meisten Schafe in Israel sind nicht europäischen Ursprungs, sondern zählen zu den dickschwanzigen Awassi-Schafen. Einige Experten sind der Ansicht, daß die Ziege von der wilden Kreta-Ziege (Bezoar-Ziege) abstammt, die immer noch in den Gebieten zwischen Indien und Kreta gefunden wird.

Israel kann sich nicht mehr desselben Reichtums an Säugetieren wie in der Vergangenheit rühmen, aber immer noch weist es eine interessante und beeindruckende Vielzahl auf. Ob wir nun an die winzige Wüstenspringmaus, die Wüstenratte, den verstohlenen Luchs, den anmutigen Steinbock oder den Wüstenfuchs denken – das Land wimmelt nur so von Tieren. Und trotz seiner begrenzten finanziellen Mittel versucht Israel, seinen Bestand an wildlebenden Tieren zu erhalten. Abgesehen von Jordanien dürfte es damit das einzige Land des Nahen Ostens sein, das derartige Anstrengungen unternimmt.

Bislang habe ich weder Insekten noch Reptilien erwähnt, die beide in diesem Land sehr stark vertreten sind. Die Anzahl wirbelloser Tiere ist unschätzbar, geht aber sicher in die Zehntausende. Die Mehrheit von ihnen bilden die Insekten. Zu ihrer Gruppe gehören fünf Bienen- und vier Hornissenarten, dazu viele Schmetterlinge, Heuschrecken und Ameisen. Nicht zu den Insekten zählen mindestens 13 Spezies von Skorpionen und eine Unmenge von Spinnen in allen Größen und Formen. Ein kleines Lebewesen wird einzig und allein in Israel gefunden – eine Art der blinden, im Süßwasser lebenden Steingarnele (typhlocaris). Sie lebt in den warmen Quellen von Tabgha am See Genezareth. Mehr als 80 verschiedene Reptilienarten gibt es in Israel, und auch sie sind in allen Formen und Größenordnungen vorhanden. Einmal hatte auch das afrikanische Krokodil dazugezählt, aber es ist am Anfang dieses Jahrhunderts ausgestorben. Wir finden sieben Arten von Land- und Wasserschildkröten und verschiedene Eidechsenarten, zu denen das Chamäleon, der Gecko und der Wüstenwaran zählen, der bis zu 1,20 Meter lang wird. Die 35 verschiedenen Schlangenarten reichen von der 25 Zentimeter Wurmschlange bis zur 2,50 Meter langen, schwarzen Peitschenschlange. Einige dieser Reptilienarten sind in der restlichen Welt nahezu ausgestorben, während das Vorkommen anderer als beachtlich gelten muß.

Auch in einem so kurzen Überblick über die Natur Israels muß ein weiteres, in seiner Einzigartigkeit überraschendes Gebiet mit angeführt werden: das Korallenriff im Golf von Elat. Es zählt zu den drei reichsten Korallenriffen der Welt und enthält eine Vielzahl von tropischen Fischarten und zur Korallenfamilie zählende Organismen. Bei ihrem Anblick betritt man eine andere Welt voller unglaublicher Farben, Formen und Schönheit, denn alle Arten der hochdifferenzierten Welt der indo-pazifischen Korallenriffe sind hier vertreten.

Seit der Eröffnung des Suez-Kanals vor über 100 Jahren hat eine bemerkenswerte Invasion von tropischen Meerestieren aus dem Roten Meer ins Mittelmeer stattgefunden; insgesamt sind es mehr als 200 Arten. 1973 zählte man ca. 30 Fischspezies, die ins Mittelmeer ausgewandert waren und für die dortige Fischerei nicht ohne wirtschaftliche Bedeutung sind. Dies ist ein weiteres Beispiel dafür, daß Israel ein Schnittpunkt von Kontinenten und Meeren ist. Diese Invasion ist so beachtlich, daß die Zoologen das östliche Mittelmeer in Zukunft als einen vom restlichen Mittelmeer zu unterscheidenden Bereich behandeln werden müssen, der sich durch das Eindringen von etwa 20 Prozent indopazifischer Meeresfauna auszeichnet.

Ich bin weder Zoologe, Botaniker noch Ornithologe und schreibe dies alles nur als Laie und Amateur auf diesem Gebiet. Aber das Pflanzen- und Tierleben des Landes Israel hat es mir angetan. Seine erstaunliche Vielfalt muß jeden aufmerken lassen, der dieses Land auszukundschaften beginnt. Wenn wir jetzt noch an die verschiedenen Landschaftsformen denken, so stehen wir geradezu vor einem Wunder. Ich finde die Landschaftsvielfalt einzigartig – ob es nun die Granitwände des südlichen Sinais sind in ihren verschiedenen Farben (schwarz, gelb oder rot), ihrer unterschiedlichen Gestalt und Form, ihren Felsvorsprüngen und Gräben, deren Aussehen sich je nach Richtung und Intensität der Sonneneinstrahlung von Stunde zu Stunde ändert, oder der Grabenbruch des Jordans, der tiefste Punkt der Erdoberfläche, mit seiner sommerlichen Wärme selbst im Winter, vor allem am Toten Meer. Man kann in Jerusalem vor Kälte zittern und sich innerhalb weniger Stunden an das 1200 Meter tiefer gelegene Ufer des Toten Meeres begeben, um sich in der Sonne zu aalen. Mit dem Auto kann man in kürzester Zeit die grüne, frische, bewaldete Berglandschaft bei Safed in Obergaliläa hinter sich lassen und in die glühende Hitze und trockene Luft des unteren Jordantals gelangen. Oder man verläßt zur Winterszeit das warme Tiberias und fährt auf die schneebedeckten Hügel des Hermon (fast 3000 Meter ü.d.M.) zum Skilaufen. Obwohl die Berge dieses Landes bei weitem nicht zu den höchsten der Welt zählen, ist es ein erhebendes Gefühl, auf ihren Gipfeln zu stehen. Jedesmal, wenn ich vom Scopus auf das Tote Meer und das Jordantal hinabschaue, habe ich den Eindruck, auf dem höchsten Dach der Welt zu stehen. Dasselbe gilt für den Berg Tabor in Galiläa. Obwohl er nur 563 Meter ü.d.M. liegt, geben sein schroffes Gefälle und seine Isoliertheit der umliegenden Landschaft das

Aussehen einer Reliefkarte. Ob man nun auf die Ebene von Harmagedon im Süden blickt oder auf den See Genezareth im Osten, auf das Mittelmeer im Westen oder die Berge des Libanon im Norden – man hat den Eindruck, auf einem vier- bis fünfmal höheren Gipfel zu stehen, als es tatsächlich der Fall ist. Wenn Gott das Land Israel als ein »Kleinod vor allen Ländern« bezeichnet (Hes 20,6), so gebraucht er für »Kleinod« im Hebräischen ein Wort, das sowohl »Schönheit« als auch »Ehre« und »Herrlichkeit« in sich vereint. Dasselbe hebräische Wort steht auch für »Gazelle«. Dies ist für mich eine sehr treffende Beschreibung des Landes Israel, denn eine Gazelle ist tatsächlich von einzigartiger Schönheit. Es ist »ein Kleinod vor allen Ländern«, und je mehr wir das Land erkunden und zu verstehen suchen, desto mehr werden wir von der Wahrheit der Worte Gottes überzeugt werden.

2. Sein Land

Das Land Israel ist aber auch noch in anderer Hinsicht von einzigartiger Bedeutung. Gott nennt es »mein Land«. Dies ist bemerkenswert, weil einmalig. In 3. Mose 25,23 sagt er zum Beispiel:

> *Grund und Boden darf nicht verkauft werden, denn das Land ist mein* ... (Zü).

Dies ist nicht das einzige Mal, daß Gott in dieser Weise von dem Land Israel spricht. In Jesaja 14,25 sagt er:

> *Zerschmettern will ich den Assyrer in meinem Lande und ihn auf meinen Bergen zertreten* (Zü.).

Und in Jeremia 2,7:

> *Und ich brachte euch in ein fruchtbares Land, daß ihr äßet seine Früchte und Güter. Aber als ihr hineinkamt, machtet ihr mein Land unrein und mein Eigentum mir zum Greuel* (Lu.).

27

Auch im Hinblick auf das Ende der Zeit nennt er es »sein Land«. Er sagt in Hesekiel 38,16:

Am Ende der Tage wird es geschehen, daß ich dich über mein Land kommen lasse, damit die Völker mich kennenlernen (Zü.).

Und wiederum heißt es in Joel 3,2:

Da werde ich alle Völker zusammenbringen ... und dort mit ihnen richten wegen meines Volkes und Eigentums Israel, weil sie es unter die Völker zerstreut und mein Land verteilt haben (Zü.).

Gottes Liebe und Fürsorge für dieses Land kommen in den Worten Moses in 5. Mose 11,11–12 schlicht und klar zum Ausdruck:

Das Land, dahin ihr ziehen werdet, es zu besetzen, ist ein Land mit Bergen und Tälern, das vom Regen des Himmels Wasser trinkt, ein Land, auf das der Herr, dein Gott, achthat, auf dem die Augen des Herrn, deines Gottes, allezeit ruhen, vom Anfang des Jahres bis zum Ende des Jahres (Zü.).

Wenn wir dies erst einmal verstanden haben, wundern wir uns nicht mehr, daß Hosea es als »Land des Herrn« bezeichnet (Kap. 9,3), wenn er sagt: »Sie werden nicht bleiben im Lande des Herrn« (Zü), daß Joel es »sein Land« nennt (Kap. 2,18): »Da erwachte der Eifer des Herrn für sein Land«, daß der Psalmist in Psalm 10,16 triumphierend ausruft: »Der Herr ist König immer und ewig; die Heiden sind aus seinem Land verschwunden« (Zü.) oder daß er in Psalm 85,2 betet: »Herr, der du bist vormals gnädig gewesen deinem Lande und hast erlöst die Gefangenen Jakobs« (Lu). Diese Beispiele sind Beweise genug, daß das Land Israel in einer einzigartigen Beziehung zu seinem Herrn steht. Zu keinem anderen Land sagt er in der Bibel »mein Land«.

Von Rechts wegen gehört die ganze Erde Gott. Er sagt dies auch in 2. Mose 19,5: »... mein ist die ganze Erde« (Zü.). Der Psalmist wiederholt es:

Des Herrn ist die Erde und was sie erfüllt, der Erdkreis und die darauf wohnen (Ps 24,1 – Zü.).

Weiter wissen wir, daß die Erde am Ende der Zeiten auf die Wiederherstellung aller Dinge wartet. Der zum Himmel aufgefahrene, verherrlichte Messias ist die Garantie dafür. Wie stark auch die Mächte der Finsternis sich empören und die Welt sich jetzt in den Krallen Satans befindet – die entferntesten Teile der Erde harren darauf, Gott wieder zurückgegeben zu werden durch das vollendete Werk Jesu Christi. Die Völker mögen toben gegen Gott und seinen Vorsatz, aber dies kann am Ausgang der Weltgeschichte nichts ändern.

Gott selbst hat dies in einem der schönsten messianischen Psalmen klar zum Ausdruck gebracht:

> *Ich aber habe meinen König eingesetzt auf meinem heiligen Berg Zion. Kundtun will ich den Ratschluß des Herrn. Er hat zu mir gesagt:»Du bist mein Sohn, heute habe ich dich gezeugt. Bitte mich, so will ich dir Völker zum Erbe geben und der Welt Enden zum Eigentum. Du sollst sie mit einem eisernen Zepter zerschlagen, wie Töpfe sollst du sie zerschmeißen«* (Ps 2,6–9 – Lu.).

Und in einem weiteren messianischen Psalm heißt es:

> *Er wird herrschen von Meer zu Meer, vom Euphrat bis an die Enden der Erde ... alle Völker müssen ihm dienen* (Ps 72,8.11 – Zü.).
>
> *In Offenbarung 11,15 sehen wir diese Verheißung erfüllt: Nun gehört die Herrschaft über die Welt unserem Herrn und seinem Gesalbten* (Einh.).

Diese herrliche Wahrheit aber, daß die ganze Welt Gott gehört, mindert nicht die Tatsache, daß er das Land Israel *sein* Land nennt. Er gibt ihm eine besondere Bedeutung.

Israel ist das Land, in welchem Gott zum Menschen sprach und sich ihm offenbarte. Es ist *das* Land der Bibel. Es ist wahr, daß Gott auch in Mesopotamien und Ägypten zu auserwählten Menschen sprach, aber dies stand immer in gewisser Beziehung zu seinem Land, um sie dorthin zu bringen. In Apostelgeschichte 7,2–3 lesen wir zum Beispiel:

Der Gott der Herrlichkeit erschien unserem Vater Abraham, als
er in Mesopotamien war ... und sprach zu ihm: »*Ziehe hinweg*
aus deinem Lande ... und komm in das Land, das ich dir zeigen
werde« *(Zü.).*

Und in 2. Mose 3,8 sagt Gott zu Mose:

Darum bin ich herniedergestiegen, sie aus der Gewalt der Ägyp-
ter zu erretten und sie ... hinauszuführen in ein schönes, weites
Land, in ein Land, wo Milch und Honig fließt (Zü.).

Die Bildersprache der Bibel ist dem Land Israel, nicht Mesopotamien oder Ägypten entnommen. Natürlich haben alle Länder des
Nahen Ostens etwas Gemeinsames, aber den Illustrationen und
Lehren der Bibel liegen die Berge und Täler des Landes Israel,
sein Klima und die Vielseitigkeit seines Pflanzen- und Tierlebens
zugrunde. Der Reichtum der biblischen Bildersprache steht in
direktem Verhältnis zum Reichtum der Natur in diesem Land.

Es ist das Land der Patriarchen: das Land Abrahams, Isaaks
und Jakobs mit seinen Söhnen. In diesem Land ist Gott ihnen
begegnet und hat Wunder für sie gewirkt; dieses Land hat er
ihnen und ihren Nachkommen versprochen als ewigen Besitz. Bis
zum heutigen Tag gibt es Orte in Israel, deren Namen uns an die
Patriarchen erinnern: Beerseba, Sichem, Bethel, Hebron.

Es ist das Land Moses und Josuas. Mose wurde zwar in
Ägypten geboren und verbrachte dort die ersten 40 Jahre seines
Lebens und weitere 40 Jahre in der Wüste Sinai. Er hat das
Gelobte Land niemals betreten. Und doch war Israel von dem
Augenblick an, als Gott Mose erschienen war, sein Land. Sogar
die mächtigen Wunder und Zeichen, die Gott in Ägypten durch
Mose und Aaron tat, um ein versklavtes Volk aus der Hand der
Ägypter zu befreien, geschahen im Hinblick auf dieses Land. 40
Jahre lang führte Gott sie durch die Wolken- und Feuersäule
durch die Wüste, speiste sie mit Manna und stillte ihren Durst
mit Wasser aus dem Felsen, damit sie schließlich in dieses Land
kämen. In diesem Land teilten sich die Fluten des Jordan, und
das ganze Volk überquerte ihn, als sei er trockener Boden. Hier
fielen die Mauern von Jericho. Hier standen bei Gibeon und

Ajalon Sonne und Mond einen Tag lang still. In diesem Land erlebte das Volk Israel die Allmacht Gottes, die ihm die Kraft gab, das Land in Besitz zu nehmen, und mußte, wenn es sich durch Sünde und Unglauben von Gott trennte, Niederlagen einstecken.

Es ist das Land der Richter. Bei dem Brunnen Harod in Galiläa setzte Gott die Zahl der Männer in Gideons Streitmacht von 32 000 auf 300 herunter, und dann führte er sie zum Sieg. Am Berg Tabor, ebenfalls in Galiläa, zog Barak auf Geheiß der Prophetin Debora hin gegen Sisera in den Krieg. Im Tal Sorek und in Gaza (damals das Reich der Philister) spielte sich die traurige Geschichte mit Simson ab. In Silo in Samarien war Samuel der Stimme des Herrn gehorsam und wurde später zu einer Schlüsselfigur der biblischen Geschichte.

Es ist das Land, das von Königen regiert wurde, das Land Davids und Salomos, das Land guter Könige, wie zum Beispiel Josaphat, Hiskia und Josia, und schlechter Könige wie Ahab, Ahas und Manasse. Überall in diesem Land, sei es in den wiederaufgebauten Städten oder in den alten Ruinen, wird man an Orte erinnert, die in der Zeit der Könige eine bedeutende Rolle spielten.

Es ist das Land der Psalmisten David und Asaph und das der Kinder Korahs, es ist das Land der Propheten, wie etwa Elia, Jesaja und Hosea. In diesem Land lebten und starben sie, und von diesem Land sprachen sie immer wieder. Sicherlich kommen die Gefühle derer, die sich im Exil befanden – ob es sich nun um Propheten wie Hesekiel und Daniel oder um Führer des Volkes wie Nehemia und Esra handelte –, am schönsten in den Worten des Psalmisten zum Ausdruck:

An den Strömen Babels, da saßen wir und weinten, wenn wir Zions gedachten; an die Weiden im Lande hängten wir unsere Harfen. Denn dort hießen uns singen, die uns hinweggeführt, hießen uns fröhlich sein unsere Peiniger:»Singt uns eines von den Zionsliedern!« Wie könnten wir des Herrn Lied singen auf fremder Erde? (Ps 137,1–4 – Zü.).

Dies ist auch das Land des Neuen Testamentes. Hier predigte Johannes der Täufer und kündigte das Kommen des Messias an. Bis heute kann man Ein Kerem besuchen, nach der Überlieferung der Geburtsort Johannes. Oder man besichtigt die Schluchten und weiten, offenen Wüstentäler von Judäa, wo er lebte, oder den Jordan bei Jericho, wo er taufte. Vor allen Dingen aber ist Israel das Land Jesu. Wo immer in diesem Land wir unsere Schritte hinlenken mögen, ist auch Jesus gegangen. In Bethlehem kam er zur Welt, in Nazareth wuchs er auf. Dort verbrachte er die ersten 30 Jahre seines Lebens und erlernte den Beruf des Zimmermanns. Er machte Kapernaum am nördlichen Ufer des Sees Genezareth zu seinem Stützpunkt während der drei Jahre seines öffentlichen Wirkens. Soweit uns bekannt ist, hat er niemals die Grenzen dieses Landes überschritten. Und von der Art und Weise, wie er über das Land und seine Natur sprach, merken wir, wie sehr er es liebte. Er sprach vom Kennen der Wetterzeichen, von den Lilien auf dem Feld, die weder arbeiten noch spinnen, von den Vögeln des Himmels, die weder säen noch ernten noch in Scheunen sammeln, von den Füchsen und ihren Höhlen. Der Hirte und seine Schafe, der pflügende, säende und erntende Bauer, der Weinbauer und seine Weingärten – sie alle gehörten zu dem Land, das er liebte. Von seinen Hügeln und Tälern, Jahreszeiten und Stimmungen, von seinen Pflanzen, Blumen, Tieren und Vögeln leitete er seine Gleichnisse und Bilder ab. Vor allem aber liebte er seine Menschen. Ihr Alltagsleben war der Ausgangspunkt vieler seiner Geschichten. Es war ganz einfach *sein* Land.

In diesem Land geschah es: »Das Wort ward Fleisch und wohnte unter uns.« Hier schauten die ersten Jünger »seine Herrlichkeit, eine Herrlichkeit, wie sie der einzige Sohn von seinem Vater hat, voll Gnade und Wahrheit« (Joh 1,14 – Zü.). Dieses Land sah die Fleischwerdung der Liebe Gottes, das offenbar gewordene Vaterherz. Dieses Land hörte seine unvergleichlichen Worte und wurde Zeuge seiner Zeichen und Wunder. Hier gab er den Blinden das Augenlicht, schenkte den Tauben das Gehör und den Stummen die Sprache wieder; hier brachte er die Lahmen zum Gehen. Dieses Land bildete den

Schauplatz für die Heilung von Aussätzigen und die Auferwekkung von Toten. Hier nahm Gott sich des Ausgestoßenen und des Sünders an.

Auf einem der Berge dieses Landes, vielleicht auf dem Tabor oder Hermon, wurde Jesus verklärt. Auf einem Hügel am Ufer des Sees Genezareth hielt er die Bergpredigt und speiste die Fünftausend. Auf einem seiner Seen, dem See Genezareth, stillte er den Sturm und wandelte auf dem Wasser. Ein stiller Garten dieses Landes hörte das laute Weinen Jesu und wurde Zeuge seiner Tränen und seines Todeskampfes. Am Fuße eines seiner Hügel wurde er gekreuzigt, an einen Stamm geschlagen, der einmal in diesem Land gewachsen war. Sein Leib wurde behutsam und trauernd in ein Grab gelegt, das erst kürzlich aus einem Felsen geschlagen worden war. Und in diesem Land wurde er am dritten Tag auferweckt von den Toten, der glorreiche Sieger über Sünde, Tod und Hölle, und wurde zum ewigen Erlöser all derer, die ihr Vertrauen durch ihn auf Gott setzen. Und dann fuhr er von einem seiner Berge, dem Ölberg, auf zu seinem Vater, um sich für immer und ewig zu seiner Rechten zu setzen. Ja, das Land Israel ist das Land Jesu Christi.

Dieses Land ist auch einzigartig wegen all der großen, in der Bibel vorausgesagten Ereignisse der Weltgeschichte, die im Zusammenhang mit diesem Land oder sogar innerhalb seiner Grenzen stattfinden werden. Hier werden einmal die letzten großen Schlachten ausgefochten. Auf den Bergen Israels wird die ganze Heeresmacht aus dem Norden zerstört (Hes 38–39) und in der Ebene Harmagedon in Galiläa die letzte Schlacht der Weltgeschichte geschlagen werden (Offb 16,13–16). In diesem Land wird der Geist der Gnade und des Gebetes ausgegossen werden auf das jüdische Volk, und es wird zutiefst Buße tun (Sach 12,10). Aber das ist noch nicht das Ende der Geschichte. In diesem Land wird der Messias wiederkommen. Seine durchbohrten Füße werden noch einmal den Ölberg berühren. Er kommt nicht zuerst zu den Ländern der Supermächte, der Reichtümer oder der hohen Kulturen. Er wird wiederkommen in sein eigenes Land – Israel.

Dies alles macht Israel zu einem Land von einzigartiger Bedeutung. Viele Länder können sich großer Reichtümer oder Naturschätze rühmen, einer gewaltigen Militärmacht oder einer hochentwickelten Kultur. Keines aber kann sich rühmen,»sein Land« zu sein. Nur Israel ist»sein Land«.

3. Ein ewiger Besitz

Eine weitere Tatsache bestätigt die Einzigartigkeit dieses Landes: Israel ist Gegenstand eines göttlichen Versprechens. Kein anderes Gebiet der Erde wurde von Gott jemals einem bestimmten Volk zugesprochen. Natürlich hat Gott das Geschick aller Völker in der Hand, wacht über ihren Aufstieg und Untergang und über ihre Rolle in der Weltgeschichte. In Amos 9,7 sagt er zum Beispiel:

Habe ich nicht Israel heraufgeführt aus dem Lande Ägypten und die Philister aus Kaphtor und die Syrier aus Kir? (Zü.).

Trotzdem bleibt die Tatsache bestehen, daß Gott keinem anderen Volk jemals ein bestimmtes Land versprochen hat. Und sein Versprechen an Israel ist ein absolutes Versprechen. Abraham war der erste, der dieses Versprechen bekam:

Als sich nun Lot von Abraham getrennt hatte, sprach der Herr zu Abraham: Hebe deine Augen auf und schaue von der Stätte, da du stehst, gegen Mitternacht und gegen Mittag, gegen Morgen und gegen Abend. Denn das ganze Land, das du siehst – dir will ich es geben und deinen Nachkommen für ewige Zeiten. Und deine Nachkommen will ich mehren wie den Staub der Erde, so daß, wenn man den Staub der Erde zählen kann, man auch deine Nachkommen wird zählen können. Auf, durchziehe das Land in die Länge und in die Breite; denn dir will ich es geben (1 Mo 13,14–17 – Zü.).

Den folgenden Worten sollten wir besondere Beachtung schenken:»... das ganze Land, das du siehst – dir will ich es geben und deinen Nachkommen für ewige Zeiten.« Dieses Versprechen ist klar und eindeutig, ganz gleich, was manche denken oder sagen. Es gilt nicht nur Abrahams Sohn oder Enkel (also Isaak oder

Jakob) oder lediglich Abrahams Urenkeln. Vielmehr heißt es unmißverständlich:»... deine Nachkommen will ich mehren wie den Staub der Erde.« Das Versprechen ist also so lange gültig, wie es ein jüdisches Volk gibt.

Weiter heißt es:»Ich richte meinen Bund auf zwischen mir und dir und deinen Nachkommen von Geschlecht zu Geschlecht als einen ewigen Bund.« Und wiederum:»Ich gebe dir und deinen Nachkommen das Land, wo du als Fremdling weilst, das ganze Land Kanaan, zu ewigem Besitz« (1 Mo 17,7–8 – Zü.).

Isaak gegenüber wiederholte Gott sein Versprechen:

> *Bleibe als Fremdling in diesem Lande, und ich will mit dir sein und dich segnen: denn dir und deinen Nachkommen will ich alle diese Länder geben und will meinen Eid wahr machen, den ich deinem Vater Abraham geschworen habe, und will deine Nachkommen mehren wie die Sterne am Himmel und will deinen Nachkommen alle diese Länder geben. Und durch dein Geschlecht sollen alle Völker auf Erden gesegnet werden* (1 Mo 26,3–4 – Lu.).

Und auch Jakob erhielt eine Bekräftigung dieser Zusage:

> *Das Land, das ich Abraham und Isaak gegeben habe, dir will ich es geben, und auch deinen Nachkommen will ich das Land geben* (1 Mo 35,12 – Zü.).

Jahrhunderte später sagte Mose im Namen Gottes zu den Kindern Israel, bevor sie den Jordan überquerten, um das Land in Besitz zu nehmen:

> *Seht, ich übergebe euch das Land; gehet hinein und nehmet das Land in Besitz, von dem ich euren Vätern Abraham, Isaak und Jakob geschworen habe, daß ich es ihnen und ihren Nachkommen geben wollte* (5 Mo 1,8 – Zü.).

Der Psalmist faßt dies alles in die folgenden nachdrücklichen Worte zusammen:

> *Er ist der Herr, unser Gott; er richtet in aller Welt. Er gedenkt ewiglich an seinen Bund, an das Wort, das er verheißen hat für*

tausend Geschlechter, an den Bund, den er geschlossen hat mit Abraham, und an den Eid, den er Isaak geschworen hat. Er stellte ihn auf für Jakob als Satzung und für Israel als ewigen Bund und sprach: »*Dir will ich das Land Kanaan geben, das Los eures Erbteils*« (Ps 105,7–11 – Lu.).

An dieser Stelle ist zu beachten, daß Gottes Versprechen an Abraham sich »in Isaak« und nicht »in Ismael« erfüllte. In 1. Mose 17,20–21 wird über Ismael ausgesagt: »... ich will ihn zu einem großen Volke machen. Meinen Bund aber will ich aufrichten mit Isaak« (Zü.). Aus diesem Grund bekräftigte Gott das an Abraham gerichtete Versprechen gegenüber Isaak, nicht Ismael, gegenüber Jakob, nicht Esau. Sowohl Mose als auch der Psalmist haben dies klar verstanden. Im Neuen Testament wird dies wiederholt: »Was sagt die Schrift? Treibe die Sklavin und ihren Sohn aus, denn der Sohn der Sklavin soll nicht mit dem Sohn der Freien erben« (Gal 4,30 – Zü.).

Es wird manchmal behauptet, daß Ismael, der Vater der arabischen Völker, wie auch Esau und andere Nachkommen Abrahams sind und daß sich die Verheißung deshalb auch in ihnen erfüllt. Das Wort Gottes aber sagt klar und deutlich: Ismael war zwar ein Nachkomme Abrahams, aber der Bund und das Versprechen beziehen sich nicht auf ihn. Dasselbe gilt für die anderen Söhne Abrahams aus der Ehe mit Ketura (1 Mo 25,1–6). Was Ismael betrifft, so gab Gott andere Verheißungen, die sich erfüllt haben oder sich noch erfüllen werden. Zum Beispiel sagte Gott zu Abraham: »Aber auch den Sohn der Magd will ich zu einem Volk machen, weil er dein Sohn ist« (1 Mo 21,13 – Lu.). Und zu Hagar sprach er: »... denn zu einem großen Volke will ich ihn machen« (1 Mo 21,18 – Zü.). Gleichzeitig mit diesen Verheißungen gab Gott Abraham aber deutlich zu verstehen: »Nur nach Isaak soll dein Geschlecht benannt werden« (1 Mo 21,12 – Zü.). Zuvor hatte sich Gott noch klarer ausgedrückt: »Aber auch wegen Ismael erhöre ich dich: Siehe, ich segne ihn und mache ihn fruchtbar und überaus zahlreich; zwölf Fürsten wird er zeugen, und ich will ihn zu einem großen Volke machen. Meinen Bund aber will ich aufrichten mit Isaak ...« (1 Mo 17,20–21 – Zü.).

Aus diesen Schriftstellen geht eindeutig hervor, daß jegliche von den Arabern und speziell von den Palästinensern gestellten Ansprüche sich auf politische, historische oder praktische Hintergründe stützen müssen; von der Heiligen Schrift her sind sie nicht zu belegen. Was das Wort Gottes betrifft, so wurde das Land zum ewigen Besitz den Nachkommen Abrahams durch Isaak und Jakob zugesprochen. Natürlich gibt es einige christliche Araber, die jüdischer Abstammung sind, während der ersten Jahrhunderte n. Chr. Christen wurden und niemals das Land verlassen haben. Dasselbe gilt für einige moslemische Araber. Vor allem die letzteren haben sich durch Heiraten mit dem Stamm Ismaels vermischt. Folgende biblische Aussage liegt den Ansprüchen der Araber vielleicht am nächsten:»Er wird gegenüber von allen seinen Brüdern wohnen« (1 Mo 16,12 – Schl.). In der Zürcher Übersetzung heißt es:»Allen seinen Brüdern setzt er sich vors Gesicht.« (Vgl. auch die Übersetzungsvarianten bei Menge.) Die Bedeutung des Hebräischen liegt darin, daß Ismael und seine Nachkommen in unmittelbarer Nähe von Isaak und seinen Nachfahren leben würden. Dies haben sie auch nahezu 4000 Jahre lang getan. Sogar in den 1900 Jahren, die das jüdische Volk in alle Welt verstreut war, gab es immer relativ viel jüdische Einwohner in den arabischen Ländern. Verheißen wurde das Heilige Land jedoch nicht den Nachkommen Ismaels, sondern denen Isaaks, auch wenn geschrieben steht, daß Ismael »gegenüber von allen seinen Brüdern« wohnen wird. Der Nahe Osten ist ohne Zweifel groß genug für ein friedliches Nebeneinander von Arabern und Juden. Durch gegenseitiges Teilen der natürlichen Hilfsquellen und des technischen Wissens könnten weite, bislang unfruchtbare Gebiete des Nahen Ostens erschlossen und nutzbar gemacht und auf diese Weise nicht nur zwei Völkern, sondern der ganzen Welt zum Segen werden. Früher oder später werden die Nachkommen Abrahams durch Isaak und die Nachkommen Abrahams durch Ismael in Frieden und zum gegenseitigen Nutzen und Wohlergehen zusammenleben müssen. Dann wird das alte prophetische Wort von Jesaja in Erfüllung gehen:

An jenem Tage wird Israel der Dritte im Bunde sein neben Ägypten und Assyrien, ein Segen inmitten der Erde, die der Herr der Heerscharen segnet, indem er spricht: Gesegnet ist Ägypten, mein Volk, und Assyrien, das Werk meiner Hände, und Israel, mein Erbbesitz (Jes 19,24–25 – Zü.).

Wir finden in der Heiligen Schrift kein anderes Beispiel, in welchem ein bestimmtes Land oder Gebiet einem einzelnen Volk versprochen wird. Auch in 5. Mose 2,5 wird nur die Tatsache festgehalten, daß Gott Esau ein bestimmtes Gebiet zugeteilt hat, (»Esau habe ich das Gebirge Seir zum Eigentum gegeben«). Diese Aussage gehört vielleicht in dieselbe Kategorie wie Amos 9,7, wo es heißt, daß Gott die Philister und Syrer in ihre Länder gebracht hat. Nach 5. Mose 32,8 wacht Gott über allen Völkern und bestimmt ihre Geschicke und Staatsgrenzen: »Als der Höchste den Völkern ihr Erbe gab, als er die Menschenkinder schied, da setzte er fest die Gebiete der Völker ...« (Zü.). Das Land Israel ist hier jedoch einzigartig: Es ist Gegenstand eines göttlichen Versprechens. Gott hat dieses Land einem bestimmten Volk zugesprochen, und zwar der Nachkommenschaft Abrahams, durch Isaak und Jakob. Gott bringt dies auch in einer prophetischen Aussage im Buch Jeremia klar und einfach zum Ausdruck:

So spricht der Herr, der Gott Israels: Schreibe dir alle die Worte, die ich zu dir geredet habe, in ein Buch. Denn siehe, es kommen Tage, spricht der Herr, da werde ich das Geschick meines Volkes Israel und Juda wenden, spricht der Herr. Ich werde sie wieder in das Land bringen, das ich ihren Vätern gegeben habe, und sie werden es besitzen (Jer 30,2–3 – Zü.).

Und wiederum:

Und deine Nachkommen haben viel Gutes zu erwarten, spricht der Herr, denn deine Söhne sollen wieder in ihre Heimat kommen (Jer 31,17 – Lu.).

Gott wiederholt diese Aussage durch den Propheten Hesekiel (20,42):

Dann werdet ihr erkennen, daß ich der Herr bin, wenn ich euch
in das Land Israel bringe, in das Land, das ich euren Vätern
zugeschworen habe mit erhobener Hand (Zü.).

Diese Verheißungen sind nicht an Bedingungen geknüpft; sie
sind absolut gültig. Sie beziehen sich nicht nur auf die nächsten
Generationen der Kinder Abrahams, Isaaks und Jakobs. Die
Bibel sagt, daß sie noch gelten werden, wenn einmal die Zahl der
Nachkommen dem Staub der Erde gleicht.

Ich persönlich bin bestürzt über die Ansicht mancher Leute,
dieses Versprechen sei durch den Neuen Bund aufgehoben worden. Für mich heißt das, daß wir dann der Bibel nicht mehr Wort
für Wort glauben dürfen. Wenn Gott wiederholt sagt, daß dieses
Versprechen »tausend Geschlechtern« gilt und daß er ihnen das
Land zum »ewigen Besitz ... für ewige Zeiten« gibt, dann verstehe ich nicht, wenn man mir sagt, Gott habe das nicht so
gemeint. Meiner Meinung nach hätte Gott dann nicht die Wahrheit gesagt, zumindest aber irreführend gesprochen.

Andere sind der Auffassung, daß das Land Israel den Kindern
Israel und dem jüdischen Volk bis zum Erscheinen Jesu Christi
versprochen war. Sie gehen dabei von Galater 3,16 aus:

Abraham und seinem Nachkommen wurden die Verheißungen
zugesprochen. Es heißt nicht: »und den Nachkommen«, als
wären viele gemeint, sondern es wird nur von einem gesprochen:
»und deinem Nachkommen«; das aber ist Christus (Einh.).

Das hebräische Wort, das hier mit »Nachkommen« übersetzt
wird (vgl. Textstellen wie 1 Mo 3,15; 13,15–16; 15,18; 17,7–8;
26,3; 35,12 usw.) heißt soviel wie »Saat«, »Samen« oder »Nachkommenschaft«. Es kann wie das deutsche Wort »Samen«
sowohl für die Mehrzahl als auch für die Einzahl stehen. Es wäre
daher sehr falsch, wenn man »Nachkommen Abrahams« *nur* auf
den Messias bzw. Christus beziehen würde.

Gott hatte ja gesagt, daß Abrahams Nachkommen sein würden
wie der Staub der Erde, »so daß, wenn man den Staub der Erde
zählen kann, man auch deine Nachkommen wird zählen können«
(1 Mo 13,16 – Zü.), und so zahlreich wie die Sterne am Himmel
und wie der Sand am Ufer des Meeres (1 Mo 22,17 – Lu.).

Wie es in der Bibel so oft der Fall ist, steckt hinter dem Wort »Nachkommen« eine mehrfache Bedeutung. Zuallererst bezieht es sich auf den irdischen Nachkommen Abrahams, dem er das Land als Erbe geben konnte und durch den sich die Verheißung erfüllen würde. Ganz gleich, welche Bedeutung sich sonst noch hinter diesem Wort verbergen mag, diese Tatsache geht klar aus dem Zusammenhang hervor. Zum zweiten sind damit die zahlreichen Nachkommen Abrahams durch Isaak und Jakob gemeint. Die Verheißung scheint so lange zu gelten, wie es solche Nachkommen gibt. Drittens bezieht es sich auf den Messias, der der Schlüssel zur endgültigen Verwirklichung der Pläne Gottes ist und die Grundlage für jede Stufe ihrer Erfüllung.

Beim flüchtigen Lesen der Worte aus Galater 3,16: »Es heißt nicht: und den Nachkommen, als gälte es vielen, sondern es gilt einem; ›und deinem Nachkommen‹, welcher ist Christus« mag es scheinen, als habe der Apostel die ersten beiden Interpretationen ausklammern wollen. Ich glaube das aber nicht. Paulus ging davon aus, daß die Galater selbst aus dem Wortlaut der Verheißung an Abraham den direkten Bezug zu seiner reichen Nachkommenschaft und dem Land Israel kannten. Nur der Hinweis auf den Messias in diesen Verheißungen war leicht zu übersehen, obwohl er von grundlegender Bedeutung war, und deshalb macht Paulus die Leser darauf aufmerksam. Das Hauptanliegen des Apostels in Galater 3 besteht jedoch nicht darin, den wunderbaren Zusammenhang zwischen der Verheißung und dem Messias aufzuzeigen, sondern darin, zu zeigen, daß selbst ein menschliches Testament nicht umgestürzt werden, noch durch spätere Zusätze geändert werden darf. In Vers 15 sagt Paulus:

Brüder, ich nehme einen Vergleich aus dem menschlichen Leben: Niemand setzt das rechtsgültig festgelegte Testament eines Menschen außer Kraft oder versieht es mit einem Zusatz (Einh.).

Dann sagt er in Vers 17, daß ein von Gott abgeschlossenes Testament noch viel sicherer und unveränderlicher sein muß:

Damit meine ich: Das Testament, dem Gott einst Gültigkeit verliehen hat, wird durch das vierhundertdreißig Jahre später erlassene Gesetz nicht ungültig, so daß die Verheißung aufgehoben wäre (Einh.).

Was Paulus hier so betont, ist, daß durch das Gesetz des Mose der 400 Jahre zuvor geschlossene Bund und seine Verheißungen nicht aufgehoben werden. Aus demselben Grund bleibt auch die Verheißung bestehen, daß das Land Kanaan den Nachkommen Abrahams »auf ewige Zeiten« zum »ewigen Besitz« für »tausend Geschlechter« zugesprochen wurde. Sie wird durch das Kommen des Messias nicht für ungültig erklärt, noch werden neue Bedingungen aufgestellt. Die Verheißungen des Bundes mit Abraham gelten ewig, und die Person und das Werk des Messias, Jesus, sind die Grundlage für ihr Bestehen und ihre Erfüllung. Weiteres Licht auf dieses Problem wirft Apostelgeschichte 3,25. In seiner Rede an das jüdische Volk, das sich im Anschluß an die bemerkenswerte Heilung eines Lahmen vor der Schönen Pforte des Tempels versammelt hatte, spricht Petrus darüber, wie sie Jesus als den Messias verworfen haben. Trotzdem aber nennt er seine Zuhörer »Söhne der Propheten und des Bundes, den Gott mit euren Vätern geschlossen hat, indem er zu Abraham sprach: ›Und durch deine Nachkommenschaft werden alle Geschlechter der Erde gesegnet werden‹« (Zü.). Er erklärt, daß Gott den Auferstandenen zuerst zu ihnen gesandt habe, um sie zu segnen, damit sie sich von ihren bösen Taten abwendeten. Offenbar glaubte Petrus nicht, daß der Bund mit Abraham nicht länger gültig sein könnte, weil sie den Messias verworfen hatten. Er erkannte, daß mit dem verheißenen »Nachkommen« Jesus gemeint war; er erkannte aber auch, daß die Verheißungen an Abraham dem jüdischen Volk galten, und dies nicht nur bis zum ersten Kommen des Messias, sondern auch danach, obwohl sie ihn verworfen hatten. Sie waren immer noch Söhne Abrahams, und das Land Israel gehörte rechtmäßig ihnen und nicht den Römern. Die Art und Weise, in der Petrus hier von der »Wiederherstellung von allem, was Gott von jeher durch den Mund seiner heiligen Propheten verkündet hat« (Apg 3,21 – Einh.), redet, scheint dafürzusprechen, daß Petrus an die Wiederherstellung des Königreiches für ein gerettetes und vollendetes

Israel glaubte (siehe auch Apg 1,6–7). Gott hat nicht eine einzige Verheißung an Abraham rückgängig gemacht.

Auch Stephanus in seiner berühmten Verteidigungsrede vor dem Hohen Rat zitiert die Verheißungen Gottes an Abraham, daß das Land Kanaan seinen Nachkommen gegeben werden würde. Stephanus legt diese Verheißungen so aus, daß mit dem Wort »Nachkommen« das jüdische Volk gemeint ist (siehe Apg 7,4–6). Er spricht ausdrücklich von »seinen Nachkommen« (V. 5–6), von »Josephs Herkunft« (V. 13) und von »unserem Geschlecht« (V. 19 – Zü.).

Der Bund und die Verheißungen an Abraham, Isaak und Jakob waren im Hinblick auf den Messias gegeben worden. Er ist der Schlüssel zur Weltgeschichte und ganz besonders zur Geschichte seines erwählten und erlösten Volkes. Er ist auch der Schlüssel zur jüdischen Geschichte. In geheimnisvoller Weise umgibt er sie und wird sie einmal von aller Nichtigkeit befreien. Er ist die Auslegung der jüdischen Geschichte; in ihm wird sich die Bestimmung dieses Volkes erfüllen. Er steht im Zentrum ihrer Verbannung aus und ihrer Rückkehr in das Land, ihrer Verwerfung und ihrer Wiederannahme. Die letzten Kapitel der jüdischen Geschichte werden von ihm geschrieben werden.

Das vollendete Werk des Messias als Passahlamm hat einen rückwirkenden Effekt, was das jüdische Volk betrifft. Obwohl sie als Ungläubige in das Land zurückgeführt wurden, ist die Grundlage des Handelns Gottes an ihnen und für sie das Werk des Messias am Kreuz. Zusätzlich ist Abraham der »Vater aller unbeschnittenen Gläubigen« geworden (Röm 4,11 – Zü.). Alle, die der Wahrheit geglaubt haben und wiedergeboren sind, sind damit Söhne Abrahams durch den Glauben und seine Nachkommen geworden (Gal 3,29; vgl. Röm 9,7–8). Sie sind in das wahre Israel Gottes eingefügt, wie wilde Olivenzweige in den veredelten Ölbaum eingepfropft werden. Dieses durch das vollendete Werk des Messias gerettete Israel wird einst die ganze Erde besitzen, »denn nicht durch das Gesetz wurde dem Abraham oder seinen Nachkommen die Verheißung zuteil, daß er Erbe der Welt sein solle, sondern durch die Gerechtigkeit des Glaubens« (Röm 4,13 – Zü.). Alle Verheißungen der Schrift gelten uns durch die Gnade Gottes, ob wir nun Juden oder Heiden sind; aber der lebendige, von Gott geschenkte Glaube ist der Schlüssel zu ihrer Inanspruchnahme. Gott hat das jüdische Volk jedoch nicht für immer verworfen. Der Tag seiner Wiederherstellung wird kommen, und die Grundlage dieser Wiederherstellung ist und bleibt der Messias und sein vollendetes Werk. Die herrliche Tatsache ist, daß Gottes Plan durch den Fall des jüdischen Volkes nicht durchkreuzt, sondern erfüllt worden ist. Wenn die Fülle der Heiden eingegangen ist, d. h., wenn sich Gottes Plan erfüllt hat, aus allen Völkern Männer und Frauen zu erlösen, dann wird die zeitweilige Verhärtung, die Israel widerfahren ist, hinweggenommen und ganz Israel gerettet werden.

Alle von Gottes Geist Wiedergeborenen sollten um die bildliche Geschichte Israels und des verheißenen Landes wissen, die uns der Apostel Paulus folgendermaßen beschrieb: »Das aber geschah an ihnen, damit es uns als Beispiel dient, uns zur Warnung wurde es aufgeschrieben, uns, die das Ende der Zeiten erreicht hat« (1 Kor 10,11 – Einh.). Trotzdem ist die Verheißung aber auch wörtlich zu verstehen. Dies zu übersehen hieße, an der vollen Bedeutung des Wortes Gottes vorbeizugehen. Das Land wurde den Nachkommen Abrahams durch Isaak und Jakob zum ewigen Besitz gegeben, und dieses Versprechen wurde niemals zurückgenommen.

Soweit dürfte nun alles klar sein. Wie steht es nun aber um die Grenzen des Landes? In 1. Mose 15,18–21 sagt Gott zu Abraham:

Deinem Geschlechte gebe ich dieses Land, vom Bach Ägyptens bis an den großen Strom, den Euphratstrom; die Keniter, die Kenissiter und die Kadomiter, die Hethiter, die Pheresiter und die Rephaiter, die Amoriter, die Kanaariter, die Girgasiter und die Jebusiter (Zü.).

In 2. Mose 23,31 und Josua 1,2–4 ist ungefähr dasselbe Gebiet umschrieben. In 4. Mose 34,1–12 sind die Grenzen genauer festgelegt. Bei der Frage um die Bestimmung des »Baches Ägyptens« gehen die Meinungen auseinander. Ist es der Nil? In 2. Mose 23,31 und Josua 1,2–4 wird er nicht ausdrücklich genannt.

Im Hebräischen gibt es zwei Worte, die mit »Fluß« bzw. »Bach« übersetzt werden. Das in 1. Mose 15,18 gebrauchte Wort steht für einen normalen Fluß. In 4. Mose 34,5 hingegen ist ein von der Jahreszeit abhängiger Wasserlauf gemeint, d. h. ein Flußbett, das außer in der Regenzeit trocken liegt, auf arabisch also ein »Wadi«. Man kann deshalb mit großer Wahrscheinlichkeit sagen, daß mit dem in 4. Mose 34,5 genannten »Bach Ägyptens« das Wadi-el-Arish östlich von El Arish gemeint ist. Diese Grenze wird im allgemeinen auch von den Talmudisten und in anderen jüdischen Quellen als Südwest-Grenze des Verheißenen Landes anerkannt.

Auf jeden Fall liegt das Land, das Gott Abraham und seinen Nachkommen versprach, zwischen Nil und Euphrat und umfaßt mit Sicherheit das heutige Staatsgebiet Israels. Die Beziehung des jüdischen Volkes zu diesem Gelobten Land geht auf die Zeit Abrahams, Isaaks und Jakobs zurück. Nur wenige Völker waren über so lange Zeit mit ihrer ursprünglichen Heimat verbunden. Im Nahen Osten ist Israel heute das einzige Land, dessen Volk immer noch in demselben Gebiet lebt, dieselbe Sprache spricht und an denselben Bräuchen festhält wie vor 4000 Jahren.

Sogar in den langen Zeiten der Verbannung und Zerstreuung haben die Juden niemals ihr Heimatland vergessen; sie konnten es nicht. Sie paßten sich niemals dem Jahresrhythmus des Landes an, in das sie gekommen waren, sondern lebten nach den Jahreszeiten des Landes, das sie verloren hatten. Sie vergaßen nie, wie es aussah. Sie beteten sogar um Regen oder Tau zu der Jahreszeit, in der in Israel Dürre geherrscht hatte, auch wenn sie jetzt in einem Land wohnten, in welchem genügend Regen fiel. Es spielte keine Rolle, ob sie in einem kalten Klima lebten – ihr Lebenszyklus richtete sich nach der Dattelpalme, dem Ölbaum, den Granatäpfeln und dem Wein. An den äußersten Enden der Erde lebten sie, als seien sie immer noch in Israel. Aus diesem Grunde schrieb Benjamin Disraeli einmal:

»Die Weingärten Israels sind nicht mehr, aber durch das ewige Gesetz ist es den Söhnen Israels auferlegt, die Weinlese zu feiern. Ein Volk, das fortfährt, die Weinlese seiner Heimat zu feiern,

auch wenn es keine Trauben erntet, wird seine Weinberge wieder besitzen.«

In all den Jahren der Verbannung hat das jüdische Volk niemals davon abgelassen, für die Erlösung des Landes Israel zu beten. Diese Bitte war Teil seines täglichen Gebetes, seiner Sabbatgebete und der Gebete an besonderen Tagen oder Anlässen. In den späteren Kapiteln werde ich über das Land und sein Volk noch mehr zu sagen haben. Was ich an dieser Stelle betonen möchte, ist die Einzigartigkeit des Landes Israel als eines Gelobten Landes. Gott selbst versprach es einem ganz bestimmten Volk. Es ist eine interessante Tatsache in der Geschichte Israels, daß dieses Land wüst und leer wurde, sobald das jüdische Volk von ihm getrennt war. Gott warnte sein Volk, daß dies so kommen würde.

Ja, ich selbst werde das Land verwüsten, daß eure Feinde, die dort Wohnsitz nehmen, sich darob entsetzen. Euch aber will ich unter die Heiden zerstreuen, und das Schwert will ich hinter euch zücken, und euer Land soll zur Wüste und eure Städte zu Schutthaufen werden (3 Mo 26,32–33 – Zü.).

Immer jedoch, wenn das jüdische Volk zurückkehrte, wurde das Land wieder bebaut, und Wein- und Obstgärten wurden wieder angepflanzt. In keiner Zeit hat sich dies mehr bewahrheitet als in der unsrigen. Es ist die Erfüllung der Verheißung Hesekiels:

Ihr aber, ihr Berge Israels, sollt eure Zweige treiben und eure Frucht tragen für mein Volk Israel; denn in Bälde wird es heimkommen. Siehe, ich komme zu euch und wende mich euch wieder zu, und ihr sollt angebaut und besät werden ... Und das verwüstete Land soll neu bestellt werden, nachdem es so wüste gelegen vor den Augen aller, die vorübergingen. Und man wird sagen:»Dieses Land, das verwüstet war, ist wie der Garten Eden geworden ...« Alsdann werden die Völker, die rings um euch her noch übrig sein werden, erkennen, daß ich, der Herr ... das Verwüstete wieder bepflanzt habe. Ich, der Herr, habe es geredet, und ich werde es tun (Hes 36,8–9.34–35.36 – Zü.).

Bevor das Land jedoch »wie der Garten Eden« werden konnte, mußte ein hoher Preis an Menschenleben gezahlt werden. Die Neukultivierung des Landes Israel war sehr kostspielig und mit vielen Opfern verbunden. Viele der frühen Pioniere erlagen Krankheiten, vor allem der Malaria. In einigen Gebieten konnte das Land erst nach manchen Rückschlägen (durch Tod, Krankheit bzw. Entmutigung der Pioniere) wiedergewonnen werden. Die Verwandlung von Malariasümpfen oder dürren Wüstengebieten in fruchtbares Ackerland hat viel an Ausdauer und Opferbereitschaft gekostet. Und doch fand diese Verwandlung in unserem Jahrhundert statt. Jesaja hatte sie schon lange vorausgesehen:

> *Freuen sollen sich die Wüste und das dürre Land, frohlocken die Steppe und blühen! Gleich der Narzisse soll sie blühen und frohlocken, ja frohlocken und jubeln! Die Herrlichkeit des Libanon wird ihr gegeben, die Pracht des Karmel und der Saronflur* (Jes 35,1–2 – Zü.).

Es ist erstaunlich, daß nicht nur Erdreich wieder nutzbar gemacht werden konnte, das früher schon einmal fruchtbar war, sondern sogar Wüstengebiete, die niemals zuvor bebaut gewesen waren, wie z. B. in den Wüsten Negev, Arava und Sinai.

Die Wiederaufforstung des Landes ist nicht weniger erstaunlich. In dieser Hinsicht hat das Land unter den verschiedenen Eroberern im Laufe der Geschichte viel Schaden erlitten. Immer wieder wurden die Wälder aus den verschiedensten Gründen abgeholzt, ohne daß man an Wiederaufforstung dachte. Ausgedehnte Bodenerosionen auf den Hügeln und Bergen waren die Folge. Die Ziegen und Schafe der umherziehenden Beduinen taten ein übriges. Zum letzten Schlag holten die Türken aus, als sie während des Ersten Weltkrieges die letzten Überreste der Wälder abschlugen, um den Eisenbahnverkehr in Gang zu halten. Als 1917 die Engländer kamen, wurde zwar ein Plan zur Wiederaufforstung entworfen, der aber auf viel Widerstand stieß. Es ist der Entschlossenheit und Zielstrebigkeit der jüdischen Pioniere und Siedler zu verdanken, daß der Plan dennoch verwirklicht wurde. Nach 1948 wurde die Wiederaufforstung des

Landes zu einem der nationalen Hauptanliegen des neuen Staates Israel. Man erkannte, daß sie zur Wiederherstellung des ökologischen Gleichgewichtes absolut notwendig war. 1948/49 gab es ca. 5200 ha Wald, 1963 waren es schon ca. 36 000 ha, und 1978 114 000. 1948 standen etwa 4 388 000 Bäume in Israel. 1978 lag die Zahl bei rund 130 Millionen. Auf den Hügeln Judäas, westlich von Jerusalem, wurden allein sechs Millionen Bäume in dem sogenannten »Wald der Märtyrer« gepflanzt – ein Baum für jeden Juden, der in einem Konzentrationslager der Nazis umgekommen war. Es gibt wohl kaum eine schönere Art des Gedenkens an die Opfer menschlicher Verdorbenheit. Der Erfolg des Wiederaufforstungsplanes ist zum großen Teil auf die Bemühungen des Jüdischen Nationalfonds zurückzuführen.

Die erste Baumart, die dabei nach Israel eingeführt wurde, war der Eukalyptusbaum aus Australien. Ursprünglich hatte man ihn zur Entwässerung der Sumpfgebiete eingeführt, doch später entdeckte man, daß er sich auch in trockenen Gebieten recht gut hielt. Von 1917 an wurden Nadelholzbäume wie die Kiefer und die Zypresse auf weiten Flächen angepflanzt, vor allem in felsigen Hügelgebieten, in denen die Bodenabtragungen den Anbau von Obst unmöglich machten. Diese Bäume erhalten nicht nur den bestehenden Boden, sondern bilden auch neuen. Auf diese Weise wird das Land wieder urbar gemacht, und wo vor 100 Jahren noch kahle Hügel waren, breiten sich heute große Wälder aus.

Die Wiederaufforstung des Landes Israel an sich können wir nicht einzigartig nennen, denn Aufforstungen gibt es auch anderswo in der Welt. Einzigartig ist aber die Tatsache, daß die Nachkommen derer, die vor Tausenden von Jahren in diesem Land lebten, diese Aufgabe übernommen haben. Nach 1900 Jahren der Verbannung ist das jüdische Volk in das ihm von Gott zugesicherte Land zurückgekehrt.

Von keinem anderen Land hat Gott vorausgesagt:

Ihr aber, ihr Berge Israels, sollt eure Zweige treiben und eure Frucht tragen für mein Volk Israel ... und ihr sollt angebaut und

besät werden ... Alsdann werden die Völker ... erkennen, daß
ich, der Herr ... das Verwüstete wieder bepflanzt habe. Ich, der
Herr, habe es geredet, und ich werde es tun (Hes 36,8–9.36 –
Zü.).

Dies hat sich in unseren Tagen verwirklicht. Gott hat es gesagt
und getan. Denn »Gott ist nicht ein Mensch, daß er lüge, noch
ein Menschenkind, daß ihn etwas gereue. Sollte er etwas sagen
und nicht tun? Sollte er etwas reden und nicht halten?« (4 Mo
23,19 – Lu).

Teil II
Die Einzigartigkeit der Nation

Und wo ist eine andre Nation auf Erden wie dein Volk Israel ...?
(2 Sam 7,23 – Zü.).

1. Alle Dinge sind sterblich außer dem Juden

In den Annalen der Weltgeschichte findet sich nichts, was mit der Geschichte und dem Überleben Israels zu vergleichen wäre. Seine Geschichte begann mit einem einzigen Mann, Abraham, dem Gott vor rund 4000 Jahren erschien, und sie zieht sich hin bis zum heutigen Tag. Der Faden, der durch die Geschichte dieses Volkes läuft, ist niemals abgerissen. Die Umwandlung der Familie Abrahams in ein ganzes Volk im Land Ägypten, die Herausbildung zur Nation in der Wüste unter Mose, die Besitznahme des Verheißenen Landes unter Josua bilden eine Einheit. Dieser fortlaufende Faden zieht sich durch die Anfänge des Königreiches unter David und Salomo, durch dessen Aufteilung in Juda und Israel, über die babylonische Gefangenschaft bis zur Rückkehr des Überrestes eine Generation später. Er läuft durch die Makkabäerzeit, diese herrliche Epoche jüdischen Heldentums, zur Besetzung und Unterdrückung während der Römerzeit, in die die Geburt, der Tod und die Auferstehung des Messias eingebettet sind. Der Faden läßt sich weiterverfolgen bis zum Fall und zu der Zerstreuung des jüdischen Volkes 70 n. Chr., der Zerstörung Jerusalems und des Tempels und der Auflösung des Staates Israel, genau wie Jesus es vorausgesagt hatte. Aber die Geschichte geht weiter durch die talmudische Ära mit ihren berühmten Rabbis und Gelehrten, über 1900 Jahre der Verbannung bis hin zur Neugründung des Staates Israel im Jahre 1948.

Diese Geschichte hat zahlreiche Gesichter. Manchmal ist es eine Geschichte blutiger Verfolgungen und unbändigen Hasses, so zur Zeit der Kreuzfahrer im 11. und 12. Jahrhundert, der

Inquisition im 15. und 16. Jahrhundert, der Pogrome im späten 19. und 20. Jahrhundert und der Nazizeit in den 30er und 40er Jahren. Manchmal ist es die Geschichte des Mystizismus und der Sehnsucht der Kabbalistenzeit (15.–16. Jahrhundert) oder die Geschichte großer Frömmigkeit und unverdeckter Gefühle der chassidischen Zeit (18. Jahrhundert) oder die Geschichte tiefer Gelehrsamkeit und aufopfernder guter Werke, wie sie so oft aus dem gemeinsamen Erleben absoluter Armut hervorgingen. Manchmal ist es die Geschichte des feurigen Eifers und Patriotismus des Zionismus, die Geschichte zionistischer Pioniere und jüdischer Freiheitskämpfer, die bereit waren, für das Ideal eines jüdischen Heimatlandes ihr Leben zu lassen.

Israels Geschichte schließt die ganze Skala menschlichen Lebens mit ein, von den Höhen göttlicher Eingebung und Selbstverleugnungen in die tiefen Täler sündiger Bosheit und verräterischen Ungehorsams. Einmal ist es die Zeit lebendigen Glaubens und selbstloser Frömmigkeit, edler Vorbilder und Beispiele, ein andermal die Geschichte des Bürgerkrieges, der Eifersucht zwischen Parteien und innerer Spannungen, der Rivalitäten und Korruption an oberster Stelle, eine Zeit blinder Engstirnigkeit und sturer Vorurteile. Sie kennt die Gipfel der Hingabe an Gottes Wort und Willen und die Tiefen des Versagens in der Ablehnung und Kreuzigung des Messias. Wie man die Geschichte auch erzählen mag, es ist die Geschichte eines einzigen Volkes – des jüdischen Volkes –, einer einzigen Nation – der jüdischen Nation.

Die Seiten dieser Geschichte sind bevölkert von Patriarchen und Propheten, von Königen und begnadeten Sängern, von Reformatoren, Pionieren, Märtyrern, Weisen und Rabbis, Staatsmännern und Freiheitskämpfern, Guten und Schlechten, Heiligen und Sündern. Und im Herzen dieser Geschichte steht als tiefstes Fundament – wenngleich oft unsichtbar – die Geschichte des Messias Jesus. Auch wenn viele Juden ihn nicht anerkennen noch an ihn glauben, ist er *der* Schlüssel zur jüdischen Geschichte, der Schlüssel zur Erfüllung ihrer Sehnsüchte und Hoffnungen, ihres angstvollen Bangens und Versagens, ihrer göttlichen und unwiderruflichen Bestimmung.

Diese Geschichte ist heute immer noch nicht abgeschlossen. 1948 bestieg Israel erneut als Staat die Bühne des Weltgeschehens, und es hat sie nicht wieder verlassen. Ein Krieg folgte dem anderen. Israel kämpfte gegen die stärksten Feinde und siegte doch immer wieder. Seine Geschichte ist noch nicht zu Ende geschrieben; die glorreichsten Kapitel liegen noch in der Zukunft. Was immer auch geschehen mag, sie werden einmal geschrieben werden, denn Gottes Augen wachen darüber.

Mit keiner anderen Nation hat Gott so gehandelt wie mit dem jüdischen Volk. In seiner 4000 Jahre langen Geschichte wurde es zweimal aus dem Land vertrieben und kehrte zweimal wieder zurück. Das erste Exil war die babylonische Gefangenschaft. Sie begann im Jahr 607 v. Chr. unter dem König Jojakim und dauerte 70 Jahre. Genaugenommen dauerte das Exil der ganzen Nation nur 50 Jahre, denn während der ersten zwanzig Jahre waren nur das Königshaus und einige der vornehmsten Familien nach Babylon weggeführt worden. Erst im Jahr 587 v. Chr., als Zedekia König war, wurde das ganze Volk in die Verbannung geführt, und nur die Ärmsten der Armen blieben zurück. Das zweite Exil begann 70 n. Chr. und nahm weit höhere Ausmaße an. Die Römer metzelten damals 600000 Menschen nieder und nahmen 300000 Sklaven gefangen, die sie in alle Himmelsrichtungen hinwegführten.

Keine andere Nation in der Geschichte der Menschheit wurde zweimal aus ihrem Land entwurzelt, bis an die Enden der Erde zerstreut und wieder in dasselbe Gebiet zurückgebracht. Wenn das erste Exil und der Wiederaufbau ungewöhnlich waren, so ist das zweite ein Wunder. Zweimal wurde der Staat Israel aufgelöst, zweimal verlor Israel seine nationale Unabhängigkeit, zweimal wurden seine Hauptstadt und das Zentrum eines religiösen Lebens zerstört, seine Städte und Dörfer dem Erdboden gleichgemacht, sein Volk deportiert und zerstreut – und zweimal wurde alles wiederaufgebaut.

Keine andere Nation oder ethnische Gruppe wurde in alle Himmelsrichtungen zerstreut und überlebte trotz allem als leicht zu identifizierende und erkennbare Gruppe. Die Nation Israel umfaßt rund 87 verschiedene Nationalitäten. Vom Fernen Osten bis zum Fernen Westen gibt es kaum eine Nation, in der nicht jüdische Staatsbürger gelebt haben. Das Erstaunliche ist jedoch, daß das jüdische Volk als Volk überlebte, statt in den großen Mehrheiten fremder Völker, mit denen es vermischt war, unterzugehen. Wir müssen uns vor Augen halten, daß es sich hier nicht um die Zeitspanne einer Generation handelt oder auch eines Jahrhunderts, sondern um nahezu 2000 Jahre. Während dieser langen Zeit ist das jüdische Volk das jüdische Volk geblieben. Benjamin Disraeli (1804–1881), der zweimal amtierender Premierminister Großbritanniens war, erwiderte einmal auf eine abfällige Bemerkung über seine jüdische Herkunft:

»Sir, Sie sind stolz auf Ihr altes Geschlecht. Aber in den Adern des gemeinsten aller Juden fließt Blut, im Vergleich zu welchem das Blut des stattlichsten Edelmannes nur Spülwasser ist. Als Ihre Vorfahren noch ein heidnischer Stamm waren, standen meine als Priester im Tempel Gottes.«

Obgleich sie vieles von der Kultur und der Lebensweise der sie umgebenden Völker übernahmen, ihre Sprache erlernten und den ihnen eingeräumten Platz als Untertanen oder freie Staatsbürger einnahmen, blieben sie doch dem Wesen nach Juden. Keine andere ethnische Gruppe hat eine solche Geschichte vorzuweisen. Halten wir uns nochmals diese lange Zeitspanne vor Augen, die Verfolgungen, die das jüdische Volk so oft erleiden mußte, den enormen Anpassungsdruck, unter dem es stand, die totale Zerstreuung, in der es lebte: Wir können nicht anders, als die Tatsache anzuerkennen, daß das Überleben des jüdischen Volkes ein Wunder ohnegleichen ist.

Viele andere Völker, die zu ihrer Zeit viel mächtiger und einflußreicher waren als das jüdische Volk, sind vor langer Zeit untergegangen. Es gibt heute kein assyrisches oder babylonisches Volk mehr; diese Völker sind völlig in andern Nationen und Völkern aufgegangen. Die Kelten können zwar bis zum heutigen Tag als solche erkannt werden, aber nur, weil sie als ganzer Stamm ausgewandert sind. Ursprünglich lebten sie irgendwo zwischen der Ostsee und dem Schwarzen Meer, dann zogen sie nach Ost- und Mitteleuropa und schließlich zu den Britischen

Inseln. Wo immer sie während ihrer langsamen Wanderschaft in größeren Gruppen zusammenblieben, haben sie überlebt. Wo sie aber nur schwach vertreten und weit verstreut lebten, gingen sie in dem Volk der Ureinwohner unter. Das jüdische Volk müßte längst verschwunden sein, weil es niemals in größeren Scharen auswanderte; aber obwohl es über die ganze Erde verstreut wurde, überlebte es als ein deutlich erkennbares Volk.

Im Jahre 1899 schrieb Mark Twain eine Abhandlung, der er den Titel *Concerning the Jews* (Über die Juden) gab, und in der er zu einem bemerkenswerten Schluß kam. Wir müssen dabei berücksichtigen, daß dies lange vor der Balfour-Erklärung im Jahr 1917 geschrieben wurde, ganz zu schweigen von der Neugründung des Staates Israel 1948. Mark Twain schreibt:

»Wenn die Statistiken stimmen, machen die Juden nur ein Prozent der Menschheit aus – ein unbedeutender Funke im Glanz der Milchstraße. Normalerweise sollte man vom Juden kaum etwas gehört haben, und doch hörten und hören wir immer wieder von ihm. An Berühmtheit kann er es mit jedem anderen Volk der Erde aufnehmen, und seine Bedeutung in Wirtschaft und Handel steht in keinerlei Verhältnis zu seiner Bevölkerungszahl. Sein Beitrag zur Liste großer Namen in Literatur, Naturwissenschaft, Kunst, Musik, Finanzwesen, Medizin und tiefer Gelehrsamkeit ist genauso erstaunlich. Er hat sich in all den Jahrhunderten großartig geschlagen in dieser Welt – und das mit auf den Rücken gebundenen Händen. Er könnte mit Recht hochmütig und stolz auf sich sein. Die Ägypter, Babylonier und Perser kamen an die Macht, erfüllten die Erde mit ihrem Glanz und ihren Klängen und gingen unter. Die Griechen und Römer folgten, machten viel Lärm und verschwanden. Andere Völker standen auf, ihre Fakkel brannte eine Zeitlang, dann erlosch sie, und heute sitzen sie im Zwielicht oder sind ganz verschwunden. Der Jude sah sie alle, schlug sie alle und ist heute, was er immer war, zeigt keinen Verfall, keine Alterserscheinungen, keine Schwächen, kein Nachlassen der Energie, kein Abstumpfen seines wachen, dynamischen Geistes. Alle Dinge sind sterblich außer dem Juden; alle anderen Kräfte vergehen, er bleibt. Was ist das Geheimnis seiner Unsterblichkeit?«

Ungefähr zur gleichen Zeit schrieb Leo Tolstoi einen ähnlichen Artikel mit der Überschrift »Was ist ein Jude?«. Er sagt:

> *»Diese Frage ist gar nicht so merkwürdig, wie es im ersten Moment scheinen mag. Schauen wir uns einmal an, was für ein merkwürdiges Geschöpf der Jude ist, den alle Herrscher und alle Völker gemeinsam oder allein mißbraucht, belästigt, unterdrückt und verfolgt, niedergetreten und abgeschlachtet, verbrannt und erhängt haben, und trotz alledem lebt er noch ... der Jude ist das Sinnbild der Ewigkeit. Jahrelanges Morden und Foltern konnten ihn nicht zerstören; weder Feuer noch Schwert noch die Inquisition konnten ihn vom Angesicht der Erde vertreiben. Er war der erste, der die Aussprüche Gottes kundtat. Schon so lange ist er der Wächter des prophetischen Wortes und teilt es der übrigen Welt mit. Solch eine Nation kann nicht zerstört werden. Der Jude ist so unvergänglich wie die Ewigkeit selbst.«*

Es kann nur eine Antwort auf die Frage Mark Twains geben: »Wo liegt das Geheimnis seiner Unsterblichkeit?« *Das Geheimnis der Unsterblichkeit des Juden ist Gott selbst.* Gott sagt im Buch Maleachi: »Denn ich, der Herr, verändere mich nicht, darum seid ihr, Kinder Jakobs, nicht aufgerieben worden« (Mal 3,6 – Schl.). Ein berühmter Rabbi des 12. Jahrhunderts, David Kimchi, schrieb folgenden Kommentar zu diesem Vers:

> *»Ihr wurdet nicht dahingerafft wie die anderen Völker, die keine Spuren hinterließen und keine Nation mehr bilden. Ihr seid nicht untergegangen und werdet auch in Zukunft nicht untergehen. Immer werdet ihr ein besonderes Volk sein vor allen anderen auf Erden. Auch wenn ihr verbannt und in die hintersten Winkel der Erde vertrieben wurdet, euer Name ist überall erhalten geblieben. Die Schmerzen, die ich euch zugefügt habe, waren die Strafe für eure Sünde. Aber so wie ich mich niemals verändere, so werdet ihr niemals aufgerieben werden. In den letzten Tagen werdet ihr eure Herrschaft wiedergewinnen und über alle Nationen der Erde erhaben sein.«*

Ich glaube, daß Jesus diese »Unsterblichkeit« der Juden ansprach, als er sagte: »An dem Feigenbaum lernet ein Gleichnis« (Mt 24,32 – Lu.). Wir sollen gewiß nicht nur lernen, daß der Sommer kommt. Es ist ein Gleichnis über das jüdische Volk, sein

Land, seinen Staat, seine Bestimmung. Der Feigenbaum, den der Herr am vorhergehenden Tag verflucht hatte (Mt 21,19), muß noch ganz frisch in der Erinnerung der Jünger gewesen sein, als er jetzt sagte:»An dem Feigenbaum lernet ein Gleichnis.« Die Geschehnisse, die dieses Ereignis zeitlich umrahmten und in direktem Zusammenhang mit ihm standen, hatten alle mit der jüdischen Obrigkeit der damaligen Zeit zu tun und bildeten die letzte Konfrontation Jesu mit ihr. Irgendwo auf den Höhen des Ölbergs, wo man den Tempel und die Stadt überblicken konnte, kamen Petrus, Jakobus, Johannes und Andreas zum Herrn und baten ihn:»Sage uns, wann wird dies geschehen, und was wird das Zeichen deiner Wiederkunft und des Endes der Welt sein?« (Mt 24,3 – Zü.; vgl. Mk 13,3–4). Da gab er ihnen einen kurzen Überblick über alles, was geschehen würde, und faßte es in den Worten zusammen:»An dem Feigenbaum lernet ein Gleichnis.« Es wäre eigenartig, wenn die Jünger nicht sofort an den Feigenbaum gedacht hätten, der sie am Tag zuvor und noch am selben Morgen so gefesselt hatte. (Vgl. Kap. 10 meines Buches *Battle for Israel* (Schlacht um Israel), wo ich näher auf die Bedeutung des Feigenbaumes eingehe.)

Daß Jesus den Feigenbaum als Symbol für das jüdische Volk nahm, geht auch aus einem anderen Gleichnis hervor:

Ein Mann hatte in seinem Weinberg einen Feigenbaum; und als er kam und nachsah, ob er Früchte trug, fand er keine. Da sagte er zu seinem Weingärtner: Jetzt komme ich schon drei Jahre und sehe nach, ob dieser Feigenbaum Früchte trägt, und finde nichts. Hau ihn um! Was soll er weiter dem Boden seine Kraft nehmen? Der Weingärtner erwiderte: Herr, laß ihn dieses Jahr noch stehen; ich will den Boden um ihn herum aufgraben und düngen. Vielleicht trägt er doch noch Früchte; wenn nicht, dann laß ihn umhauen (Lk 13,6–9 – Einh.).

Jesus bezieht sich hier eindeutig auf die drei Jahre seines Wirkens als Messias. Er fand zu dieser Zeit keine Frucht bei dem Volk Gottes, sondern nur starren Formalismus. Im Gleichnis wird dem Feigenbaum ein Gnadenjahr gewährt. Zwischen dem Tod und der Auferstehung des Messias (30 n. Chr.) und dem Gericht, das über das jüdische Volk erging (70 n. Chr.), verstrich eine ganze Generation. Diese Generation hätte allen Grund gehabt, an Christus zu glauben. Aber sie blieb unfruchtbar, und deshalb fiel sie unter das göttliche Gericht. Das zweite, weit schrecklichere Exil in der jüdischen Geschichte begann.

Jesus sagte über den Feigenbaum:»Wenn sein Zweig jetzt treibt und die Blätter kommen, so wißt ihr, daß der Sommer nahe ist« (Mt 24,32 – Lu.). Am Geschehen der Dinge, die Jesus in den vorhergehenden Versen voraussagt, sollen wir erkennen, daß die Zeit seines (Jesu) Kommens naht. Dies geht eindeutig aus dem Text hervor. Die tiefere Bedeutung aber ist, daß das jüdische Volk am Ende der Zeit Zeuge seiner Wiederkunft sein wird. Verurteilt wegen seiner Unfruchtbarkeit, war der Feigenbaum bis zu den Wurzeln verdorrt und abgestorben. Am Ende der Zeit aber würde derselbe Feigenbaum in neuer Kraft dastehen, mit biegsamen Zweigen, voller Saft, voller Blätter, eine reiche Frucht versprechend. Indem er die Jünger ermahnte, vom Feigenbaum zu lernen, warnte Jesus sie auch davor, in der Zerstörung Jerusalems und des Tempels, der Auflösung des jüdischen Staates und der Zerstreuung der Nation das Ende des jüdischen Volkes zu sehen. Es würde nicht das Ende sein. Es würde der Anfang einer langen Zeitspanne von Trübsal, Leid und Verfolgung sein, wie sie das Volk noch nie zuvor erlebt hatte. Aber auf wunderbare Weise würden sie überleben, und am Ende würde derselbe Feigenbaum wie am Anfang dastehen – mit dem einen Unterschied: anstatt abzusterben, würde er zu vollem Leben erwacht sein.

Diese Lehre vom Feigenbaum wird durch die folgenden Worte Jesu in Matthäus 24,34 noch unterstrichen:»Dieses Geschlecht wird nicht vergehen, bis dies alles geschehen sein wird.« Bei dem griechischen Wort, das im Deutschen allgemein mit »Geschlecht« wiedergegeben wird, handelt es sich um einen unspezifischen Begriff. Ursprünglich stand er für das Gezeugtwerden, nicht etwas schon Gezeugtes. Dann bezeichnete er eine Familie und später eine Generation, d. h. Menschen, die zur selben Zeit geboren wurden. Er wurde aber auch für den Begriff »Rasse« verwendet, d. h. Menschen, die dieselbe Abstammung haben und die gleichen Merkmale aufweisen.

Die üblichen Auslegungen dieser Verse haben mich immer unbefriedigt gelassen. Eine von ihnen besagt, daß mit den Worten »dieses Geschlecht« die damals lebenden Menschen gemeint seien, die Generation, die durch Petrus, Jakobus, Johannes und Andreas vertreten war. Dieser Auslegung zufolge dachte Jesus, daß alle seine Weissagungen, einschließlich der seiner Wiederkunft, sich zu Lebzeiten dieser Generation erfüllen würden. Ich kann die Erklärung einfach nicht hinnehmen, daß Jesus durch sein Menschsein in seinem Verständnis derart eingeschränkt war, daß ihm dieser schwerwiegende Fehler unterlief. Solch eine Erklärung würde besagen, daß Jesus sich irren konnte und falsche Behauptungen aufstellte. Dazu könnte ich niemals ja sagen. Es hilft auch nichts, wenn man mir sagt, ich müsse die Dinge eben positiv sehen und meine Aufmerksamkeit den Weissagungen aus Matthäus 24, Markus 13 und Lukas 21 zuwenden, die sich 70 n. Chr. erfüllten. Die Tatsache bleibt doch bestehen, daß eben nicht alle Verheißungen in jenem Jahr in Erfüllung gingen. Es war vielleicht der erste Teil der Verwirklichung, aber wenn es die ganze gewesen sein soll, muß ich die Glaubwürdigkeit und Genauigkeit der Worte Jesu sehr in Frage stellen. Wenn er in so fundamentalen Angelegenheiten wie seiner eigenen Wiederkunft nicht Bescheid wußte, wo könnte er sich dann nicht noch geirrt haben?

Eine weitere Auslegung, die in christlichen Kreisen weithin akzeptiert wird, ist die Annahme, daß mit »diesem Geschlecht« das zukünftige Geschlecht gemeint sei, zu dessen Lebzeiten der Feigenbaum wieder Blätter hervorbringen würde. Dieser Auslegung zufolge wird dasselbe Geschlecht, vor dessen Augen sich die vorhergehenden Weissagungen erfüllen würden, insbesondere die Neugründung des jüdischen Staates, auch Zeuge von Jesu Wiederkunft sein. Diese Auslegung hat vielleicht einiges für sich, aber man fragt sich doch, warum Jesus von »diesem« anstatt von »jenem« Geschlecht sprach, was dann wohl richtiger gewesen wäre. Hätte er gesagt: »Jenes Geschlecht wird nicht vergehen«, so gäbe es keine Zweifel über die Bedeutung seiner Worte.

Vielleicht steckt in beiden Deutungen ein Körnchen Wahrheit. Aber sind sie absolut richtig? Müßte man das Wort »Geschlecht«

nicht vielmehr im Sinne von »Rasse« verstehen? Jesus mag dieses Wort bewußt gebraucht haben, um in ihm alle drei Interpretationsmöglichkeiten zu vereinen. Ein großer Teil seiner Weissagungen erfüllte sich ja auch zu Lebzeiten jener Generation, und es ist möglich, daß die Zeugen der Neugründung des jüdischen Staates Jesu Wiederkunft miterleben werden. Für mich ist jedoch die dritte Auslegung die treffendste. Die *Generation,* zu der er sprach, würde Zeuge der Auflösung des jüdischen Staates und Gemeinwesens werden und selbst in alle Himmelsrichtungen zerstreut werden. Sie würde die Zerstörung Jerusalems, der Hauptstadt des Staates und des Zentrums seines nationalen Lebens und seiner Hoffnungen, mitansehen müssen. Der Tempel, der Mittelpunkt ihres geistlichen Lebens, würde vor den Augen jener Generation dem Erdboden gleichgemacht werden; nicht ein Stein würde auf dem anderen bleiben. Dies alles würde sich zu Lebzeiten jener Generation erfüllen, was dann tatsächlich 70 n. Chr. geschah. Aber sie sollten daraus keine falschen Schlüsse ziehen. Die Juden als *Rasse* würden nicht untergehen, sondern überleben. Mehr noch: Sie würden als Sieger hervorgehen. Aus allen Völkern, in die Gott sie verstoßen hatte, würden sie gesammelt werden und wieder in ihr Land zurückkehren. Der jüdische Staat würde sich aus der Asche wieder erheben und Jerusalem wieder seine Hauptstadt sein.

Das jüdische Volk hat nicht nur überlebt, es lebt geradezu auf. Innerhalb von 30 Jahren wurde diese kleine Nation von 3,5 Millionen Menschen zum Prüfstein der Weltpolitik. Israel steht im Streitgespräch der Vereinten Nationen, ist Mittelpunkt der Diskussion in den Hauptstädten der Welt. Fast täglich wird es in den Rundfunk- und Fernsehmeldungen erwähnt. Die Zeitungen erstatten Bericht über die Lage in Israel. Die Jumbojets der israelischen Luftverkehrsgesellschaft, EL AL, befliegen die Hauptverkehrslinien der Welt. Sie tragen die israelischen Nationalfarben, und ihr Leitwerk ist mit dem Wahrzeichen des Landes, dem Davidstern, geschmückt. Vor 40 Jahren gab es kein Israel – heute zweifelt niemand an seiner Existenz. Jesus hatte zu seinen Jüngern gesagt: »An dem Feigenbaum lernet ein Gleichnis.« Derselbe Feigenbaum, der einmal unfruchtbar, verflucht und bis in die Wurzeln verdorrt war, würde am Ende der Zeit von innen erneuert, von neuem Leben durchströmt und eine reiche Frucht versprechend dastehen.

2. Das Wort, das er tausend Geschlechtern befohlen

Israels Einzigartigkeit fußt auch auf göttlicher Weissagung. An kein anderes Volk sind ähnliche, bis ins kleinste festgelegte Prophezeiungen ergangen.

Die meisten meiner Leser werden wissen, daß diese Tatsache zu heftigen Auseinandersetzungen geführt hat. Einige sagen, es gäbe keine anderen Weissagungen bezüglich des jüdischen Volkes als Androhungen des Gerichtes. Was Gott betrifft, so sagen die Vertreter dieser Ansicht, gäbe es für das jüdische Volk keine Zukunft. Als im Jahr 70 n. Chr. der jüdische Staat aufgelöst und Jerusalem und der Tempel zerstört wurden, habe Gott mit Israel *als Nation* Schluß gemacht. Er habe kein besonderes Interesse mehr an ihm – genausowenig wie er ein Sonderinteresse an den Briten, Franzosen oder Russen hat. Gottes Absicht sei gewesen, daß aus dem jüdischen Volk das Christentum und die Kirche hervorgehen sollten, und damit sei sein Plan mit ihm beendet. Jetzt interessiere er sich nur noch für den einzelnen und seine Rettung und für das geistliche Königreich, zu dem er ihn berufen hat. Dies ist eine gefährliche Halbwahrheit.

Natürlich steht außer Frage, daß jeder Mensch ganz persönlich die rettende Kraft und die Gnade Gottes erfahren muß. Die Heilige Schrift läßt keinen Zweifel an dieser fundamentalen Wahrheit. In Johannes 3,16 (Zü.) heißt es:»Denn so sehr hat Gott die Welt geliebt, daß er seinen einzigen Sohn gab, damit jeder, der an ihn glaubt, nicht verlorengehe, sondern ewiges Leben habe.« Jesus sagte zu Thomas:»Ich bin der Weg und die Wahrheit und das Leben; niemand kommt zum Vater außer durch mich (Joh 14,6 – Zü.), und zu Nikodemus:»Wahrlich, wahrlich, ich sage dir: Es sei denn, daß jemand von neuem geboren werde, so kann er das Reich Gottes nicht sehen« (Joh 3,3 – Lu.).

Nichtsdestoweniger heißt es aber auch, daß der lebendige Gott ein Gott über alle Nationen ist, über sie herrscht und ihren Aufstieg und Untergang bestimmt. In Psalm 46,11 sagt Gott: »Lasset ab und erkennet, daß ich Gott bin, erhaben unter den Völkern, erhaben auf Erden« (Zü.). Der Psalmist sagt: »Sagt unter den Heiden: Der Herr ist König. Er hat den Erdkreis gegründet, daß er nicht wankt. Er richtet die Völker recht« (Ps 96,10 – Lu.). Jeremia nennt Gott »König der Völker« (Jer 10,7 – Zü.). Daniel verkündet, daß »der Höchste Gewalt hat über das Königtum der Menschen, daß er es gibt, wem er will« (Dan 4,14.22.29 – Zü.). In dieser Aussage steckt der Schlüssel zum Buch Daniel, denn sein Hauptanliegen besteht darin, zu zeigen, daß Gott über der menschlichen Geschichte steht und ihren Lauf bestimmt. Ihre Entwicklung richtet sich nicht nur nach der jeweiligen wirtschaftlichen oder politischen Lage oder nach führenden Persönlichkeiten. Ihr Schicksal wird von übernatürlichen Wesen gelenkt (siehe dazu Dan 10,13.18–21; 12,1). Sie werden »Fürsten«, »Großfürsten« und »Könige« genannt, sind aber nicht mit irdischen Herrschern zu verwechseln. Es sind gefallene oder nicht gefallene Engelsgestalten. Zu ihnen zählen die in Epheser 6,12 erwähnten Gewalten und Mächte, die Beherrscher der Welt der Finsternis, die Geisterwesen der Bosheit in den himmlischen Regionen. In Epheser 2,2 ist die Rede vom »Beherrscher der Macht in der Luft, dem Geist, der jetzt wirksam ist in den Söhnen des Ungehorsams« (Zü.). Die Kapitel 10–12 des Buches Daniel gleichen einem Fenster, durch das wir in die unsichtbare Welt blicken können. Wir erkennen, daß die Geschichte der Nationen eine geistliche Angelegenheit ist. Die Engelscharen des Allerhöchsten stehen in hartem Kampf gegen die gefallenen Engelfürsten und Gewalten, um den Plan Gottes zu verwirklichen.

Im Licht all dessen müssen wir uns die wichtige Frage stellen: Ist dies nicht die Welt der Märchen und Mythen, oder war und ist dies die Wirklichkeit? Hat sich Gott nur damals so intensiv mit dem Geschick der Nationen beschäftigt? Hat er sich geändert, ist er alt und müde geworden? Die Antwort lautet natürlich, daß unser Herr weder schlummert noch schläft; er wird nicht müde noch matt. Wie von jeher, so regiert er auch heute über die Nationen und bestimmt den Aufstieg und Untergang der Großmächte. In Offenbarung 1,5 wird Jesus ein »Herrscher über die Könige der Erde« genannt (Zü.). Was könnte anderes damit gemeint sein, als daß er über die Regierungen und ihre Oberhäupter wacht! Durch das Blut des geopferten Lammes erkauft sich Gott ein Volk »aus allen Stämmen und Sprachen und Völkern und Nationen«, »das auserwählte Geschlecht, die königliche Priesterschaft, das heilige Volk, das Volk des Eigentums« (Offb 5,9; 1 Petr 2,9 – Zü.). Dieser höchste Vorsatz Gottes schließt aber nicht die Tatsache aus, daß er über die Nationen regiert und alle Dinge seinem Plan entsprechend abrollen. Er lenkt das Geschick der Völker so, daß sich sein Vorsatz erfüllt. Unser heutiges Zeitalter mag noch so materialistisch und rationalistisch gesinnt sein, die Schrift sagt uns, daß diese Welt ihrem Wesen nach vor allem eine geistliche Realität ist. Wenn die Kirche vor dieser Wahrheit die Augen verschließt, geschieht das auf Kosten ihres geistlichen Wohlergehens. Gott möchte uns heute in den Dienst der Fürbitte einweihen, so wie er es damals mit Daniel tat (Dan 9). Die wahre Kirche ist dazu berufen, sich um das Kommen seines Königreichs zu bemühen, zu beten, daß sein Wille »wie im Himmel so auch auf Erden« geschehe.

Gottes Herrschaft ist nicht etwas Abstraktes, Unpersönliches, weit Entferntes. Manche Christen sind der Ansicht, daß Gott zwar im weitläufigen Sinne über die Nationen wacht, an ihren Alltagsangelegenheiten aber keinen Anteil nimmt. Am Beispiel Assyriens sehen wir aber, daß Gott sich um ihr Schicksal in allen Einzelheiten kümmert. Seine Sorge um Ninive, die Hauptstadt Assyriens, brachte Jona in eine ganz verzwickte Lage. Gott ist heute noch derselbe. Er interessiert sich bis ins kleinste für die Nationen, ob sie sich nun gerade erst im Aufstieg befinden oder ob sie auf eine ruhmreiche Vergangenheit zurückblicken können. In wieviel höherem Maße trifft dies erst auf das jüdische Volk zu! Darauf bezog sich Paulus, als er von den Juden sagte, sie seien »von ihrer Erwählung her gesehen ... von Gott geliebt, und das um der Väter willen« (Röm 11,28 – Einh.).

Alle, die behaupten, die Bibel enthalte keine Weissagungen

bezüglich der Zukunft des jüdischen Volkes und Gott sei an ihnen als Nation nicht mehr interessiert, kommen angesichts der Neugründung des Staates Israel im Jahr 1948 in große Verlegenheit. Die anschließende Entwicklung Israels mit 4 Kriegen innerhalb von 30 Jahren, mit der Wiedervereinigung Jerusalems unter jüdischer Herrschaft, verstärkt diese Verlegenheit noch. Wer in der Neugründung des jüdischen Staates mit seinen vielen Befreiungen und Siegen nicht die Hand Gottes erkennen kann, hat nur eine Erklärung:»Israel ist ein politischer Zufall«, sagen sie,»das Ergebnis einer sorgfältig geplanten und gut finanzierten Bewegung, des sogenannten Zionismus. Der Staat Israel ist eine Ausgeburt der Politik der Großmächte und hat nicht das geringste mit dem Wort Gottes zu tun.« Was können wir dazu anderes erwidern als dies eine: Trotz mancher extremen und übertriebenen Interpretationen der Weissagungen in bezug auf Israel und einiger unausgewogener Theorien gibt es einen harten Kern von Schriftworten, der sich nicht wegerklären läßt.

In der Auslegung prophetischer Schriften müssen wir immer wörtlich gemeinte, im historischen Sinn in Erfüllung gehende Aussagen von bleibenden geistlichen Wahrheiten unterscheiden. Nehmen wir zum Beispiel Jesaja 62. Die bleibende geistliche Wahrheit in diesen Versen ist der Ruf Gottes nach »Wächtern« über die Ausführung seiner Pläne (Jes 62,6 – Zü.), nach Menschen, die so lange in der Fürbitte verharren, bis sich der Herzenswunsch Gottes für seine Erlösten, seine Braut, sein Zion, erfüllt. Dies ist meines Erachtens die tiefere und wichtigere Bedeutung der Weissagung. Die wörtlich gemeinte Bedeutung aber bezieht sich sicher auf die Wiederherstellung Jerusalems, ob nun nach dem ersten oder dem zweiten Exil. Bei der wörtlichen Bedeutung von Weissagungen gilt es zu beachten, daß sie oft mehrfach in Erfüllung gehen. Zum Beispiel hat sich Joel 2,28–32 (Lu.: 3,1–5) an Pfingsten erfüllt; so sagt es jedenfalls Apostelgeschichte 2,16–21. Wenn wir die Weissagung jedoch genauer betrachten, stellen wir fest, daß einige Punkte sich noch nicht an Pfingsten erfüllten, sondern sich auf das Ende der Welt beziehen. In Vers 30–31 (Lu.: 3,3–4) heißt es:»Ich werde Wunderzeichen geben am Himmel und auf Erden: Blut, Feuer und Rauchsäulen.

Die Sonne wird sich in Finsternis wandeln und der Mond in Blut, ehe der große und furchtbare Tag des Herrn kommt« (Zü.). Wir werden noch weitere Beispiele dieser Art finden. Die Verwirrung über dieser Frage hat viele zu falschen oder unzulänglichen Auslegungen geführt.

Eine weitere Beobachtung über biblische Weissagungen und deren Erfüllung mag hier hilfreich sein. In den Augen mancher Christen legen Gläubige, die in Israel die Erfüllung göttlicher Weissagungen sehen, die Schrift auf unlogische, ja trügerische Weise aus: Sie betrachten bestimmte Verse als in dem einen oder anderen Ereignis erfüllt, lassen aber die vorhergehenden oder nachfolgenden Verse einfach außer acht. Wenn wir uns aber ansehen, auf welche Weise das Neue Testament manche Schriftstellen als erfüllt hinstellt, so begegnen wir demselben Problem. Unsere logische, »saubere« westliche Denkweise läßt sich dadurch schnell aus der Ruhe bringen. Nehmen wir zum Beispiel Matthäus 2,14–15:

> *Da stand er auf, nahm des Nachts das Kindlein und seine Mutter mit sich und zog hinweg nach Ägypten. Und er blieb dort bis zum Tode des Herodes, damit erfüllt würde, was vom Herrn gesprochen worden ist durch den Propheten, welcher sagt:* »*Aus Ägypten rief ich meinen Sohn*« *(Zü.).*

Matthäus behauptet, daß sich mit der Flucht der heiligen Familie nach Ägypten und ihrer späteren Rückkehr die Weissagung von Hosea 11,1 erfüllt: »Als Israel jung war, gewann ich es lieb; aus Ägypten rief ich meinen Sohn« (Zü.). Für manche Bibelleser ist dies nur schwer zu verstehen, weil weder der allgemeine Kontext dieses Kapitels von Hosea noch der Vers selbst als Ganzes betrachtet auf Jesus hinzudeuten scheint. Basil F.C. Atkinson schrieb zu diesem Text folgenden Kommentar: »Ursprünglich bezog sich dieser Abschnitt auf die Befreiung Israels aus Ägypten durch Mose. Die verborgene, vom Heiligen Geist in diesen Text hineingelegte Bedeutung wird durch den Evangelisten aufgedeckt« *(New Bible Commentary)*. Ich persönlich kann diese »verborgene Bedeutung«, die in der Rückkehr Jesu aus Ägypten ihre Erfüllung fand, nicht anzweifeln, weil ich an die Autorität und Inspiration des Wortes Gottes glaube. Ich bewundere die Art und Weise, wie der Heilige Geist eine von ihm eingegebene Weissagung gebraucht.

In Matthäus 2,17–18 finden wir ein weiteres Beispiel. Der Evangelist erklärt, daß es sich bei der Ermordung aller unter zwei Jahre alten Kinder Bethlehems um die Erfüllung von Jeremia 31,15 handelt. Rahel war von jeher ein Liebling des jüdischen Volkes gewesen und wurde zum Symbol jüdischer Mutterschaft mit all ihren Hoffnungen und Sehnsüchten. Rahel liegt in Bethlehem begraben. Es ist geradezu auffallend, wie der Heilige Geist einen Vers herausnimmt (Jer 31,15), während er die folgenden Verse (Jer 31,16–17) beiseite läßt.

Matthäus 1,23 ist noch ein anderes Beispiel. Hier wird behauptet, daß die Geburt Jesu die Erfüllung von Jesaja 7,14 darstellt: »Darum so wird euch der Herr selbst ein Zeichen geben: Siehe, eine Jungfrau ist schwanger und wird einen Sohn gebären, den wird sie nennen Immanuel« (Lu.). Obwohl diese Weissagung sich aus dem eigenen Kontext erklären läßt, wird kein überzeugter Christ ihre Erfüllung in der Geburt Jesu in Frage stellen.

Diese wenigen Beispiele mögen als Hilfe dienen, das Geheimnis der Prophetie aufzudecken. Niemand unter uns möchte unsinnigen und extremen Auslegungen zum Opfer fallen; wir wollen aber auch nicht eine Denkweise übernehmen, die alles, was sie mit dem Verstand nicht erfassen, nicht vorbehaltlos und vollkommen begreifen kann, ablehnt.

Nun möchte ich auf einige Weissagungen in bezug auf Israel zu sprechen kommen. In 5. Mose 28,64–67 sind die feierlichen und ergreifenden Worte Moses zu lesen:

Der Herr wird dich unter alle Völker zerstreuen, vom einen Ende der Erde bis zum anderen Ende der Erde. Dort mußt du anderen Göttern dienen, die du und deine Väter vorher nicht einmal gekannt haben, Göttern aus Holz und Stein. Unter diesen Nationen wirst du keine Ruhe finden. Es wird keine Stelle geben, wohin du deinen Fuß setzen kannst. Der Herr wird dir dort das Herz erzittern, die Augen verlöschen und den Atem stocken lassen. Du wirst in Lebensgefahr schweben, bei Tag und bei Nacht erschrecken und deines Lebens nicht mehr sicher sein.

Am Morgen wirst du sagen: Wenn es doch schon Abend wäre!,
und am Abend: Wenn es doch schon Morgen wäre! – um dem
Schrecken zu entfliehen, der dein Herz befällt, und dem Anblick,
der sich deinen Augen bietet (Einh.).

Treffender könnte man das Leben der Juden in der Verbannung
nicht beschreiben, sei es nun während der ersten, der babylonischen Gefangenschaft (587 v. Chr.) oder während der Zerstreuung in alle Welt, die 70 n. Chr. ihren Anfang nahm und bis ins
20. Jahrhundert andauerte. Ist es nicht eigenartig, daß diese so
alten Worte so genau beschreiben, was sich Jahrhunderte später
ereignete? Die Angst, die Unsicherheit, die Unbeständigkeit des
Lebens im Exil ist hier in drastischer Weise in den Worten
zusammengefaßt. Alles Mißtrauen, aller Haß und Fanatismus,
alle Diskriminierung und Verfolgung, unter der die Juden während der beiden Verbannungsperioden zu leiden hatten, werden
in diesen prophetischen Worten Moses aufgezeigt. Mose erklärt
auch:

Alle Völker, zu denen der Herr dich führt, wenden sich entsetzt
von dir ab, sagen Spottverse über dich auf und stimmen Hohnge-
lächter an (5 Mo 28,37 – Einh.).

In 2. Chronik 7,19–22 sind die prophetischen Worte Salomos
niedergelegt:

Wenn ihr euch aber abwendet und meine Satzungen und Gebote
verlaßt, die ich euch gegeben habe, und hingeht und andern
Göttern dient und sie anbetet, so werde ich euch ausrotten aus
meinem Lande, das ich euch gegeben habe, und dieses Haus, das
ich meinem Namen geweiht habe, von meinem Angesicht verwer-
fen und es zum Sprichwort und zum Spotte machen unter allen
Völkern. Und ein jeder, der an diesem Hause, das so erhaben
war, vorübergeht, wird sich entsetzen, und wenn man fragt:
»Warum hat der Herr diesem Lande und diesem Hause solches
angetan?«, so wird man antworten: »Weil sie den Herrn, den
Gott ihrer Väter, der sie aus dem Lande Ägypten herausgeführt
hat, verlassen und sich an andere Götter gehalten, sie angebetet
und ihnen gedient haben, darum hat er all dieses Unglück über sie
gebracht (Zü.).

Ist es nicht zum Staunen, wie sich diese Weissagung zweimal bis in alle Einzelheiten erfüllt hat? Zweimal wurde das jüdische Volk aus dem Land ausgerottet und der Tempel zerstört. Interessant ist auch die Stelle in 5. Mose 30,1–10. Unter der Bedingung, daß es zu ihm umkehrt, verheißt Gott dort seinem Volk: »Wenn du auch bis an das Ende des Himmels verstoßen wärest, so wird dich doch der Herr, dein Gott, von dannen sammeln und dich von dannen holen. Und der Herr, dein Gott, wird dich in das Land zurückbringen, das deine Väter besessen haben, und du wirst es einnehmen« (V. 4–5 – Schl.).

Diese Weissagungen erfüllten sich in den beiden Exilen des jüdischen Volkes und in der Rückkehr aus Babylon (536 v. Chr.). Über die zweite Rückkehr aus der Verbannung in diesem Jahrhundert gehen die Meinungen stark auseinander. Trotz dieser Kontroverse bleibt aber die Tatsache bestehen: An keine andere Nation ergingen so genaue Weissagungen, Verheißungen und Warnungen.

Wie ich bereits in Teil I, Kapitel 3 dargelegt habe, liefert uns die Geschichte kein anderes Beispiel, in welchem der lebendige Gott einem bestimmten Volk ein ganz bestimmtes Land durch eine Verheißung zuspricht. Gottes Worte an Abraham sind äußerst bedeutsam:

Hebe deine Augen auf und schaue von der Stätte, da du stehst, gegen Mitternacht und gegen Mittag, gegen Morgen und gegen Abend. Denn das ganze Land, das du siehst – dir will ich es geben und deinen Nachkommen für ewige Zeiten (1 Mo 13,14–15 – Zü.).

In 1. Mose 17,8 wird diese Verheißung bestätigt:

Und ich gebe dir und deinen Nachkommen das Land, wo du als Fremdling weilst, das ganze Land Kanaan, zu ewigem Besitz, und ich will ihnen Gott sein (Zü.).

Wir müssen beachten, daß diese Verheißung eines bestimmten Landes für ein bestimmtes Volk für ewige Zeiten gilt. Es ist ihr ewiger Besitz. Der Psalmist betont:

Er gedenkt ewiglich an seinen Bund, an das Wort, das er verhei-
ßen hat für tausend Geschlechter, an den Bund, den er geschlos-
sen hat mit Abraham, und an den Eid, den er Isaak geschworen
hat. Er stellte ihn auf für Jakob als Satzung und für Israel als
ewigen Bund und sprach:»Dir will ich das Land Kanaan geben,
das Los eures Erbteils« (Ps 105,8–11 – Lu.).

Kein menschliches Argument kann die Tatsache umstoßen, daß
Gott selbst eine bestimmte Verheißung einem bestimmten Volk
gegeben hat. Sie ist einzigartig. Aus diesem verheißenen Land
wurde es zweimal von Gott unter die Völker der Erde vertrieben,
und zweimal wurde es zurückgeführt, um es wieder in Besitz zu
nehmen. Was immer Menschen auch sagen mögen, Gott ist
wahrhaftig, und sein Wort bleibt ewig bestehen. An einer anderen Stelle sagt Gott zu Abraham:

Ich werde dich zu einem großen Volk machen, dich segnen und
deinen Namen groß machen. Ein Segen sollst du sein. Ich will
segnen, die dich segnen; wer dich verwünscht, den will ich
verfluchen. Durch dich sollen alle Geschlechter der Erde Segen
erlangen (1 Mo 12,2–3 – Einh.).

Diese Verheißung Gottes an Abraham hat sich mehr als erfüllt.
Niemand kann den Segen ermessen, der durch Abrahams Samen
in diese Welt kam. Der Apostel Paulus sagt in Römer 9,3–5 in
bezug auf das jüdische Volk, diese große, aus Abraham entstan-
dene Nation:

Ja, ich möchte selber verflucht und von Christus getrennt sein um
meiner Brüder willen, die der Abstammung nach mit mir verbun-
den sind. Sie sind Israeliten; damit haben sie die Sohnschaft, die
Herrlichkeit, die Bundesordnungen, ihnen ist das Gesetz gege-
ben, der Gottesdienst und die Verheißungen, sie haben die Väter,
und dem Fleisch nach entstammt ihnen der Christus, der über
allem als Gott steht, er ist gepriesen in Ewigkeit. Amen (Einh.).

Es spielt keine Rolle, wie wir über diese Sache denken. Tatsache
ist, daß der einzig wahre und lebendige Gott sich durch das
jüdische Volk der übrigen Welt geoffenbart hat. Die Juden
schufen kein Weltreich, hinterließen uns weder Pyramiden noch

Sphinxen; sie sind nicht berühmt für ihre Architektur und haben keine großartige Hauptstadt gebaut. Sie gaben uns zu erkennen, wer Gott ist. Durch sie kamen Gottes Wort, seine Verheißungen und die Enthüllung seines ewigen Planes in diese Welt. Unter allen Nationen der Welt waren sie die einzigen, durch die die rettende Gnade und Kraft Gottes geoffenbart wurde. Was aber das Wichtigste ist: Durch sie kam der Retter, Jesus Christus, der Messias, in diese Welt, als Glied der königlichen Abstammungslinie Davids. Die göttliche Verheißung an Abraham hat sich nicht nur durch den Aufstieg und die Treue des jüdischen Volkes erfüllt. In seiner Gnade hat Gott auch ihre Verfehlungen für seinen Plan gebraucht. In Römer 11,12 sagt Paulus:

Wenn aber schon durch ihr Versagen die Welt und durch ihr Verschulden die Heiden reich werden, dann wird das erst recht geschehen, wenn ganz Israel zum Glauben kommt (Einh.).

Gottes Vorsatz, das jüdische Volk zu benutzen, um durch es die ganze Welt zu segnen, hat sich erfüllt, denn durch seinen Fall hörten die Enden der Erde vom Heil Gottes. Aus jeder Zunge, jedem Stamm, jeder Nation hat sich Gott durch das kostbare Blut des Lammes eine Schar erkauft, die durch den Geist Gottes wiedergeboren und in den Bund mit Israel hineingenommen ist.

3. Sein Ratschluß erfüllt sich

Fürchte dich nicht, denn ich bin mit dir! Vom Aufgang will ich deine Kinder heimführen und vom Niedergang her dich sammeln, will zum Norden sprechen: »Gib her!« und zum Süden: »Halte nicht zurück! Bringe heim meine Söhne aus der Ferne und meine Töchter von den Enden der Erde« (Jes 43,5–6 – Zü.).

Dies ist eine der vielen Verheißungen, die in unseren Tagen im wörtlichen Sinn in Erfüllung gehen. Wenn sie sich, wie oft behauptet wird, in der Rückkehr aus Babylon (536 v.Chr.) erfüllte, dann wüßte ich gerne, wann die Gefangenen aus dem Süden und Westen heimgekehrt sein sollen. Die Mehrzahl des

Volkes kehrte von Babylon, d.h. vom Norden und Osten, zurück. Wann wurden seine Söhne »aus der Ferne« und seine Töchter »von den Enden der Erde« heimgebracht? In Jesajas Tagen, so erklärt man uns, waren Armenien und die Berge des Kaukasus die »Enden der Erde«. Ich habe nichts dagegen einzuwenden. Trotzdem sehe ich eine weit größere Erfüllung dieser Verheißung in unserer Generation. In diesem Jahrhundert hat Gott die Juden in das Verheißene Land zurückgebracht, aus dem fernen Osten bis zum fernen Westen, aus dem fernen Norden bis zum fernen Süden. Sie wurden buchstäblich von den Enden der Erde gesammelt. Sie kamen aus der Mandschurei und China, aus Australien und Neuseeland, aus Rußland und Sibirien. Sie kehrten zurück aus Skandinavien, Großbritannien und allen europäischen Ländern. Aus Nord- und Südafrika, Nord- und Südamerika kamen sie. Sie kamen aus Indien und Südostasien, aus Persien und dem Irak. Aus mindestens 78 Ländern sind sie in das Abraham und seinen Nachkommen für immer verheißene Land zurückgekehrt. Ich bezweifle nicht, daß sich diese Verheißung *zum Teil* durch die Rückkehr aus Babylon erfüllte. Aber in einem weit buchstäblicheren Sinn erfüllte sie sich durch die zweite Rückkehr aus der Verbannung in unserem Jahrhundert.

Eine der größten jüdischen Gruppen der Welt mit ca. drei Millionen Menschen lebt in der Sowjetunion. Angesichts der kaum verhüllten Feindseligkeit Rußlands gegenüber Israel seit den frühen 50er Jahren hätte wohl niemand damit gerechnet, daß dieses riesige Gewaltreich es jemals einem seiner jüdischen Bürger erlauben würde, nach Israel auszuwandern. Aber Gott hat gesagt: »Ich will zum Norden sprechen: ›Gib her!‹« Die Sowjetunion hat Tausenden von jüdischen Bürgern die Erlaubnis erteilt, nach Israel auszuwandern. Das Wort Gottes erfüllt sich. In den kommenden Jahren wird noch ein weit größerer Auszug von russischen Juden stattfinden, denn Gottes Wort bleibt bestehen.

1945 gab es gerade noch zwei Millionen Juden, die entweder aus den Konzentrationslagern der Nazis entflohen waren oder in ihnen überlebt hatten. Die Überlebenden hielten es für selbstverständlich, daß die ganze Welt sie mit offenen Armen empfangen würde. Ihrer Ansicht nach würde die Tatsache, daß sie den schrecklichsten aller Angriffe auf die jüdische Existenz überlebt und der Vernichtung von sechs Millionen Juden unter den entsetzlichsten Bedingungen beigewohnt hatten, das Herz der antinationalsozialistischen und freien Welt erweichen. Fast die Hälfte aller auf der Welt lebenden Juden war von der Raserei der Nazis in direkter Weise betroffen. Von den neun Millionen in Europa lebenden Juden mußten zwei Drittel ihr Leben lassen. Dies war ein Völkermord größeren Ausmaßes. In früheren Jahrhunderten waren es immer nur einzelne Länder oder bestimmte Gegenden gewesen, die vom Antisemitismus betroffen gewesen waren. Nie zuvor hatte es sich um ein so weites Gebiet zur gleichen Zeit gehandelt. Vom Atlantischen Ozean bis zum Ural, von der Arktis bis zum Mittelmeer war ein Netz gespannt. Einem kaltblütig auserdachten Plan zufolge sollten täglich Zehntausende von Juden systematisch vernichtet werden, bis Europa »von den Juden gesäubert« sein würde. Man gab diesem Plan die treffende Bezeichnung »Die Endlösung der Judenfrage«. Sogar an die sterblichen Überreste der Ermordeten hatte man gedacht – menschliches Haar sollte zum Polstern benutzt werden, menschliches Fett für Seifenherstellung, menschliche Asche als Düngemittel, und die Goldfüllungen der Zähne verschmolz man zu Goldbarren.

Die Überlebenden waren für den Rest ihres Lebens an Seele und Leib gezeichnet. Sie waren die Überbleibsel von großen und historisch bedeutsamen Judenheiten, die durch den Nationalsozialismus ausgerottet worden waren. Oft hatten sie als einziges Mitglied einer großen Familie überlebt. Natürlich erwarteten sie, daß alle Welt ihnen Mitleid entgegenbringen würde. Aber niemand wollte sie haben. 1946 beschlossen die Vereinigten Staaten, nur 4760 jüdischen Überlebenden den Eintritt in ihr Land zu gewähren. Überall auf der Welt war es das gleiche. Als »Zwangsvertriebene« – so der offizielle Ausdruck – wurden sie in denselben Konzentrationslagern zurückgehalten, in denen sie Zeugen der Vernichtung der meisten europäischen Juden gewesen waren. Obwohl die Lager gesäubert und mit Medikamenten und Nahrungsmitteln versorgt wurden, brach für viele Juden jetzt in gewissem Sinne die grauenvollste Zeit des Zweiten Weltkrieges an. Es dämmerte ihnen, daß die Welt sie nicht haben wollte. Und dann kamen die Worte Theodor Herzls in ihr Herz. Das jüdische Volk würde erst dann wieder in Sicherheit und Würde leben können, wenn es wieder einen eigenen Staat hätte, hatte er gesagt. »Wenn ihr wollt, ist es kein Märchen!« Das war die Geburtsstunde des jüdischen Staates. Denn jetzt wurde in diesen ausgemergelten Körpern und betrübten Seelen die Überzeugung und Entschlossenheit geboren, daß die jüdische Nation wiederaufstehen müsse. Jahrhunderte zuvor hatte Jeremia geweissagt:

Aber dich will ich wieder gesund machen und deine Wunden heilen, spricht der Herr, weil man dich nennt: »*die Verstoßene*« *und:* »*Zion, nach der niemand fragt*« (Jer 30,17 – Lu.).

1900 Jahre lang hat niemand nach Zion gefragt. Das jüdische Volk war, wenn nicht gerade gehaßt, so doch oft nur geduldet worden. Die Überlebenden von 1945 erfuhren am eigenen Leib, was Jeremia damals gemeint hatte. Es war, als ob eine göttliche, unsichtbare, magnetische Kraft sie in das Land zurückzöge, das Abraham und seinen Nachkommen für ewige Zeiten verheißen worden war. Jeremia hatte auch gesagt:

So spricht der Herr: Man hört Klagegeschrei und bittres Weinen in Rama; Rahel weint über ihre Kinder und will sich nicht trösten lassen über ihre Kinder; denn es ist aus mit ihnen. Aber so spricht der Herr: Laß dein Schreien und Weinen und die Tränen deiner Augen; denn deine Mühe wird noch belohnt werden, spricht der Herr. Sie sollen wiederkommen aus dem Lande des Feindes, und deine Nachkommen haben viel Gutes zu erwarten, spricht der Herr, denn deine Söhne sollen wieder in ihre Heimat kommen (Jer 31,15–17 – Lu.).

Diese Worte erfüllten sich zum Teil in der Rückkehr aus Babylon, aber in noch viel höherem Maße in unseren Tagen. Mit vielen Juden »war es aus«, aber die Überlebenden kehrten zurück »aus dem Lande des Feindes ... in ihre Heimat«. Die Überlebenden aus den Konzentrationslagern kamen aus dem Norden und aus dem Westen. Zu Tausenden machten sie sich auf den langen Weg in die Heimat. Europa war nicht länger ihre Heimat. Sie hatten auf der ganzen Welt keine Heimat außer Palästina. Auf die verschiedensten Weisen stahlen sie sich aus jenen Lagern und zogen über die Berge von Mitteleuropa hinunter zur Mittelmeerküste. Jung und alt reisten zusammen, geschwächt durch jahrelange Unterernährung und schlechte Behandlung. Einige waren lahm, andere blind. Alle trugen sie für immer die Narben der Unmenschlichkeit der Nazis, aber sie begaben sich auf den langen, beschwerlichen Weg. Am Mittelmeer angekommen, bestiegen sie alles, was einigermaßen seetüchtig aussah und sie zu dem britischen Mandatsgebiet Palästina bringen würde. Allein die Tatsache, daß sie unter israelischer Flagge segelten, hatte einen ungeheuren Effekt auf die Überlebenden, mochten die Schiffe auch noch so alt und überfüllt sein. Zum ersten Mal seit 1900 Jahren reisten sie unter eigener Flagge und zusammen mit Menschen, die den Namen »Jude« nicht als Schande, sondern als Auszeichnung verstanden.

Das Rinnsal von Menschen wurde zur Flut. Ohne Waffen traten sie dem britischen Reich entgegen. Die britische Regierung zeigte kein Erbarmen. Ihren Anweisungen zufolge sollte keiner dieser »illegalen Einwanderer« aufgenommen werden. Tausende wurden auf Zypern interniert oder nach Europa zurückgeschickt. Nur einer Handvoll erlaubte man, sich in Palästina niederzulassen. Der Ansturm dieser verzweifelten, doch entschlossenen heimatlosen Juden wurde aber so groß und die Weltmeinung derart empört über die Haltung der britischen Regierung, daß Großbritannien 1947 das Palästinamandat an die Vereinten Nationen zurückgab. Es war ein Kampf, den die britische Regierung niemals hätte gewinnen können, denn ihr unsichtbarer Gegner war Gott und sein ewiger Ratschluß. Das britische Reich und das Wort Gottes standen einander gegenüber, und wie immer in der Menschheitsgeschichte siegten das Wort und der Plan Gottes. Es ist höchst bemerkenswert, daß, welche wirtschaftlichen und politischen Faktoren auch immer dazukamen, damals der Untergang des britischen Reiches seinen Anfang nahm. Die jahrhundertealte Verheißung an Abraham gilt auch seiner Nachkommenschaft: »Ich will segnen, die dich segnen; wer dich verwünscht, den will ich verfluchen« (1 Mo 12,3 – Einh.). Diese Verheißung wird von Gott bekräftigt durch die Worte Jesajas:»Denn das Volk und das Königreich, die dir nicht dienen wollen, werden untergehen, und ihre Länder sollen wüste werden« (Jes 60,12 – Zü.). In Jeremia 31,7–9 sagt Gott:

Denn also spricht der Herr: Frohlocket mit Freuden über Jakob, jauchzet über das erste der Völker! Verkündet es, lobsinget und sagt:»Geholfen hat der Herr seinem Volke, dem Rest Israels!« Siehe, ich führe sie heim aus dem Lande des Nordens und sammle sie von den Enden der Erde, auch die Blinden und Lahmen, die Schwangeren und Gebärenden insgesamt; als große Gemeinde kehren sie hierher zurück. Mit Weinen kommen sie und unter Flehen; ich werde sie leiten, werde sie führen zu Wasserbächen auf ebenem Wege, auf dem sie nicht straucheln; denn ich bin Israels Vater geworden, und Ephraim ist mein Erstgeborener (Zü.).

Jeder, der die Rückkehr der Überlebenden ins Verheißene Land miterlebt hat, findet die Worte Jeremias bestätigt. Viele der Heimkehrenden lagen auf Tragbahren, waren blind oder lahm – eine Folge der Unterernährung und brutalen Mißhandlungen in den Konzentrationslagern. In nicht wenigen Fällen war das Leiden das Ergebnis experimenteller Operationen, die von nationalsozialistischen Ärzten und Chirurgen ohne Narkose durchgeführt worden waren. Viele Schwangere waren unter den Heimkehrenden, und viele mußten auf der mühevollen Reise entbinden. Und sicherlich haben alle auf diesem Weg Tränen vergossen.

Aber nicht nur die Überlebenden der Konzentrationslager kehrten so in ihr Land zurück. Jeremias Beschreibung trifft auch auf den Zustrom jüdischer Flüchtlinge aus den arabischen Ländern in den Jahren 1947–1951 zu. Ganze Gemeinden einschließlich der Alten, Gebrechlichen, Kranken und Schwangeren kehrten heim.

Die zionistische Weltorganisation ist sich darüber klar, daß es nicht allein an ihrem Einfluß gelegen haben kann, wenn damals so viele Juden nach Israel zurückkehrten. Dies war nicht die Frucht politischer Agitation. Dies war die Hand Gottes. Nehmen wir zum Beispiel die jemenitischen Juden. Der Ursprung dieser bunten Volksgruppe geht auf das Salomonische Zeitalter (9. Jahrhundert v. Chr.) zurück. Über Jahrhunderte hinweg haben sie ihr eigenes Brauchtum entwickelt. Aufgewachsen unter den feudalistischen Lebensbedingungen im Jemen, hatte die große Mehrzahl von ihnen niemals ein Auto, ein Flugzeug, ein Telefon oder ähnliche Luxusgegenstände zu Gesicht bekommen. Doch plötzlich und ohne Vorwarnung verließen 1948 43000 jemenitische Juden ihre Häuser und ihren Arbeitsplatz und zogen in die damalige britische Kolonie Aden. Die britische Regierung sah sich in größter Verlegenheit, hatte sie doch mit dem Problem jüdischer Einwanderer nach Palästina schon alle Hände voll zu tun. Während man Lager für die jemenitischen Juden einrichtete, holte man Erkundigungen über ihr plötzliches Aufbrechen ein und fragte sich, wie man vorgehen solle. Jahrhunderte zuvor hatte Gott gesagt: »Ich will sprechen ... zum Süden: ›Halte nicht zurück! Bringe heim meine Söhne aus der Ferne ...‹« (Jes 43,6 – Zü.). Es ist eine erstaunliche Tatsache, daß die moslemische Regierung des Jemens den Juden erlaubte, das Land zu verlassen. Sie erkannte die Hand Gottes und sagte: »Gott hat die Juden einst aus ihrem Land verstoßen, und jetzt läßt er von seinem Zorn ab und gibt ihnen ihr Land zurück. Wer sind wir, daß wir es wagen sollten, uns dem Willen Gottes zu widersetzen?«

Als man die Führer dieser jemenitischen Juden fragte, warum sie den Jemen verlassen wollten, antworteten sie, ihre Zeit sei gekommen, nach Israel heimzukehren. Einer ihrer Propheten habe Jahrhunderte zuvor geweissagt, daß sie alle am Ende der Zeiten vor der Ankunft des Messias auf den Flügeln eines großen, silbernen Vogels in das Gelobte Land zurückkehren würden. Und genau dies geschah! Die britische Regierung erlaubte, daß die gesamte jemenitische Judenheit in dem »Unternehmen Fliegender Teppich« mit Dakota-Maschinen nach Palästina transportiert wurde. Zwischen Juni 1949 und Juni 1950 wurden 43000 jemenitische Juden nach Israel geflogen. Heute leben im Jemen nur noch einige wenige jüdische Familien.

Eine größere Luftbrücke gab es nur noch bei der Heimkehr

der Juden aus dem Irak, die im Altertum und im Mittelalter für ihren Reichtum, ihren Einfluß und ihr Wissen bekannt und berühmt gewesen waren. In einem Lufttransport namens »Unternehmen Ali Baba« wurden 113000 irakische Juden nach Israel gebracht.

Jesaja hatte geweissagt: »Siehe, die einen kommen von ferne, und siehe, andere von Norden und Westen und wieder andere aus dem Land der Siniter« (Jes 49,12 – Zü.). Man hat sich viel gefragt, wo das Land der Siniter (Lu.: Sinim) liegt. Einige Gelehrte halten es für identisch mit Ägypten oder Phönizien. Aber der große Gelehrte Gesenius vertrat die Ansicht, es sei China. In modernem Hebräisch bedeutet Sinim »das Land der Chinesen«. Vor dem 8. Jahrhundert n. Chr. gab es jüdische Händler in Khotan und Sinkiang (dem chinesischen Turkestan) und im 9. Jahrhundert in Kanton, im Süden Chinas.

Im 9. und 10. Jahrhundert gab es eine stattliche Gruppe chinesischsprachiger Juden in Kai-feng, der Provinzhauptstadt von Honan. Ihre Synagoge und der jüdische Friedhof sind bis auf den heutigen Tag erhalten, und es leben dort auch heute noch rund 250 Menschen jüdischer Abstammung, die allerdings durch Mischehen ihre jüdische Identität verloren haben. Der berühmte Marco Polo, der China gegen Ende des 13. Jahrhunderts besuchte, berichtete von mehreren Erlassen der chinesischen Obrigkeiten, in denen die Juden namentlich aufgeführt wurden. Dies läßt darauf schließen, daß damals eine beträchtliche Zahl Juden in China wohnte. Im Jahre 1937 lebten insgesamt ca. 10000 Juden in China. Bis 1941/42 war ihre Zahl – in erster Linie durch Flüchtlinge vor dem Nationalsozialismus – auf 25000 bis 30000 angestiegen. Viele dieser Juden aus China und Innerasien kehrten nach Israel zurück. Von nah und fern, von Osten und Westen, von Norden und Süden hat Gott sie in das Gelobte Land zurückgeführt.

Bei dem Propheten Micha lesen wir:

An jenem Tage, spricht der Herr, will ich sammeln, was hinkt, und zusammenbringen, was zersprengt ist und was ich geschädigt habe. Und ich will das Hinkende zum Stamm der Zukunft und

das Zersprengte zum starken Volke machen, und der Herr wird
ihr König sein auf dem Berge Zion von nun an bis in Ewigkeit
(Mi 4,6–7 – Zü.).

Ist es nicht großartig, wie diese große Schar zu einer Nation
verschmolz? Sie strömten aus allen Himmelsrichtungen herbei,
sprachen Dutzende von Sprachen, kamen aus mindestens 87
verschiedenen Ländern und aus den unterschiedlichsten Kulturen, wie zum Beispiel aus Kanada und dem Jemen. Viele von
ihnen trugen die Narben der Zerstreuungszeit an ihrem Körper
oder ihrer Seele. Gott machte im wahrsten Sinne des Wortes
»das Hinkende zum Stamm der Zukunft und das Zersprengte
zum starken Volk«. Das neugeborene Israel hat in 30 Jahren 4
Kriege geführt und die stärksten Feinde besiegt. Von den Juden
in der Verbannung hatte Gott gesagt:»weil man dich nennt: ›die
Verstoßene‹ und: ›Zion, nach der niemand fragt‹« (Jer 30,17 –
Lu.), aber den Rückkehrern aus der Verbannung gab er die
Verheißung:»Ich will ... das Zersprengte zum starken Volke
machen« (Mi 4,7 – Zü.).
All dies wird zusammengefaßt in Hesekiel 34,11–16:

Denn so spricht Gott der Herr: Siehe, ich, ich selbst will nach
meinen Schafen fragen, will nach ihnen sehen. Wie ein Hirte nach
seiner Herde sieht am Tage des Unwetters, wenn seine Schafe
versprengt sind, so werde ich nach meinen Schafen sehen und sie
erretten von allen Orten, wohin sie zerstreut worden sind am Tage
des Gewölks und des Dunkels. Und ich werde sie aus den
Völkern herausführen und sie aus den Ländern sammeln; ich
werde sie in ihre Heimat führen und werde sie weiden auf den
Bergen Israels, in den Talschluchten und an allen Wohnstätten
des Landes. Auf guter Weide werde ich sie weiden, und auf den
hohen Bergen Israels wird ihre Trift sein; dort sollen sie lagern
auf schöner Trift und fette Weide haben auf den Bergen Israels.
Ich selber werde meine Schafe weiden, werde selber sie lagern
lassen, spricht Gott der Herr. Das Verirrte werde ich suchen, das
Versprengte zurückholen und das Gebrochene verbinden, das
Schwache werde ich stärken und das Fette und Kräftige behüten;
ich werde sie weiden, wie es recht ist (Zü.).

Jesaja 61,4 ist ein weiteres Beispiel einer Weissagung, die in unseren Tagen in Erfüllung geht:

Dann bauen sie die uralten Trümmerstätten wieder auf und richten die Ruinen ihrer Vorfahren wieder her (Einh.).

Es wird sehr oft behauptet, daß sich diese Weissagung bei der Rückkehr aus Babylon erfüllte. Natürlich bauten die Heimkehrer aus Babylon die alten Trümmer und Städte wieder auf. Aber ihre Verbannung hatte ganze 50 Jahre, die Gefangenschaft 70 Jahre gedauert. Hier von den »Ruinen vergangener Generationen« zu sprechen, wäre übertrieben. Im Höchstfall waren zwei Generationen verstrichen. Aber wenn sich diese Weissagung auf die Rückkehr aus dem zweiten Exil bezieht, hat sie sich überzeugend erfüllt. Die Ruinen von 47 Generationen wurden durch die Heimkehrenden wieder instand gesetzt!

In Städten, Dörfern und Siedlungen überall in Israel zeigt sich die Erfüllung dieser Verheißung. Hier nur einige Beispiele: Beth-Shemesh, Rehovoth, Lod, Beerseba, Arad, Beth-Shean, Tiberias, Askalon, Asdod, Gath, Lachis, En-Gedi. Sie alle wurden wiederaufgebaut, sei es auf den Trümmern der alten Stadt oder neben ihnen. Andere Völker haben ihre früheren Städte und Dörfer nicht wieder errichtet. In Ägypten würden wir heute vergeblich nach den wiederaufgebauten Städten Memphis, Ramses oder Theben suchen. Im Irak gibt es weder ein Ninive noch ein Babylon. Israel ist auch hier ein Sonderfall, weil Gott ihm seine Verheißung gegeben hatte. In Jesaja 58,12 ist es etwas anders formuliert, aber wir finden denselben Gedanken:

Deine Leute bauen die uralten Trümmerstätten wieder auf, die Grundmauern aus der Zeit vergangener Generationen stellst du wieder her. Man nennt dich den Maurer, der die Risse ausbessert, den, der die Ruinen wieder bewohnbar macht (Einh.).

In Amos 9,14–15 sagt Gott:

Da wende ich das Geschick meines Volkes Israel, daß sie verwüstete Städte wieder aufbauen und darin wohnen, daß sie Wein-

*berge pflanzen und ihren Wein trinken, daß sie Gärten anlegen
und ihre Früchte genießen. Ich pflanze sie ein in ihr Land, und
nie wieder werden sie ausgerissen aus ihrem Lande, das ich ihnen
gegeben habe, spricht der Herr, dein Gott (Zü.).*

Auch dieser Text wird oft mit der Rückkehr aus Babylon in
Verbindung gebracht. Aber wie steht es dann mit den Worten
»nie wieder werden sie ausgerissen aus ihrem Lande, das ich
ihnen gegeben habe«? Als diese Worte niedergeschrieben wurden, stand dem jüdischen Volk noch die längste Verbannungszeit
und Zerstreuung bevor. Nicht 70 Jahre sollte sie dauern, sondern
1900 Jahre. Wenn Gott diese Verheißung im Hinblick auf die
Rückkehr von Babylon gegeben hätte, hätte er sein Versprechen
ja nur teilweise gehalten. Er hätte also übertrieben, wenn nicht
gar gelogen. Unser Gott ist aber weder ein Hochstapler noch ein
Lügner. Sein Wort ist absolut zuverlässig. Diese Weissagung hat
sich in unseren Tagen erfüllt.

Jesaja schrieb: »Dann bauen sie die uralten Trümmerstätten
wieder auf und richten die Ruinen ihrer Vorfahren wieder her«
(Jes 61,4 – Einh.), und Amos weissagte: »... daß sie verwüstete
Städte wieder aufbauen und darin wohnen ...« Aber dann fährt
Amos fort: »... daß sie Weinberge pflanzen und ihren Wein
trinken, daß sie Gärten anlegen und ihre Früchte genießen.« Für
den Besucher des heutigen Israels besteht kein Zweifel darüber,
daß die heimgekehrten Juden »Weinberge pflanzen und ihren
Wein trinken«, daß sie »Gärten anlegen und ihre Früchte genießen«.

Von den Gegnern des Staates Israel wird oft behauptet, die
frühen Pioniere des Zionismus hätten um die Jahrhundertwende
einfache Araber um wertvolles, fruchtbares Land betrogen.
Diese Behauptung entspricht nicht den Tatsachen. Vielleicht gab
es einzelne solcher Fälle, aber sie waren die Ausnahme. In der
Regel handelte es sich um malariaverseuchtes Sumpfgebiet, trok-
kenes Wüstenland oder kargen, ausgewaschenen Boden, der den
Siedlern verkauft wurde, und dazu noch zu einem hohen Preis.
Oft lebten die Grundbesitzer auswärts in Beirut, Damaskus,
Bagdad oder Kairo. Sie amüsierten sich eher über die Käufer

solchen Landes und rechneten damit, daß diese bald wie die Fliegen wegsterben würden, wenn sie sich erst einmal niedergelassen hatten; am Ende würde das Land dann doch wieder in die Hände der Araber zurückfallen. Und die ersten jüdischen Siedler starben tatsächlich wie die Fliegen. Sie erlagen der Malaria, dem Schwarzwasserfieber, dem Gelbfieber, der Ruhr. Aber wenn sie starben, nahmen andere ihren Platz ein, und wenn diese starben, kamen wiederum andere. Eliezer Ben Yehuda berichtet in seinem Tagebuch, wie er am Sterbebett des letzten, an Gelbfieber erkrankten Inhabers einer kleinen Siedlung namens Hadera saß. Ihre einzige Sorge galt der Weiterführung der Siedlung: Wer würde die Pionierarbeit übernehmen? Nun, es fanden sich Nachfolger, und heute ist Hadera eine blühende, moderne Stadt. Diese ersten Pioniere des Zionismus hielten durch, bis die malariaverseuchten Sumpfgebiete langsam trockengelegt waren und die Wüste zu blühen anfing. Sie hielten durch und bezahlten mit ihrem Leben, bis die Plantagen und Obsthaine, die Weingärten und Felder des heutigen Israels schließlich Gestalt annahmen.

Die Palästinabesucher des 19. und 20. Jahrhunderts stimmten in ihren Beschreibungen in einem Punkt überein: Palästina war eine wasserlose Wüste. In ihren Tagebüchern und Berichten schildern sie, was für einen trostlosen und vernachlässigten Eindruck das Land auf sie machte. Sie beschreiben eine Atmosphäre des Verfalls und für immer vergangenen Ruhms, eine »Monotonie absoluten Stillstandes, ein Land, in dem jede Spur von Leben und Bewegung fehlt«. Sogar Theodor Herzl hielt das Gelobte Land für eine trostlose, unfruchtbare Einöde.

Von diesen Beschreibungen ausgehend, würde der heutige Besucher Israels das Land kaum wiedererkennen. Von fast allen Aussichtspunkten Galiläas blickt man ringsum auf Felder, Obstgärten und Waldgebiete. Dies gilt auch für den ganzen Sharonbezirk mit seinen weiten Zitrushainen und Feldern. Im Süden, im Negev oder der Arava, stehen saftige Grünflächen im Kontrast zu weiß-gelben Wüstenstrichen. Dies sind die Siedlungen der späteren Pioniere. Hesekiel deutete in einer Weissagung auf sie hin:

Ihr aber, ihr Berge Israels, sollt eure Zweige treiben und eure Frucht tragen für mein Volk Israel; denn in Bälde wird es heimkommen. Siehe, ich komme zu euch und wende mich euch wieder zu, und ihr sollt angebaut und besät werden. Ich werde die Menschen zahlreich machen auf euch, das ganze Haus Israel insgesamt; die Städte sollen wieder bewohnt sein und die Trümmer aufgebaut werden. Menschen und Vieh werde ich zahlreich machen auf euch, und sie werden sich mehren und fruchtbar sein; und ich werde euch wieder bewohnt sein lassen, wie ihr es vordem waret, und werde euch mehr Gutes tun als in der ersten Zeit, und ihr werdet erkennen, daß ich der Herr bin (Hes 36,8–12 – Zü.).

Und in den Versen 32–36 heißt es:

Nicht um euretwillen schreite ich ein, spricht Gott der Herr, das sollt ihr wissen! Schämet euch und errötet ob eures Wandels, Haus Israel! So spricht Gott der Herr: An dem Tage, da ich euch reinigen werde von all euren Verschuldungen, werde ich die Städte neu bevölkern, und die Trümmer sollen wieder aufgebaut werden. Und das verwüstete Land soll neu bestellt werden, nachdem es so wüste gelegen vor den Augen aller, die vorübergingen. Und man wird sagen:»Dieses Land, das verwüstet war, ist wie der Garten Eden geworden, und die Städte, die in Trümmern lagen, die verwüstet und niedergerissen waren, sind nun bewohnt und befestigt.« *Alsdann werden die Völker, die rings um euch her noch übrig sein werden, erkennen, daß ich, der Herr, das Niedergerissene aufgebaut und das Verwüstete wieder bepflanzt habe. Ich, der Herr, habe es geredet, und ich werde es tun* (Zü.).

In Jesaja 61,5 sagt Gott:

Fremde werden hingehen und eure Herden weiden, und Ausländer werden eure Ackerleute und Weingärtner sein (Lu.).

Wir wissen von keinen Fremden oder Ausländern, die den übriggebliebenen Juden nach der Rückkehr aus Babylon beim Wiederaufbau der Nation und des Landes zur Seite gestanden hätten. Es ist richtig, daß zur Zeit Moses, als das Volk Gottes aus Ägypten zog, es von vielen Fremden begleitet wurde. Von Nehemia wird uns jedoch berichtet, daß er keinem Heiden erlaubte, sich an den Wiederaufbauarbeiten zu beteiligen, und

Esra war diesbezüglich noch unnachgiebiger. Wir wissen, daß nur ein kleiner Überrest der großen Anzahl von Juden aus der Verbannung zurückkehrte, aber nirgends wird uns berichtet, daß Perser oder Babylonier mit ihnen zogen. Seit dem Jahre 1948 sind jedoch Scharen junger Ausländer nach Israel gezogen, um bei der Wiedergewinnung und dem Aufbau des Landes zu helfen. Dies ist ein ganz neues Phänomen in der jüdischen Geschichte. Niemals zuvor hatten so viele fremde junge Menschen den Wunsch, dem jüdischen Volk zu helfen. Diese Hilfe geschah vor allem auf landwirtschaftlichem Gebiet. Diese »Ausländer« wurden Hirten, Weinbauer und Ackersleute. Die Weissagung hat sich Wort für Wort erfüllt.

Zephanja 2,4–7 ist ein weiteres Beispiel einer Weissagung, die in unseren Tagen in Erfüllung geht:

> *Denn Gaza wird verödet sein und Askalon zur Wüste werden; die Bewohner von Asdod wird man am hellen Mittag vertreiben, und Ekron wird von Grund aus zerstört. Wehe euch, die ihr den Strich am Meere bewohnt, du Volk der Kreter! Über euch ergeht das Wort des Herrn: Kanaan, Land der Philister, ich will dich verderben, daß niemand mehr in dir wohnt. Und es soll das Kreterland zu Weiden der Hirten und zu Hürden der Schafe werden; und der Strich am Meere wird dem Rest des Hauses Juda zufallen. Am Meere werden sie weiden, am Abend in den Häusern von Askalon lagern; denn der Herr, ihr Gott, wird sich ihrer annehmen und ihr Geschick wenden* (Zü.).

Als das Volk Gottes aus der babylonischen Gefangenschaft zurückkehrte, kam es nicht nach Askalon zurück. Askalon war von Anfang an bis in die Zeit des Neuen Testamentes hinein eine Stadt der Heiden. In seiner frühen Geschichte zählte es zu den fünf Philisterstädten. Während des Perserreiches und damit zur Zeit der Rückkehr aus der Verbannung war es dem heidnischen Tyrus unterstellt. Später entwickelte es sich zu einem bedeutenden Zentrum der griechischen Kultur und konnte seine Unabhängigkeit von der jüdischen Herrschaft sogar während der ruhmreichen Makkabäerzeit bewahren. Unter den Römern wurde es nicht in den Herrschaftsbereich Herodes des Großen mit einbezogen, obwohl dieser sich sehr für die Verschönerung seiner Geburtsstadt einsetzte. Wenn sich Zephanjas Weissagung aber damals nicht erfüllt hat, wann dann? Seit 1949 ließen sich in Askalon jüdische Einwanderer nieder, aber erst im Jahre 1955 erhielt es den Stadtstatus. Südafrikanische Juden hatten hier schon 1952 eine Gartenstadt geplant und zu diesem Zweck Gelder bereitgestellt. 1975 betrug die Einwohnerzahl Askalons 47900, und sie steigt noch nach wie vor. Heute ist Askalon ein wunderschöner, moderner und durch und durch jüdischer Strandort. In dem Stadtviertel Afridar findet man Zephanja 2,7 auf eine Steinplatte eingraviert.

Wie Askalon, so zählte auch Asdod zu den fünf Philisterstädten. In der Zeit nach der babylonischen Gefangenschaft diente es den Philistern sogar als Hauptstadt. Erst in der späten Makkabäerzeit (100–63 v. Chr.) wurde es jüdisch und blieb es auch bis zum 2. Jahrhundert n. Chr. Erst 1956 wurde das moderne Asdod mit einer Einwohnerzahl von 200 gegründet. Es sollte einer der wichtigsten Häfen und Industriegebiete werden. In den frühen 60er Jahren liefen die Aufbauarbeiten auf Hochtouren. 1975 zählte Asdod 52000 Einwohner, und die Zahl steigt weiter an. Ähnliches gilt für Gath, dem Heimatort Goliaths. Während des letzten Jahrhunderts hat sich Gath zu einer modernen jüdischen Mittelstadt (1975 lag die Einwohnerzahl bei 21500) entwickelt und ist heute das Zentrum der israelischen Textilindustrie.

Nur Gaza ist nicht im eigentlichen Sinne »verlassen« worden, denn es ist auch heute noch eine große arabische Stadt. 1967 wurde es von der ägyptischen Armee aufgegeben und steht seither unter jüdischer Herrschaft. Das zu den ältesten Städten der Welt zählende Gaza war von jeher eine heidnische Stadt gewesen. Heute aber ist es umringt von aufstrebenden jüdischen Siedlungen.

Der Name »Palästina« ist von dem hebräischen Wort für »Philister«, *Peleshtim,* abgeleitet. Ursprünglich war es ein griechisches Adjektiv, das vom Hebräischen abgeleitet worden war. Er erschien erstmals in den Schriften Herodots (484–425 v. Chr.) als das »palästinische Syrien« oder das »philistische Syrien«. Das von ihm benutzte griechische Wort war *Palästina.* Später wurde es gekürzt und als Substantiv gebraucht –»Palästina«. Als Bezeichnung für das frühere Gebiet Israels oder Judäas verwendete es erstmals der römische Kaiser Hadrian im Anschluß an den jüdischen Aufstand unter Bar Kochba im Jahre 135 n. Chr. Hadrian war fest entschlossen, jede Spur eines Zusammenhanges zwischen dem jüdischen Volk und dem Gelobten Land zu verwischen. Zu seinen taktischen Maßnahmen gehörte die Umbenennung Jerusalems in *Aelia Capitolina* und Judäas in *Provincia Syria-Palaestina*. Unter den byzanthinischen Herrschern im 4. Jahrhundert wurde das Land in drei Provinzen eingeteilt: *Palaestina Prima, Palaestina Secunda* und *Palaestina Tertia*. Aus der hebräischen Wurzel entstand also zuerst das griechische, später das lateinische und schließlich das deutsche Wort »Palästina«. In modernem Arabisch heißt Palästina *Filustin* und der Palästineser *Falastin*. Mich stimmt es immer ein wenig traurig, wenn Christen vom Gelobten Land als »Palästina« sprechen, denn es ist nicht das Land der Philister, sondern das Land Israel. Ist es nicht interessant, daß der Engel, der Josef in einem Traum erschien, zu ihm sprach:

Steh auf, nimm das Kind und seine Mutter und zieh in das Land Israel (Mt 2,20 – Einh.).

Er sagte nicht: »Gehe nach Judäa« oder »Gehe in die römische Provinz Syrien«, sondern bezeichnete das Land als das Land Israel.

Im Buch des Propheten Zephanja spricht Gott vom »Rest des Hauses Juda« (Kap. 2,7). Das Wort »Jude« ist von *Juda* abgeleitet. Hier ist also die Rede von den beiden Gegnern, die sich in diesem Land gegenüberstehen: dem Palästinenser und dem Juden. Ganz gleich, wie es um die Rechte der Palästinenser bestellt sein mag (und endlich muß ja doch eine sowohl für die Palästinenser als auch für die Juden gerechte Lösung gefunden werden) – an dieser Stelle steht geschrieben, daß der Palästinenser gehen und der Jude kommen wird.

Was können wir auf all diese in Erfüllung gegangenen Weissagungen erwidern?

In Jesaja 46,9–11 sagt der Herr:

> *Ich bin Gott, und sonst niemand, ich bin Gott, und niemand ist*
> *wie ich. Ich habe von Anfang an die Zukunft verkündet und*
> *lange vorher gesagt, was erst geschehen sollte. Ich sage: Mein*
> *Plan steht fest, und alles, was ich will, führe ich aus ... Ich habe*
> *es gesagt, und ich lasse es kommen. Ich habe es geplant, und ich*
> *führe es aus* (Einh.).

Was er geredet und entworfen hat, führt er auch aus. Sein
Ratschluß hat sich erfüllt und wird sich auch weiterhin erfüllen.

4. Das prophetische Wort im Neuen Testament

Alle in den letzten beiden Kapiteln angeführten Weissagungen
sind dem Alten Testament entnommen. Nur im ersten Kapitel
erwähnte ich Matthäus 24,32–34. Gibt es im Neuen Testament
noch weitere Beispiele von Verheißungen bezüglich des jüdischen Volkes und seiner Zukunft? Ich persönlich betrachte das
Alte und Neue Testament als zwei Hälften eines Ganzen, und ich
bedaure es, daß viele Christen eine sich auf das Alte Testament
stützende Beweisführung von vornherein als wenig überzeugend,
als verdächtig oder überholt betrachten. Kann das Neue Testament weitere Beweise liefern? Ja, es gibt Beweise, und sie sind
unwiderlegbar. Zum Beispiel Apostelgeschichte 1,6–8:

> *Als sie nun zusammengekommen waren, fragten sie ihn: Herr,*
> *stellst du in dieser Zeit für Israel das Reich wieder her? Er sprach*
> *zu ihnen: Euch gebührt es nicht, Zeit oder Stunde zu wissen, die*
> *der Vater nach seiner eigenen Macht festgesetzt hat. Aber ihr*
> *werdet Kraft empfangen, wenn der heilige Geist über euch*
> *kommt, und werdet meine Zeugen sein in Jerusalem und in ganz*
> *Judäa und Samarien und bis ans Ende der Erde* (Zü.).

Kurz vor der Himmelfahrt fragten diese jüdischen Jünger ihren
Herrn, ob er Israel seine politische Unabhängigkeit wiedergeben
würde. Zu jener Zeit unterstanden sie der Herrschaft Roms.
Wenn sich dem jüdischen Volk auch in Zukunft nie mehr die

Möglichkeit bieten würde, einen eigenen Staat zu gründen, warum hat Jesus dieser Hoffnung damals nicht ein für allemal ein Ende bereitet? Warum sagte er ihnen nicht, daß sich Gottes Vorhaben mit dem jüdischen Volk erfüllt habe und daß jetzt die Kirche den Platz Israels einnehmen würde? Er hätte ihnen in ein oder zwei Sätzen erklären können, daß das Reich Israel niemals wiederaufgerichtet werden würde. Aber Jesus leugnete nicht, daß Israel jemals seine Unabhängigkeit wiedergewinnen würde. Im Gegenteil: Seine Antwort deutet darauf hin, daß das Reich Israel wiederaufgerichtet werden würde; nur sind Zeit und Stunde ganz vom Vater festgesetzt. Bevor dies jedoch stattfinden kann, hat der Heilige Geist ein Werk zu tun, zu welchem er die Jünger selbst gebrauchen will. Beginnend in Jerusalem, sollen alle Völker der Erde erreicht werden. Der Apostel Paulus schrieb dazu:

Wenn aber schon durch ihr Versagen die Welt und durch ihr Verschulden die Heiden reich werden, dann wird das erst recht geschehen, wenn ganz Israel zum Glauben kommt (Röm 11,12 – Einh.).

Über das Verschulden und das Versagen des jüdischen Volkes besteht keinerlei Zweifel. Sie werden als historische Tatsachen sogar vom Judentum anerkannt. Aber welche Art von Auslegung betreiben wir, wenn wir die Worte »ihr Verschulden« und »ihr Versagen« hervorheben und ein anderes Wort desselben Satzes, »ganz Israel«, ignorieren? Wenn der erste Teil des Verses sich erfüllt hat, wird sich auch der zweite erfüllen. Und wenn das Verschulden und das Versagen nicht nur auf geistlicher, sondern auch auf politischer Ebene stattfand, wird auch die Rückkehr Israels sich auf beide Ebenen erstrecken. Deshalb heißt es in Römer 11,15:

Denn wenn schon ihre Verwerfung für die Welt Versöhnung gebracht hat, dann wird ihre Annahme nichts anderes sein als Leben aus dem Tod (Einh.).

Wenn wir uns einig sind, daß diese »Verwerfung« stattgefunden hat, wie stellen wir uns dann zur »Annahme«? Diese Verse klingen ganz und gar nicht danach, als hätte Gott mit dem jüdischen Volk abgeschlossen. Im Gegenteil! Sie weisen darauf hin, daß Gott sein Volk wieder annehmen und daß dies »Leben aus dem Tod« sein wird. In den Versen 25–29 ist vom gleichen Thema die Rede:

Damit ihr euch nicht auf eigene Einsicht verlaßt, Brüder, sollt ihr dieses Geheimnis wissen: Verstockung liegt auf einem Teil Israels, bis die Heiden in voller Zahl das Heil erlangt haben; dann wird ganz Israel gerettet werden, wie es in der Schrift heißt: Der Retter wird aus Zion kommen, er wird alle Gottlosigkeit von Jakob entfernen. Das ist der Bund, den ich ihnen gewähre, wenn ich ihre Sünden wegnehme. Vom Evangelium her gesehen sind sie Feinde Gottes, und das um euretwillen; von ihrer Erwählung her gesehen sind sie von Gott geliebt, und das um der Väter willen. Denn unwiderruflich sind Gnade und Berufung, die Gott gewährt (Einh.).

Dieses Kapitel des Römerbriefes lehrt alles andere, als daß es für das jüdische Volk keine Zukunft gäbe. Was verstehen wir unter dem Wort »bis«? »Verstockung liegt auf einem Teil Israels, bis die Heiden in voller Zahl das Heil erlangt haben; dann wird ganz Israel gerettet werden.« Das kann nur bedeuten: Die Verstockung, die über Israel gekommen ist, wird so lange anhalten, bis sich Gottes Vorsatz erfüllt hat, eine unzählbare Schar aus allen Völkern zu erretten. *Dann* wird diese Verstockung aufgehoben werden, und das wird Herrlichkeit bedeuten für das jüdische Volk. Die Richtigkeit dieser Auslegung wird noch bestärkt durch die wunderbaren Worte: »Denn unwiderruflich sind Gnade und Berufung, die Gott gewährt.« Diese herrliche Aussage bezieht sich zuallererst auf die Berufung des jüdischen Volkes. »Vom Evangelium her gesehen sind sie Feinde Gottes, und das um euretwillen; von ihrer Erwählung her gesehen sind sie von Gott geliebt, und das um der Väter willen«, schreibt der Apostel unter der Leitung des Heiligen Geistes. Unmißverständlich geht daraus hervor, daß sich Gottes Vorsatz für die Juden durch ihren Fall und ihre Wiederannahme erfüllt. Ihre Gaben und ihre Berufung wurden nicht zurückgenommen. Göttliche Liebe steht dahinter, die niemals aufgibt oder losläßt.

Viele Christen sind schockiert, wenn sie feststellen müssen, daß sie (Röm 11,24) mit nachträglich eingepfropften, wilden Ölbaumzweigen verglichen werden. Wir mögen noch so weit von dieser Wahrheit abgeirrt sein, es ändert nichts an der Tatsache selbst. Es spielt keine Rolle, wie viele Heiden durch die Gnade Gottes gerettet wurden; sie bleiben wilde Zweige, die in den natürlichen Ölbaum eingepfropft wurden. Die Verse 17–18 machen es noch deutlicher:

Wenn aber einige Zweige herausgebrochen wurden und wenn du als Zweig vom wilden Ölbaum in den edlen Ölbaum eingepfropft wurdest und damit Anteil erhieltest an der Kraft seiner Wurzel, so erhebe dich nicht über die anderen Zweige. Wenn du es aber tust, sollst du wissen: Nicht du trägst die Wurzel, sondern die Wurzel trägt dich (Einh.).

In Wirklichkeit ist Gott niemals von seinem Vorhaben zurückgetreten, ein Volk zu retten, das durch seine Gnade erlöst, durch seinen Geist wiedergeboren und nun ganz eins mit ihm ist. Gott hatte das jüdische Volk zu seinem Boten auserkoren, durch den der Welt die Erkenntnis, das Wort und das Heil Gottes geschenkt werden sollte. An diesem Punkt hat das jüdische Volk versagt, nicht aber der Plan Gottes. Durch ihr Versagen kam das Heil zu allen Menschen. Und Gott vergißt sie nicht. Er spricht von der Gemeinde, von den Erlösten aus allen Völkern, als dem »Ölbaum« des jüdischen Volkes (siehe auch Röm 9,6–8.24–28; 11,1–5; Eph 2,11–15; 3,6). Wenn sich einmal der Plan Gottes mit den Heiden seiner Vollendung naht, wird Gott den Schleier von den Augen des jüdischen Volkes wegnehmen, und ganz Israel – und damit auch das ganze erwählte Volk Gottes, der »Ölbaum« mit seinen »wilden« *und* »natürlichen« Zweigen – wird gerettet werden.

In Lukas 21,20–24 finden wir eine klare und eindeutige Verheißung Jesu bezüglich des jüdischen Volkes. Sie ist von großer Bedeutung:

Wenn ihr aber seht, daß Jerusalem von einem Heer eingeschlossen wird, dann könnt ihr daran erkennen, daß die Stadt bald verwüstet wird. Dann sollen die Bewohner von Judäa in die Berge fliehen; wer in der Stadt ist, soll sie verlassen, und wer auf dem Land ist, soll nicht in die Stadt gehen. Denn das sind die Tage der Vergeltung, an denen alles in Erfüllung gehen soll, was in der Schrift steht. Wehe den Frauen, die in jenen Tagen schwanger sind oder ein Kind stillen. Denn eine große Not wird über das Land hereinbrechen: Der Zorn Gottes wird über dieses Volk kommen. Mit scharfem Schwert wird man sie erschlagen, als Gefangene wird man sie in alle Länder verschleppen, und Jerusalem wird von den Heiden zertreten werden, bis die Zeiten der Heiden sich erfüllen (Einh.).

In den Jahren 66–70 n. Chr. wurde Jerusalem von der römischen Armee unter der Führung von Titus belagert. Diese Belagerung endete mit einem schrecklichen Blutbad, der Zerstörung des Tempels und der Stadt und der Zerstreuung des Volkes. War dieses Gericht über das jüdische Volk endgültig? Ich bin der Auffassung, daß es sich nicht um ein endgültiges und unabwendbares Gericht gehandelt hat, weil es in diesem Text ausdrücklich heißt: »... und Jerusalem wird von den Heiden zertreten werden, *bis* die Zeiten der Heiden sich erfüllen.« Zum zweiten Mal ist das Wörtchen »bis« ein klarer Hinweis darauf, daß der Auflösung des jüdischen Staates, dem Verlust seiner politischen Unabhängigkeit und der weltweiten Zerstreuung des jüdischen Volkes eine Zeitgrenze gesetzt ist. Wer meinen Worten entgegenhält, daß hiermit nicht der Wiederaufbau Israels und die Wiedervereinigung des jüdischen Volkes gemeint sei, sondern nur ganz allgemein das Ende der Zeiten und das Kommen des Herrn, dem möchte ich die Frage stellen, warum Jesus die Heiden erwähnte, als er sagte: »Jerusalem wird von *den Heiden* zertreten werden, bis die Zeiten *der Heiden* sich erfüllen.« Wäre es nicht genauer und ganz gewiß weniger irreführend gewesen, wenn Jesus gesagt hätte: »Jerusalem wird zertreten werden, bis sich der Vorsatz Gottes erfüllt hat«? Der Hinweis auf die Heiden läßt meines Erachtens darauf schließen, daß das jüdische Volk eines Tages seine Unabhängigkeit wiedererlangen würde.

In Matthäus 23,37–39 lesen wir die Worte Jesu:

Jerusalem, Jerusalem, die du tötest die Propheten und steinigst, die zu dir gesandt sind! Wie oft habe ich deine Kinder versammeln wollen, wie eine Henne versammelt ihre Kücklein unter ihre Flügel; und ihr habt nicht gewollt! Siehe,»euer Haus soll euch wüste gelassen werden«. Denn ich sage euch: Ihr werdet mich von jetzt an nicht sehen, bis ihr sprecht: Gelobt sei, der da kommt im Namen des Herrn! (Lu.).

Den Anlaß zu diesen Worten gab die letzte Gegenüberstellung des Messias und der jüdischen Herrschaftsschicht der damaligen Zeit im Tempel. Zwei Tage lang hatten die verschiedenen religiösen Parteien ihn durch Fangfragen in die Enge zu treiben versucht. Die Diskussionen endeten in einem der furchtbarsten und ernstesten Gerichtsworte Jesu. Nie zuvor hatte Jesus den Tempel»euer Haus« genannt, sondern immer»das Haus meines Vaters«. Als er jetzt zum letzten Mal den Tempel verließ, sagte er:»Siehe, euer Haus soll euch wüste gelassen werden. Denn ich sage euch: Ihr werdet mich von jetzt an nicht sehen, bis ihr sprecht: Gelobt sei, der da kommt im Namen des Herrn.« Schade, daß manche Christen den ersten Teil dieses Verses hervorheben, als sei damit schon alles gesagt. Sie lesen:»Siehe, euer Haus soll euch wüste gelassen werden. Denn ich sage euch: Ihr werdet mich von jetzt an nicht sehen.« Aber Jesus hat an dieser Stelle nicht aufgehört. Er fuhr fort:»Ihr werdet mich von jetzt an nicht sehen, *bis* ihr sprecht: Gelobt sei, der da kommt im Namen des Herrn.« Wieder das Wörtchen»bis«! Und weiter: Der hebräische Ausdruck für»Willkommen« heißt *baruch haba,* was im wörtlichen Sinne»Gesegnet sei, der da kommt« heißt. Die traditionelle Redewendung eines orthodoxen Juden lautet sogar: *baruch haba ba Shem Adonai,* zu deutsch:»Willkommen im Namen des Herrn« oder wörtlich:»Gesegnet sei, der da kommt im Namen des Herrn.« Diese Verheißung vom freudigen Empfang, den das jüdische Volk seinem Herrn bereiten wird, stimmt nicht mit der Annahme überein, daß das jüdische Volk unter dem endgültigen und unwiderruflichen Gericht Gottes steht und daß es bei seinem Anblick weinen und klagen und sich in Höhlen und Erdlöchern verkriechen wird. Die Worte Jesu lassen im Gegenteil darauf schließen, daß das jüdische Volk seine Einstellung gegenüber der Person und dem Werk des Messias von Grund auf ändern wird. Statt vor ihm Angst zu haben, ihn abzulehnen oder zu hassen, wird es ihn anerkennen, annehmen und willkommen heißen im Namen des Herrn. Man fragt sich zu Recht, wie es um eine Bibelauslegung bestellt ist, die trotz des Willkommensgrußes »Gelobt sei, der da kommt im Namen des Herrn« von einer endgültigen Verdammung der so Sprechenden redet.

Diese Änderung der Herzenseinstellung Israels meint auch der Prophet Sacharja, wenn er sagt:

> *Und über das Haus David und über die Bewohner Jerusalems will ich einen Geist der Gnade und des Flehens ausgießen, und sie werden hinschauen auf ihn, den sie durchbohrt haben, und um ihn klagen, wie man klagt um das einzige Kind, und bitterlich über ihn weinen, wie man weint über den Tod des Erstgeborenen. An jenem Tage wird in Jerusalem laute Klage sein, wie die Klage um Hadadrimmon im Tal von Megiddo. Das Land wird klagen ... ebenso alle übrigen (übriggebliebenen) Geschlechter, ein jedes Geschlecht besonders und seine Frauen besonders. An jenem Tage wird dem Hause David und den Bewohnern Jerusalems ein Quell aufgetan sein, Sünde und Unreinheit abzuwaschen* (Sach 12,10–13,1 – Zü.).

Diese Verheißung ist sehr wichtig. Zum ersten sagt sie aus, daß der Geist der Gnade und des Flehens ausgegossen werden wird auf das Haus Davids und die Bewohner Jerusalems, irgendwann während der letzten großen Kämpfe in Jerusalem und Israel, aber noch vor der allerletzten Schlacht dieses Zeitalters, wenn der Messias wiederkommt (siehe Sach 12,1–9 und vgl. Sach 14,1–9).

Zum zweiten heißt es: »und sie werden hinschauen auf ihn, den sie durchbohrt haben.« Meines Erachtens ist diese Übersetzung genauer als zum Beispiel Luthers »sie werden mich ansehen, den sie durchbohrt haben« oder Schlachters »sie werden auf mich sehen, den sie durchstochen haben«. Die hebräische Präposition heißt eigentlich »zu«, »hin zu« oder »in Richtung auf«. Interessant in diesen Übersetzungen ist allerdings der Wechsel des Pronomens innerhalb desselben Satzes, obwohl dieselbe

Person gemeint ist:»sie werden mich ansehen ... sie werden um ihn klagen ... sie werden sich um ihn betrüben« (Lu.). Offenbarung 1,7 ist in den Augen einiger Ausleger ein Kommentar zu diesem Vers:

Siehe, er kommt mit den Wolken, und es werden ihn sehen alle Augen und alle, die ihn durchbohrt haben, und es werden wehklagen um seinetwillen alle Geschlechter der Erde. Ja, amen (Lu.).

Sicher ist, daß alle Augen ihn sehen werden, auch das jüdische Volk. Aber die Verantwortung für den Tod des Messias tragen nicht die Juden allein. Die heidnische Obrigkeit war ebenso schuldig. Der Wortlaut in Sacharjas Weissagung deutet an, daß es sich bei dem Sehen eher um ein geistliches Erwachen über die Person Jesu handelt als um das physische Sehen bei seinem zweiten Kommen.

Zum dritten sollten wir den Hinweis auf die Wehklage nicht übersehen:»... und um ihn klagen, wie man klagt um das einzige Kind, und bitterlich über ihn weinen, wie man weint über den Tod des Erstgeborenen.«

Dieser Vers scheint nicht ein unwiderrufliches Zorngericht Gottes zu beinhalten, wie zum Beispiel Offenbarung 1,7. Vielmehr läßt diese Weissagung vermuten, daß das jüdische Volk erst dann die Bedeutung der Person und des Werkes Jesu Christi erkennen wird, nachdem der Heilige Geist auf es ausgegossen ist. Erst dann wird es Buße tun und gerettet werden. Hier ist von der gottgewollten Betrübnis die Rede, die Buße zum Heil bewirkt, und nicht von der Betrübnis der Welt, die den Tod bewirkt (2 Kor 7,10). In der gleichen Weise, wie zahllose Heiden den Quell gegen Sünde und Unreinheit entdeckten, wird auch das jüdische Volk durch das vollendete Werk des Messias die rettende Gnade und Kraft Gottes erfahren (siehe Sach 13,1). Ihr Klagen wird nicht im Gericht enden, sondern im Heil! Es wird kein Gejammer sein, sondern ein Klagen,»wie man klagt um das einzige Kind ... wie man weint über den Tod des Erstgeborenen«. Hier ist von der Betrübnis die Rede, die zum Heil führt.

Weiter läßt Sacharja 12,11 darauf schließen, daß dieses Klagen offiziell und auf nationaler Ebene stattfinden wird:

An jenem Tage wird in Jerusalem laute Klage sein, wie die Klage um Hadadrimmon im Tal von Megiddo.

Dieser Vergleich bezieht sich auf die große nationale Klage über den Tod des Königs Josia (siehe 2 Chr 35,24–25). Die Klage über den Tod des Herrn Jesus wird ein Ereignis ohnegleichen nicht nur in der jüdischen, sondern auch in der Weltgeschichte sein. Nie zuvor hat ein ganzes Volk über ein Geschehen getrauert, das vor 2000 Jahren stattgefunden hat, ein Geschehen, das es als den Schlüssel zu seiner gesamten Geschichte und Bestimmung erkennt. Genau das sagt Sacharja dem Volk Israel voraus.

Diese Buße wird nicht nur für einige Stunden anhalten, sondern für eine lange Zeit:

Das Land wird klagen, ein jedes Geschlecht besonders; das Geschlecht des Hauses David besonders und seine Frauen besonders, das Geschlecht des Hauses Nathan besonders und seine Frauen besonders ... ebenso alle übrigen Geschlechter, ein jedes Geschlecht besonders und seine Frauen besonders (Sach 12,12–14).

Wer die jüdischen Klagebräuche kennt, weiß, daß es sich bei ihnen nicht um eine kurze oder oberflächliche Sache handelt. Sieben Tage lang ist der normale Lebensablauf der Hauptklagenden ganz unterbrochen, dreißig Tage lang ist er verändert. Einige Bibelausleger sind auf Grund von Jesaja 66,8 der Annahme, daß das ganze jüdische Volk an einem einzigen Tag wiedergeboren werden wird. Diese Weissagung Sacharjas scheint aber im Widerspruch zu einer solchen Auffassung zu stehen, und dies ist einer der Gründe, weshalb ich mich ihr nicht anschließen kann.

Mir scheint, daß das Wort Gottes einen klaren Beweis für die politische und nationale wie auch für die geistliche Wiederherstellung des jüdischen Volkes liefert, und dies nicht nur im Alten, sondern auch im Neuen Testament. Diese Verheißung gibt Israel eine einzigartige Bedeutung unter den Völkern der Welt.

5. Eine Nation ist ihre Sprache

Wenn die Propheten des Alten Testamentes heute auf irgendeiner Geschäftsstraße Tel Avivs, Haifas oder Jerusalems stünden, würden sie Hebräisch hören, ein Hebräisch, das im wesentlichen immer noch die Sprache ist, die sie selbst sprachen. Wahrscheinlich hätten sie einige Schwierigkeiten, die moderne Aussprache und Grammatik zu verstehen, aber diese Schwierigkeiten ließen sich bald überwinden. Neue hebräische Ausdrücke, wie zum Beispiel die Worte für »Auto«, »Flugzeug« oder »Fernsehen«, würden sie zwar noch nicht kennen, aber mit ihrem hellen Verstand sicher bald in ihren Wortschatz aufgenommen haben. Jeremia hatte geweissagt:

> *So spricht der Herr der Heere, der Gott Israels: Man wird im Land Juda und in seinen Städten, wenn ich ihr Geschick wende, wieder dieses Wort sprechen: Es segne dich der Herr, du Hort der Gerechtigkeit, du heiliger Berg* (Jer 31,23 – Einh.).

»Dieses Wort« bezieht sich in diesem Text sicherlich auf den nachfolgenden Gruß und nicht auf die hebräische Sprache selbst. Aber der hebräische Ausdruck für »dieses Wort« bedeutet in erster Linie den Inhalt des Gesprochenen, nicht so sehr das Sprechen als jeweils konkrete Handlung selbst. Ob es nun recht ist oder nicht, in Jeremias Worten einen tieferen Sinn zu sehen, nämlich einen Hinweis auf die Erneuerung des Hebräischen nach der Rückkehr aus der Verbannung, so ist es doch eine unabänderliche Tatsache, daß die hebräische Sprache eine Wiedergeburt erlebt hat, die ein einmaliges Geschehen in der Geschichte der Menschheit darstellt.

In diesem Jahrhundert ist von einigen zahlenmäßig relativ schwachen Völkern ein harter Kampf um die Erhaltung ihrer Sprache geführt worden, zum Beispiel von den Iren und Basken. Dennoch hatte man in ihrem Heimatland niemals aufgehört, ihre Sprachen zu sprechen. Es war kein Kampf um die Auferstehung dieser Sprachen, sondern um ihr Überleben. Sogar die jungen, in diesem Jahrhundert geborenen Nationen Europas wie die Norweger, Finnen oder Tschechen hatten ihre Sprachen niemals ganz verloren; nie waren sie in der Flut der anderen Sprachen untergetaucht, obwohl sie in dieser Gefahr standen. Sobald diese Völker ihre staatliche Eigenständigkeit erlangten bzw. wiedererlangten, war auch die Erhaltung ihrer Sprache gesichert. Die hebräische Sprache aber hat eine andere Geschichte. 1700 Jahre lang wurde sie nicht mehr als Umgangssprache gebraucht. Einige Geschichtsforscher vertreten sogar die Ansicht, daß es sich um einen Zeitraum von 2400 Jahren handelt, da seit der Rückkehr aus Babylon im Jahre 536 v. Chr. nicht Hebräisch, sondern Aramäisch gesprochen wurde. Aramäisch ist zwar dem Hebräischen verwandt, aber eben doch eine andere Sprache. Von 536 v. Chr.–70 n. Chr. war es die offizielle Umgangssprache des jüdischen Volkes, die erst gegen Ende des 3. Jahrhunderts n. Chr. langsam ausstarb. Aramäisch wurde auch von Jesus und den Jüngern gesprochen. Hebräisch war zur heiligen Sprache geworden. Es war die Sprache des Tempels und der Synagoge, die Sprache der Liturgie und des Gebetes, die Sprache der Anbetung und des Forschens in den Heiligen Schriften. Ein ähnliches Schicksal widerfuhr später dem Lateinischen, das ebenfalls als Umgangssprache ausstarb, aber in der Anbetung und Liturgie der römisch-katholischen Kirche erhalten blieb.

Und dann geschah das Wunder. Nach 2400 Jahren erlebte die hebräische Sprache eine Wiedergeburt und wurde zur Umgangssprache eines modernen Volkes. Niemals zuvor in der Geschichte war eine Sprache ausgestorben und dann Jahrhunderte später wieder aufgelebt. Heute hört man überall in Israel Hebräisch – in der Familie und auf der Straße, auf den Marktplätzen und in der Knesset. Es ist die Sprache der Hochschulen und Universitäten, der Medien, Bücher und Illustrierten. Eine Sprache hat sich aus dem Staub erhoben, um wieder zur lebendigen Sprache eines lebendigen Volkes zu werden.

Wie kam es zu dieser Wiedergeburt? Eigenartigerweise war sie nicht die Folge einer Strömung im Bildungswesen oder eines Universitätsprogramms. Während der Haskala-Bewegung (1750–1880) hatte man zwar versucht, das biblische Hebräisch in die weltliche Literatur einzuführen, aber der Versuch schlug fehl.

Es gelang nicht, die Sprache wirklich an das Leben und Denken der damaligen Zeit anzupassen. Die Stellung der Zionistischen Bewegung zum Hebräischen war anfangs nur halbherzig. Wir haben die Wiedergeburt fast einzig und allein der Zielstrebigkeit und den Bemühungen eines einzelnen Mannes zu verdanken: Eliezer Ben Yehuda. Er wurde im Jahre 1858 in Luzhky, Litauen, geboren. Sein ursprünglicher Name war Eliezer Perlman. Schon sehr früh in seinem traurigen und einsamen Leben entwickelte er großen Lerneifer und eine Liebe zur Literatur. Als Teenager las er Robinson Crusoe auf Hebräisch (ein Produkt der Haskala-Bewegung). Dabei wurde ihm bewußt, daß die Sprache durchaus für weltliche Zwecke benutzt werden konnte. Diese Überlegungen, die langsam in seinem Denken heranreiften, sollten ihm das Leben später zum harten, ununterbrochenen Kampf werden lassen. Manche orthodoxen Juden der damaligen Zeit reagierten mit heftiger Empörung, als man Hebräisch für weltliche Zwecke verwenden wollte. In ihren Augen grenzte ein solches Vorhaben an Gotteslästerung.

1879 wurde Eliezer Perlman Student an der Sorbonne in Paris. Nachdem der Krieg zwischen Rußland und der Türkei beendet war, kämpften die Balkanländer um ihre Befreiung. Und plötzlich kam ihm folgender Gedanke: Wenn diese Völker das Recht auf Freiheit haben, warum nicht auch die Juden? Er bekam eine Vision, die sein Leben in andere Bahnen lenken und schließlich auch verzehren sollte. Er schrieb darüber:

»In jenen Tagen war mir, als habe sich der Himmel plötzlich geöffnet, und ein helles, weißes Licht strahlte vor meinen Augen, und eine mächtige innere Stimme tönte plötzlich in meinen Ohren: ›Die Wiedergeburt Israels im Lande meiner Väter!‹«

Er änderte seinen Namen von Eliezer Perlman in den hebräischen Namen Eliezer Ben Yehuda. *Yehuda* war die hebräische Übersetzung von »Leib«, dem jiddischen Namen seines Vaters. Er bedeutet auch »Juda« oder »Judäa«. »Eliezer, der Sohn Judas« war ein passender Name für den Mann, der als »der Vater des modernen Hebräisch« in die Geschichte einging. Im Jahre 1880 schrieb er dem Mädchen, das später seine Frau werden sollte:

> *»Ich bin zu dem Schluß gekommen, daß wir, um in unserem eigenen Land zu wohnen und unser eigenes politisches Leben zu entwickeln, eine eigene Sprache brauchen, die uns zusammenhält. Diese Sprache ist das Hebräische – aber nicht das Hebräisch der Rabbiner und Gelehrten. Wir brauchen eine hebräische Sprache, mit der wir im Alltag leben können. Es wird nicht leicht sein, eine Sprache wieder zum Aufleben zu bringen, die so lange Zeit tot war«* (R. St. John, *Tongue of the Prophets*, 1952, S. 40).

Die Aufgabe, vor der er stand, lag darin, eine Sprache zum Leben zu erwecken, die viele Jahrhunderte lang tot gewesen war. Diese Aufgabe sollte ihn alles kosten, aber er durfte es erleben, wie seine Vision Wirklichkeit wurde – wie General Allenbys Erklärung des Kriegsrechtes in Jerusalem auf Hebräisch gedruckt wurde, wie Hebräisch zu einer der drei offiziellen Sprachen Palästinas erklärt wurde. Ben Yehuda wollte das Hebräische in der eher melodischen sephardischen Aussprache wiederaufleben lassen, nicht in der harten aschkenasischen Aussprache. Ihm war es vergönnt, noch vor seinem Tod, den melodischen Klang des wiedergeborenen Hebräisch auf den Straßen und Marktplätzen und in den Schulen Palästinas zu hören.

Seit seiner Kindheit litt er an Tuberkulose. Von dem Augenblick an, als ihm seine Lebensaufgabe klar wurde, lebte er mit der Angst, er könnte sterben, ohne sie vollendet zu haben. Er fühlte sich, so schrieb er, wie ein Mann, »dem nur wenige Stunden Zeit zum Leben und Arbeiten blieben«.

Im Jahre 1881 wanderte Ben Yehuda nach Palästina aus. Debora Yonas, seine Verlobte, begleitete ihn, und sie heirateten unterwegs. Die beiden beschlossen, im Familienkreis nur hebräisch zu sprechen, um der jüdischen Welt zu beweisen, daß dies möglich war. Von dem Augenblick an, als sie das Schiff betraten, gelobten sie, niemals eine andere Sprache als Hebräisch zu sprechen, und ihre Kinder wuchsen später nur mit der hebräischen Sprache auf.

Ben Yehuda widmete seine ganze Zeit dem Hebräischen; er

unterrichtete Hebräisch, hielt Vorträge für den Zionismus und veröffentlichte mehrere hebräische Zeitungen, deren Auflage damals 200 Exemplare überschritt. Diese Zeitschriften waren sein Mittel, um neue hebräische Wörter einzuführen und auszuprobieren. In seinem einfachen, volkstümlichen Stil setzte er sich für die neuen Siedlungen der Pioniere ein, verteidigte den Gebrauch des Hebräischen als Umgangssprache und griff unablässig das Chalukka-System an, durch welches den Juden in Palästina Geld von Übersee zufloß. Seiner Ansicht nach behinderte dieses System nur die harte Arbeit der Neubesiedlung und der Wiedergewinnung des Landes, indem es viele Juden zu »Parasiten« machte, die von Almosen lebten. Die orthodoxen Gruppen waren empört über Ben Yehudas progressive Ansichten. Sie bewarfen sein Büro mit Steinen und erstatteten bei den türkischen Behörden Anzeige gegen ihn wegen Verrats; sie exkommunizierten ihn, ja weigerten sich, seine Frau auf dem aschkenasischen Friedhof zu beerdigen, als sie 1891 an Tuberkulose starb und fünf Kinder hinterließ.

Aber er ließ sich durch nichts einschüchtern, sondern setzte seine Arbeit fort und heiratete später Deboras Schwester Hemda. 1883 gründete er die Organisation »Tehiyyat Israel« (die Erweckung Israels) mit ihren fünf Grundsatzregeln: Bearbeitung des Bodens, Wiedereinführung des gesprochenen Hebräisch, Schaffung einer modernen hebräischen Literatur, Erziehung der Jugend in einem patriotischen und humanistischen Geist, aktiver Widerstand gegen das Chalukka-System. Die Mitglieder gelobten sich, »in Gesellschaft und in der Öffentlichkeit, auf den Straßen und Marktplätzen untereinander hebräisch zu sprechen und sich dessen nicht zu schämen«.

Tausende von neuen Wörtern waren nötig, um das Hebräische zu einer Sprache werden zu lassen, in der sich Ingenieure wie Künstler, Schafhirten und auch Chirurgen ausdrücken konnten. Für jede Erfindung und Neuerung der letzten 2000 Jahre mußte ein neuer Ausdruck gefunden werden. Ben Yehuda ging sehr sorgfältig vor. Zwei Faktoren bestimmten seine Auswahl: Die Sprache sollte »rein« bleiben und keine harten oder schrillen Laute enthalten. Sein erster Schritt bestand jeweils darin, herauszufinden, ob das Wort schon einmal in Hebräisch existiert hatte. Hunderte von Büchern mußten zu diesem Zweck durchgesehen werden. Manchmal tauchten diese »verlorenen« Wörter durch Zufall wieder auf. Wenn er den gesuchten Ausdruck nicht fand, konnte es bis zu zehn Jahre dauern, bis er selbst ein neues Wort schuf. Viele der gesuchten Ausdrücke übernahm er von einer dem Hebräischen verwandten Sprache – Arabisch, Aramäisch, Koptisch oder Äthiopisch. Bei diesen Nachforschungen arbeitete er auch in den Sprachen Englisch, Französisch, Deutsch und Russisch. Mußte er ein neues Wort erfinden, so nahm er jeweils einen hebräischen Wortstamm und wandelte diesen ab. Für das neue Wort für »Wörterbuch« nahm er zum Beispiel den hebräischen Ausdruck für »Wort« *(millah)* als Stamm und änderte ihn in *millon.* Diese neuen Wörter brachte er durch seine Zeitschriften an die Öffentlichkeit, von der sie dann entweder angenommen oder abgelehnt wurden.

Zu jener Zeit begann er auch Material für ein hebräisches Wörterbuch zu sammeln. Es wurde nach seinem Tod als maßgebendes Wörterbuch der hebräischen Sprache veröffentlicht. Heute umfaßt es 17 Bände. Schon damals erkannte er die Notwendigkeit, die Aussprache genau festzulegen, sollte die Sprache richtig gelehrt werden. 1890 gründete er einen Sprachausschuß (Va'ad ha-Lashon) als höchste Instanz bei der Einführung neuer Wörter und zur Beilegung von Meinungsverschiedenheiten.

Ein ständiges Problem für Ben Yehuda war, daß er kaum Geld hatte. Seine Familie lebte ständig an den Grenzen der Armut. Hemda reiste nach Europa, um Gelder für den ersten Band des Lexikons zu beschaffen, und hatte auch Erfolg; aber es kostete sehr viel Zeit und Mühe. Viele Jahre lang arbeiteten sie auf diese Weise: Eliezer betrieb Nachforschungen in den Bibliotheken Europas, während sich seine Frau um die nötige finanzielle Unterstützung bemühte.

Die Geschichte der Wiedergeburt der hebräischen Sprache hat aber auch ihre humorvolle Seite. Ben Yehudas Arbeitszimmer war übersät von kleinen Zetteln, oft nicht größer als eine Briefmarke, auf denen er in seiner klaren, aber winzigen Handschrift seine Notizen geschrieben hatte. Auf diesen Zetteln waren manchmal jahrelange Nachforschungen festgehalten. Niemand durfte sein Zimmer aufräumen, weil er Angst um seine Arbeit hatte. Hemdas Sorge um die Unordnung im Arbeitszimmer ihres Mannes wuchs, und als sie eines Tages eine Maus unter einem Stapel alter Bücher und Hefte herauslaufen sah, meinte sie, es sei an der Zeit, etwas zu tun.»Eliezer«, sagte sie,»wenn in deinem Arbeitszimmer nicht bald etwas geschieht, werden die Wanzen und Mäuse deine geliebte Sprache auffressen!« Mit großem Ernst erwiderte Eliezer:»Ein lebendiges hebräisches Wort ist stärker als alle Wanzen und Mäuse zusammen. Es wird um sein Leben kämpfen und alle seine Feinde überleben!« Trotzdem kaufte er einige Holztruhen, in denen er die Zettel aufbewahrte. Nichts auf der Welt hätte ihn zu diesem Luxus bewegen können als allein der Gedanke, die hebräische Sprache könnte aufgefressen werden.

Eines Tages mußte einer seiner Freunde betrübt miterleben, wie er eine dieser bis zum Rand mit kleinen Zetteln gefüllten Truhen mit einer brennenden Öllampe in der Hand durchwühlte. »So gehst du mit dem Schatz der hebräischen Sprache um?« fragte er ihn.»Damit könntest du ein Feuer verursachen, das nicht nur dein Haus niederbrennt, sondern die hebräische Sprache in Flammen aufgehen läßt!«

Bei einer anderen Gelegenheit hatte er einen jener kleinen Zettel, auf dem ein neues Wort vermerkt worden war, verloren. Der Zettel hatte ihn Jahre von Arbeit gekostet. Das ganze Haus wurde auf den Kopf gestellt, um das vermißte Wort zu finden – vergeblich. Später kam es dann von selbst wieder zum Vorschein – in Eliezers Hosenaufschlag ... Keine andere Sprache hat jemals bei ihrer Wiedergeburt an solch einem dünnen seidenen Faden gehangen. Letztlich hing das neue Hebräisch vom Leben eines einzelnen Mannes und seiner Familie ab.

Eines Tages kam eine Gruppe jüdischer Frauen zu Hemda. Sie wollten in Jerusalem ein Konzert geben und dies auf Hebräisch ankündigen. Wie hieß »Konzert« auf Hebräisch? Nicht lange zuvor hatte Eliezer das hebräische Wort *tizmoret* gefunden und in seine Zeitschrift eingeführt. Unglücklicherweise hatte aber eine Konkurrenzgruppe den Ausdruck aufgefangen und damit für ihr

eigenes Konzert geworben. Eliezer schloß sich in sein Arbeitszimmer ein und entdeckte in der klassischen hebräischen Literatur ein anderes Wort für »Konzert«: *mangina*. Und so gibt es
heute im Hebräischen zwei Ausdrücke für »Konzert«!

Ein anderes Mal bot ein reicher englischer Jude einen dicken
Scheck, falls Eliezer einen passenden Ausdruck für »Sport«
zurücktelegraphieren würde. Ben Yehuda aber ließ sich Zeit.
Erst einige Jahre später führte er das Wort *mil'ab* ein, das von
der arabischen Wurzel von »spielen« abgeleitet ist. In Ben Yehudas Familie wurde es als das teuerste Wort der hebräischen
Sprache bekannt. (Heute ist es nicht mehr gebräuchlich.)

Einen letzten Kampf hieß es noch auszufechten. Im Jahre 1913
wurde von wohlhabenden deutschen Juden das Technikum
(heute Technicon) in Haifa finanziert. Es sickerte durch, daß der
Unterricht auf Deutsch erteilt werden sollte. Dagegen kämpfte
Ben Yehuda in vorderster Front. Sein lebenslanger Kampf hatte
ihn gelehrt, daß »eine Nation ihre Sprache ist. Sie lebt in ihrer
Sprache nicht weniger als in ihrem Schweiß und Blut.« Einige
Lehrer verließen ihre Klassenzimmer, um ihn zu unterstützen.
Konkurrenzschulen wurden eingerichtet. Endlich aber wurde
Frieden geschlossen, und der Kampf um die Sprache war damit
endgültig gewonnen. Von diesem Zeitpunkt an war es klar, daß
das jüdische Volk nicht Französisch, Deutsch, Englisch oder
Jiddisch sprechen würde, sondern Hebräisch.

Obwohl Eliezer Ben Yehudas ganzer Lebensinhalt in der
hebräischen Sprache lag, war er als Zionist nicht engstirnig. In
seinem zweiten Aufruf (etwa 1897) erklärte er:

>*Dies muß eine Bewegung aller Juden sein, ob sie nun dem*
>*orthodoxen Glauben anhängen, sich ›angepaßt‹ oder gar zum*
>*Christentum bekehrt haben.«*

Gegen Ende seines Lebens änderte er den Leitspruch an der
Wand seines Arbeitszimmers. Früher hieß es dort:»Der Tag ist
kurz und die Arbeit so groß.« Jetzt änderte er es ab in »Der Tag
ist lang; meine Arbeit ist gesegnet«. Er hatte einen langen Weg
hinter sich. Dank der Vision und den Mühen dieses einen Man-

nes – eines unheilbar kranken und von allen Seiten angegriffenen Mannes – sprachen, schrieben und lasen die Juden jetzt in ihrer eigenen, wiedererstandenen Sprache. Es gab eine hebräische Presse, und die hebräische Literatur war im Kommen. Die Volkszählung 1916 ergab, daß 40 Prozent der jüdischen Bevölkerung in Palästina Hebräisch als Muttersprache hatten.

Dann kam der Höhepunkt in Ben Yehudas Leben. Er saß in der Synagoge, und die Tränen rollten ihm übers Gesicht, als die offizielle Erklärung über das Ende der längsten jüdischen Verbannung verlesen wurde, und zwar in jener melodischen hebräischen Sprache, für die er bis zum Sieg gekämpft hatte.

1922 starb er, und es wurde eine dreitägige Nationaltrauer angeordnet. 30 000 Menschen folgten dem Sarg zu seiner letzten Ruhestätte auf dem Ölberg.

1948 wurde Hebräisch zur offiziellen Sprache des Staates Israel erklärt. Seither haben israelische Gelehrte das Werk Ben Yehudas fortgesetzt. Einerseits sind sie viel vorsichtiger, was die Schaffung neuer Wörter betrifft, andererseits toleranter, was die Übernahme von Fremdwörtern angeht (besonders solcher, die international verbreitet sind). Einige von Ben Yehuda eingeführten Ausdrücken sind heute in Vergessenheit geraten, aber im ganzen hat seine Arbeit das Fundament für die Sprache gelegt. Die Tatsache, daß diese Sprache heute sowohl im Sport als auch in der Kernphysik gebraucht wird, haben wir zuerst Gott, dann aber vor allem einem einzelnen Mann zu verdanken: Eliezer Ben Yehuda. Ich sage bewußt »zuerst Gott«, denn meiner Ansicht nach gibt es keine andere Erklärung für das Wunder der Neuschaffung der hebräischen Sprache, als daß Gott selbst hinter dieser Arbeit stand. In der ganzen Menschheitsgeschichte gibt es keine Parallele zu diesem Aspekt der Einzigartigkeit des Volkes Israel.

6. Zion, nach der niemand fragt

Du wirst dich erheben, dich Zions erbarmen ... die Stunde ist da.
Denn deine Knechte lieben Zions Steine, und es jammert sie ihres
Schutts. Dann werden die Heiden den Namen des Herrn fürch-
ten ... (Ps 102,14–15 – Zü.).

Stehen diese Worte des Psalmisten in direktem Bezug zum
Wiederaufbau des jüdischen Volkes in seinem eigenen Land,
oder haben sie nur eine geistliche Bedeutung? Was ist mit »Zion«
eigentlich gemeint?

Der Name »Zion« kommt in der Bibel recht häufig vor, und
schon bei einer oberflächlichen Betrachtung erkennt der Leser,
daß er eine tiefe Bedeutung hat. Wir lesen vom »Berg Zion«, von
der »Burg Zions«, von »Zion, der Stadt des großen Königs«, von
den »Einwohnern Zions«, von der »Tochter Zion«, von den
»Kindern Zions«. Wir erfahren, daß der Herr die »Tore Zions
liebt«, daß er »Zion gründet«, daß er es »meinen heiligen Berg
Zion« nennt, daß er »Zion erwählt« hat, daß er »in Zion wohnt«,
daß er »groß ist zu Zion«, daß er »kämpft um Zion«, daß er
»eifert um Zion«, daß er »aus Zion brüllen wird«, daß »aus Zion
bricht an der schöne Glanz Gottes«. Es steht geschrieben:
»Denen zu Zion wird ein Erlöser kommen«, er wird »Zion
bekehren«, er wird »Zion bauen«, er will »Zion trösten«, er wird
»das Zepter deines Reiches senden aus Zion«, und »die Befreiten
des Herrn werden heimkehren und nach Zion kommen mit
Jauchzen, ewige Freude über ihrem Haupte ...« (Jes 51,11 –
Zü.).

Um den tiefen Sinn des Wortes »Zion« zu erfassen, kann eine
Gliederung seiner Bedeutungen eine Hilfe sein. Wir finden vier
Bedeutungen: Einmal wird der Ausdruck für den Berg Zion
verwendet, wie zum Beispiel in Psalm 78,68:

[Er] erwählte den Stamm Juda, den Berg Zion, den er liebhat
(Zü.).

Jerusalem liegt auf den Bergen Zion, Ophel und Morija. Gott erwählte sie gerade deshalb, weil sie nicht so hoch wie die umliegenden Berge waren. Er wollte nicht, daß sein Volk »Höhen« hatte wie die anderen Völker. Einige der heutigen Archäologen, so zum Beispiel Professor Mazar von der Hebräischen Universität in Jerusalem, sind der Überzeugung, daß »Zion« anfangs ein anderer Name für die beiden Berge Ophel und Morija war und daß der Name erst später dem im Südwesten der Altstadt Jerusalems liegenden Hügel gegeben wurde.

Zum zweiten verstand man unter dem Wort »Zion« die Stadt Jerusalem und im weitesten Sinn das ganze Volk, dessen Hauptstadt Jerusalem war. Als Beispiele seien hier erwähnt: 2. Samuel 5,7:

> *Aber David nahm die Burg Zion ein; das ist die Davidsstadt* (Zü.).

Psalm 48,2–3:

> *Groß ist der Herr und hoch zu rühmen in der Stadt unseres Gottes, auf seinem heiligen Berge. Schön ragt empor der Berg Zion, daran sich freut die ganze Welt, der Gottesberg fern im Norden, die Stadt des großen Königs* (Lu.).

Jesaja 60,14:

> *... und (werden) dich nennen »Stadt des Herrn«, »Zion des Heiligen Israels«* (Zü.).

Drittens ist »Zion« ein Symbol des jüdischen Volkes und seiner Sehnsucht nach Rückkehr in sein Land, nach nationaler Befreiung, Unabhängigkeit und Erfüllung, wie zum Beispiel in Psalm 137,1–6:

> *An den Strömen Babels, da saßen wir und weinten, wenn wir Zions gedachten: an die Weiden im Lande hängten wir unsre Harfen. Denn dort hießen uns singen, die uns hinweggeführt, hießen uns fröhlich sein unsre Peiniger: »Singt uns eines von den Zionsliedern!« Wie könnten wir des Herrn Lied singen auf*

fremder Erde? Vergesse ich deiner, Jerusalem, so müsse meine Rechte verdorren! Die Zunge müsse mir am Gaumen kleben, wenn ich dein nicht gedenke, wenn ich nicht Jerusalem setze über meine höchste Freude! (Zü.).

Oder Jeremia 30,17:

Aber dich will ich wieder gesund machen und deine Wunden heilen, spricht der Herr, weil man dich nennt: »*die Verstoßene*« *und:* »*Zion, nach der niemand fragt*« (Lu.).

Oder Jeremia 50,4–5:

In jenen Tagen und zu jener Zeit, spricht der Herr, werden die Söhne Israels heimkehren und die Söhne Judas mit ihnen; weinend werden sie wandern und den Herrn, ihren Gott, suchen. Nach Zion werden sie fragen, hierher ihr Antlitz gewendet; sie werden kommen und dem Herrn anhangen in einem ewigen Bunde, der nimmer vergessen wird (Zü.).

Viertens steht »Zion« für jene ewige und geistliche Wirklichkeit, die Gott von Anfang an gesucht hat. Dies ist im Grunde die wichtigste Bedeutung. In Psalm 50,1–2 steht zum Beispiel:

Der Gott der Götter, der Herr, redet und ruft der Erde vom Aufgang der Sonne bis zu ihrem Niedergang. Vom Zion her, der Krone der Schönheit, strahlt Gott auf (Zü.).

Ich glaube nicht, daß man von dem Zion dieser Welt jemals als der »Krone der Schönheit« hat sprechen können. Hier ist von einer Wirklichkeit die Rede, von der das irdische Zion und Jerusalem nur ein Abglanz, ein Symbol sind. In diese vierte Kategorie gehört auch Jesaja 35,10:

Und die Befreiten des Herrn werden heimkehren und nach Zion kommen mit Jauchzen, ewige Freude über ihrem Haupte, Freude und Wonne wird bei ihnen einkehren, und Leid und Seufzen werden fliehen (Zü.).

und Hebräer 12,22:

... sondern ihr seid gekommen zu dem Berg Zion und zu der Stadt des lebendigen Gottes, dem himmlischen Jerusalem, und zu Zehntausenden von Engeln ... (Zü.).

In der Parallelstelle Hebräer 13,14 lesen wir:

104

Denn wir haben hier keine bleibende Stadt, sondern wir suchen die zukünftige (Zü.).

Alle Wiedergeborenen sind Einwohner von Gottes Zion. Sie gehören einer göttlichen und unüberwindlichen Bewegung für die Befreiung der Welt an, in der der Geist Gottes nicht eher zur Ruhe kommen wird, bis die Zeit für die Wiederherstellung aller Dinge angebrochen ist und das Land »voll ist von der Erkenntnis des Herrn wie von Wassern, die das Meer bedecken« (Jes 11,9).

In diesem Kapitel möchte ich nun näher auf die dritte Bedeutung des Wortes »Zion« eingehen und dabei eine Frage aufwerfen, die vielen auf der Zunge brennt: Läßt sich die Auffassung, daß Gott selbst hinter dem Zionismus, der politischen Bewegung für die nationale Befreiung und die Selbstverwirklichung des jüdischen Volkes, steht, von der Bibel her belegen? Dies ist der Kern der Kontroverse über Israel. Es wird von vielen sehr in Frage gestellt, ob das Wort Gottes etwas mit einer politischen Bewegung zu tun haben kann, die von vielen überzeugten Agnostikern angeführt wurde. Ich wage aber dies zu behaupten. Wenn Gott bei der Gründung des Staates Israel seine Hand im Spiel hatte und wenn es sein prophetisches Wort ist, das in Erfüllung ging und noch geht, dann müssen auch die menschlichen Mittel und Werkzeuge von ihm mit eingeplant gewesen sein.

In Jesaja 66,7–8 heißt es:

Noch ehe die Frau ihre Wehen bekommt, hat sie schon geboren: ehe die Wehen über sie kamen, brachte sie einen Knaben zur Welt. Wer hat so etwas je gehört, wer hat je dergleichen gesehen? Wird ein Land an einem einzigen Tag geboren, kommt ein Volk auf einmal zur Welt? Doch Zion, kaum in den Wehen, hat schon ihre Kinder geboren (Einh.).

Von wem ist hier die Rede? Ich bin sicher, daß sich dieser Text auf »das himmlische Jerusalem ... unsere Mutter« (Gal 4,26 – Einh.) bezieht. Alle, die von oben geboren und durch das Blut des geschlachteten Lammes erlöst sind, wurden durch Gottes Gnade »ein auserwähltes Geschlecht, ein heiliges Volk«.

Aber auch diese Verheißung hat sich noch in einem anderen,

wörtlicheren Sinn erfüllt. Hier ist die Rede von einem Land, das an einem einzigen Tag zur Welt kam, von einer Nation, die auf einen Schlag geboren wurde. Ich glaube, daß diese Worte am 14. Mai 1948 in Erfüllung gingen, als der jüdische Staat neu gegründet wurde. An diesem Tag wurde das Land Israel geboren, kam die Nation Israel zur Welt. Ich teile nicht die Ansicht mancher Bibelausleger, daß Jesaja hier von der geistlichen Wiedergeburt des jüdischen Volkes spricht. Zu diesem Thema gibt es genügend andere Schriftstellen. Nein, diese Verheißung bezieht sich auf das Land und die Nation.

Weiter heißt es in diesem Text:»Doch Zion, kaum in den Wehen, hat schon ihre Kinder geboren.« Die jüdische Verbannung hatte 1900 Jahre angedauert – 1900 Jahre voll Heimweh und Angst. Und doch wurde das Land während dieser Zeit nicht zurückgewonnen und die nationale Unabhängigkeit nicht zurückerobert. Erst im Jahre 1897 kam die Bewegung des Zionismus auf mit dem Ziel des nationalen Wiederaufbaus und der Wiederherstellung Israels. Es folgten die 50 stürmischen Jahre der Verbannungszeit, in denen das größte Blutbad der ganzen jüdischen Geschichte stattfand. Der Zionismus geriet nie ins Wanken, sondern bewegte sich auch in den kritischsten Jahren stetig auf das Ziel zu. Es waren angstvolle Wehen, aber die Geburt kam bald.»Doch Zion, kaum in den Wehen, hat schon ihre Kinder geboren.« Am 14. Mai 1948 geschah das Wunder: An diesem Tag wurde die Nation neu gegründet und die Unabhängigkeit zurückerlangt.

Hoffnung und Hoffnungslosigkeit waren die beiden Hauptwurzeln des Zionismus. In all den Jahren der Verbannung hatte das zerstreute jüdische Volk niemals aufgehört, sich nach der Heimat zurückzusehnen. In seinen Vorstellungen nahm das Land Zion neue Dimensionen an, die sich in seiner Folklore wiederspiegelten. Zions Früchte schmeckten besser, der Wein war süßer, der Himmel hatte ein klareres Blau, und der Regen war erfrischender. Die Juden träumten in ihren Liedern niemals von Mitteleuropa, Rußland oder der sibirischen Steppe. Sie träumten und sangen von Zion. Zion war der Brennpunkt ihrer Hoffnungen und Sehnsüchte auf bessere Zeiten. Auch nachdem Jahrhunderte vergangen waren, trauerte das jüdische Volk um das verlorene Zion. Es trauerte so, wie einst die Juden in Babylon trauerten (man lese noch einmal Ps 137,1–6).

In den Augen mancher Menschen mag dieser Psalm nur ein interessantes Dokument der Vergangenheit sein, ein Gedicht, in welchem die Sorge und Sehnsucht des Gottesvolkes während der babylonischen Gefangenschaft zum Ausdruck kommt. Wenn das wirklich alles ist, fragt man sich zu Recht, welchen geistlichen Wert denn dieser Psalm dann für uns heute noch hat. Wenn wir aber hinter diesen Worten die echten Wehen all derer erkennen, die Gott kennen und lieben, Wehen bis zur Erfüllung und Verwirklichung seines Planes, Wehen in Zeiten der Abkehr von Gott, dann öffnen sich uns die Augen für den bleibenden Wert dieses Psalmes.

Es gibt jedoch noch einen dritten Weg, diesen Psalm zu verstehen, birgt er doch in sich die ganze Angst, das Gefühl, das Ziel verfehlt zu haben, die Hoffnungen und Sehnsüchte eines Volkes, das das Zentrum und die Bedeutung seiner Existenz verwirkt hat. Aus solchen Sehnsüchten und Ängsten heraus wurde der Zionismus geboren. Gott hat im Herzen des jüdischen Volkes ein Bewußtsein wachgehalten, das in seinem Überlebenskampf eine bedeutende Rolle spielen sollte. Es war das Bewußtsein der Einheit seiner Nation, auch wenn es in tausend Teile über die ganze Welt verstreut war, und das Wissen darum, daß Gott es eines Tages nach Zion zurückbringen würde. Die Juden weigerten sich, Jerusalem zu vergessen, sie weigerten sich, den Traum vom wiedergewonnenen Zion aufzugeben, und dies führte schließlich zur Entstehung des Zionismus.

Dieses tiefe, geheimnisvolle und schmerzhafte Bewußtsein im Herzen des jüdischen Volkes führte dazu, daß Zion zum Gegenstand der Folklore, der Zeremonien und Liturgien des verbannten Volkes wurde. Jeder Aspekt des Lebens, von der Geburt bis zur Hochzeit, von der Hochzeit bis zum Tod, wurde im Schatten Zions erlebt, im Schatten dieses schweren Verlustes und der endlichen Wiederherstellung. Die Gebete endeten immer mit einer Bitte um die Rückkehr nach Jerusalem und nach Israel. Eines dieser Gebete ist das Amida-(»stehende«)Gebet, das dreimal täglich im Stehen gesprochen wird, das Gesicht nach Jerusalem gewandt. Das Gebet endet folgendermaßen:

»Blase das große Horn für unsere Freiheit; hebe die Fahne hoch, um die Verbannten zu sammeln. Sammle uns von den vier Enden der Erde ... und nach Jerusalem, deiner Stadt; kehre wieder in Barmherzigkeit wie du verheißen. Baue es bald wieder auf in unseren Tagen als ein ewiges Bauwerk ...«

Am Ende der großen Feste wurde immer in irgendeiner Form der Trauer um den Verlust Zions und der Hoffnung auf seine Wiederherstellung Ausdruck gegeben. Im Amida-Gebet der Wallfahrt-Feste heißt es zum Beispiel:

»Bringe unsere Zerstreuten unter den Völkern zu dir, sammle die Verbannten von den Enden der Erde. Führe uns mit Frohlocken nach Zion, deiner Stadt, und nach Jerusalem, dem Ort deines Heiligtums, mit ewiger Freude.«

Das Passahfest und der Tag der Versöhnung endeten jeweils mit den wohlbekannten Worten:»Nächstes Jahr in Jerusalem!«

Um den Verlust Zions im Bewußtsein des Volkes wachzuhalten, hatten die Rabbis eine Anzahl von Regeln aufgestellt, die von den frommen Juden während des ganzen zweiten Exils eingehalten wurden. Zum Beispiel durfte eine Braut keine goldenen oder silbernen Verzierungen auf ihrem Brautkleid anbringen; Instrumentalmusik war bis auf wenige Ausnahmen verboten. Wenn ein Haus gebaut wurde, ließ man einen kleinen Teil in der Nähe des Eingangs unvollendet. Auf diese Weise prägte man den Verlust Zions in das kollektive und individuelle Bewußtsein des Volkes ein. Sei es im Gebetbuch, in der rabbinischen Literatur, im kabbalistischen Mystizismus oder in den chassidischen Volkssagen, Zion und das Gelobte Land blieben der Mittelpunkt aller sehnsüchtigen Erwartungen. Es spielte dabei keine Rolle, ob die Juden in Rußland, Spanien, Nordafrika, Indien oder Europa lebten; das Heimweh nach Zion verband sie alle miteinander. Das Wissen um den Verlust des Zentrums ihrer Existenz machte vor keiner Grenze halt. Es führte zu anhaltenden Nachforschungen über die Ursachen, die Bedeutung und den Zweck der Verbannungszeit. Es beugte die Schultern der Juden, es brachte Zittern und Trauern in ihre Liturgie, ihr Gebet, ihr Lied. Sie betrachteten den Haß und den Fanatismus, den man ihnen entgegenbrachte, die Armut und Unsicherheit, die ihnen auf Schritt und Tritt folgten, als Teil des Gerichtes Gottes über sie, das sie ohne Auflehnung zu tragen hatten. Bis zum Zeitalter des Chassidismus waren sie ein Volk in Trauer. In vieler Hinsicht wirkten die Juden deshalb wenig anziehend. Sie waren wie ein Heim ohne Mutter, wie eine Geige mit nur einer einzigen Saite, wie ein Vogel mit gebrochenen Flügeln. Es war, als habe der Verlust Zions sie ihrer Männlichkeit beraubt und ein ganzes Volk in lauter Schatten verwandelt.

Aber es war die Hoffnung auf ein wiederhergestelltes Zion, die sie während der langen Trauerjahre am Leben erhielt. Kein anderes Volk hat wie es ständige Angriffe auf seine Existenz überlebt. Im frühen Mittelalter wurden die Juden als »Christusmörder« oder »Brunnenvergifter« verfolgt, später als Parasiten, Ausbeuter und verhaßte Geldverleiher, im 20. Jahrhundert als »Wurzel aller Übel Europas« und »Gift der europäischen Gesellschaft«.

Die Kreuzfahrer sind manchem Christen nur wegen ihrer Ritterlichkeit, ihres Glaubenseifers und ihrer guten und barmherzigen Werke bekannt. In der Erinnerung der Juden hinterließen sie jedoch unheilbare Wunden. Wo immer die Kreuzfahrer hinkamen, von der Rheinebene bis zum Gelobten Land, tränkten sie den Boden mit jüdischem Blut. Sie machten die Mutter mit ihrem Kind auf dem Arm nieder. In Jerusalem schlossen sie die Juden, alt und jung, in die große Synagoge ein und verbrannten sie bei lebendigem Leibe. Dies alles geschah »im Namen Christi und unter dem Zeichen des Kreuzes«. Die Tatsachen sprechen für sich selbst.

Um 1100 n. Chr., als die Kreuzfahrer in das Heilige Land einzogen, lebten dort ca. 300 000 Juden. Sie hatten Jahrhunderte römischer, byzantinischer und arabischer Herrschaft überlebt. Mit der Herrschaft der Kreuzfahrer kam es jedoch zu einer tragischen Wende. Als Benjamin von Tuleda, ein spanischer

Jude, 1169 n.Chr. das Heilige Land besuchte, waren nur noch ca. 1000 jüdische Familien am Leben. In weniger als zwei Jahrhunderten sogenannter christlicher Herrschaft war es durch systematische Ausrottungsaktionen zur Vernichtung des größten Teiles der jüdischen Bevölkerung gekommen.

Das Zeitalter der Inquisition war nicht besser. Den meisten Christen ist bekannt, daß während der Inquisition viele treue Gläubige gefoltert und verbrannt wurden von dämonenbesessenen Menschen, die überzeugt waren, damit etwas für das Seelenheil ihrer Opfer zu tun. Was viele Christen nicht wissen, ist, daß im Zuge der Inquisition auch Hunderttausende von Juden getötet wurden – »im Namen Christi und unter dem Zeichen des Kreuzes«. Eine ganze Schicht einflußreicher, gelehrter Juden wurde zerstört. Die große spanische und portugiesische Judenheit erholte sich gar nicht mehr von diesem Schlag, andere nur teilweise.

In der zweiten Hälfte des letzten und am Anfang dieses Jahrhunderts war das jüdische Volk einer neuen Verfolgungswelle ausgesetzt, die aus mehreren sogenannten »Pogromen« bestand. *Pogrom* ist ein russisches Wort und bedeutet »Zerstörung« oder »Verwüstung«. Es war die Bezeichnung für Angriffe auf jüdische Gruppen in Rußland und der Ukraine, in Polen, Rumänien und einigen anderen Ländern Osteuropas. Kaum jemand bezweifelt, daß – vor allem in Rußland – die Regierungen hinter diesen Pogromen standen. Sie meinten zynisch, daß diese dazu beitragen könnten, die Judenfrage aus der Welt zu schaffen. Ihrer Ansicht nach waren die unglücklichen Judenmassen die Urheber vieler revolutionärer Unruhen, und deshalb mußte man harte Maßnahmen gegen sie ergreifen.

Die Pogrome waren plötzlich und heftig. Oft fanden sie an Weihnachten oder Ostern statt. Anfangs schlug man die Leute auf brutalste Weise und zerstörte ihr Hab und Gut. Dann kam es zu Morden und Blutbädern. Ich persönlich glaube nicht, daß echte, wiedergeborene Christen an diesen Pogromen beteiligt gewesen sind, aber nichtsdestoweniger richteten sie sich »im Namen Christi und unter dem Zeichen des Kreuzes« gegen die sogenannten »Christusmörder«.

An dieser Stelle möchte ich auf eine Tatsache aufmerksam machen, die von der Christenheit leicht übersehen wird, ihr aber sehr zur Schande gereicht: Der Islam hat die Juden nicht im gleichen Ausmaß verfolgt wie das Christentum. Es gibt kein islamisches Gegenstück zur Inquisition oder zum Holocaust, obwohl manche arabische Drohungen in den letzten 50 Jahren darauf schließen lassen, daß die Araber zu denselben Gewaltmaßnahmen gegriffen hätten, wenn sie einen der vier Kriege gegen Israel gewonnen hätten. Andererseits wäre es falsch, zu behaupten, vor der Gründung des Staates Israel seien die Juden nicht vom Islam verfolgt worden. Anfangs hatten sowohl die Juden als auch die Christen sehr unter dem Islam zu leiden. Der Islam verbreitete sich oft durch das Schwert und nicht durch das Wort, besonders in Arabien und Persien. Als er im 7. Jahrhundert Persien eroberte, flohen die Juden in Scharen nach Rußland und Osteuropa, um nicht gewaltsam zum Islam»bekehrt« zu werden. Es gibt eine ganze Anzahl von Tatsachenberichten über Judenmassaker in islamischen Ländern während der letzten 1000 Jahre. Christliche Minderheiten hatten in ähnlicher Weise zu leiden.

Die islamische Verfolgung der Juden reicht aber nicht an die Ausmaße und Brutalität der Verfolgung durch»Christen« heran. Die verfolgten Juden brachten sich sogar oft in islamischen Ländern in Sicherheit vor den Christen. Juden hatten in der arabischen Welt oft Zutritt zu den höchsten Positionen. Sie waren Ärzte oder Berater der Kalifen und Sultane und hatten leitende Stellungen in Handel und Wirtschaft inne. Jüdische Gelehrte leisteten einen hohen Beitrag zum arabischen Leben und Gedankengut. Die Verfolgung durch den Islam war im ganzen mehr»moralisch« als physisch. Bis zum Ersten Weltkrieg bestand sie vor allem in Einschränkungen aller Art, Sonderregelungen und -steuern, die den Juden das Leben in diesen Ländern erschwerten. Inzwischen ist der Islam natürlich zum unerbittlichen Feind des jüdischen Volkes geworden.

Während dieser langen Jahre der Verfolgung gaben die Juden aber nie die Hoffnung auf, eines Tages in das Land ihrer Väter zurückzukehren. Im Gegenteil! Diese Hoffnung brannte in der heftigsten Verfolgungszeit am stärksten. Der Schmerz um die Auflösung des Staates und das verlorene Land fing erst im 19. Jahrhundert an, in den Hintergrund zu treten, aber auch nur in Mittel- und Westeuropa, nicht jedoch unter den ärmeren Juden in Rußland, Osteuropa und dem Orient. Andererseits waren viele Juden der mittleren und gehobenen Gesellschaftsschicht der modernen und liberalen Auffassung, die rassistischen und religiösen Vorurteile würden im Zeitalter der Aufklärung langsam verschwinden. Sie setzten ihre Hoffnung nicht auf den jüdischen Nationalismus oder eine tatsächliche Rückkehr nach Zion, sondern auf ihren Beitrag zum Leben der Völker, unter welchen sie lebten. Sie glaubten, daß das neue Zeitalter der Aufklärung mit seinen Grundsätzen von »Freiheit, Gleichheit, Brüderlichkeit« aller Diskriminierung ein Ende bereiten würde und daß sie dann ihren Platz im nationalen Leben einnehmen könnten.

Eine neue Art von Jude trat in Erscheinung: der »assimilierte« Jude. Er war in jeder Hinsicht Bürger des Landes, in dem er geboren war. Er fühlte sich dem Judentum nur lose verbunden, und seine diesbezüglichen Ansichten waren liberal und progressiv. Sein einziges Ziel bestand darin, seiner neuen Heimat zu dienen. Er kannte kein anderes Zion.

Während dieser Zeit geschah es, daß ein gewisser deutscher Rabbi polnischer Herkunft, Zwi Hirsch Kalischer (1795–1874), Vorsteher einer stattlichen aschkenasischen Gemeinde in Ostpreußen, die Entrüstung der orthodoxen Juden hervorrief durch die Behauptung, daß sich die Erlösung des jüdischen Volkes in zwei Etappen vollziehen würde. Die erste Etappe wäre seine »natürliche« Erlösung, die in der Rückkehr in das Gelobte Land und seinem wirtschaftlichen Wiederaufbau bestand. Die zweite Etappe sei eine übernatürliche. Ein anderer Rabbi namens Juda Alkalai (1798–1878), Leiter einer sephardischen Gemeinde in Semlin bei Belgrad, vertrat ähnliche Ansichten. Diese beiden Rabbis verfaßten eine Anzahl von Büchern und Schriften und stützten sich dabei auf die Heilige Schrift, den Talmud und andere Überlieferungen. Beide waren in den Kreisen der orthodoxen Juden als Verbreiter »ketzerischer« Lehren verschrien.

Ein ganz anderer, aber durch die Schriften von Rabbi Kalischer tief geprägter Mann war Moses Hess (1812–1875). Wahrscheinlich war er der erste assimilierte Jude, der sich dem Zionismus zuwandte. Er wurde als Kind orthodoxer jüdischer Eltern in Bonn geboren und im orthodoxen Glauben erzogen. Als junger Mann wandte er sich enttäuscht vom Judentum ab und wurde ein idealistisch gesinnter Sozialist. Er war der Auffassung, die Juden hätten ihren Auftrag in der Geschichte erfüllt und sollten sich nun den anderen Völkern anschließen im »Marsch der Menschheit in die Zukunft«. Er fühlte sich zuallererst und vor allem als Deutscher. In jenen Jahren übte er einen gewissen Einfluß auf Karl Marx und Friedrich Engels aus. 1857 fing er an, die Schriften von Rabbi Kalischer zu lesen, die ihn veranlaßten, sich intensiv mit der jüdischen Geschichte zu befassen. Fünf Jahre später schrieb er in seinem Buch *Rom und Jerusalem*:

> *»Da steh' ich wieder nach einer 20jährigen Entfremdung in der Mitte meines Volkes und nehme Anteil an seinen Freuden- und Trauerfesten, an seinen Erinnerungen und Hoffnungen ... Ein Gedanke, den ich für immer in der Brust erstickt zu haben glaubte, steht wieder lebendig vor mir: der Gedanke an meine Nationalität, unzertrennlich vom Erbteil meiner Väter, dem heiligen Lande und der ewigen Stadt ... Seit Jahren schon pochte dieser lebendig Begrabene in der verschlossenen Brust und verlangte einen Ausweg. Doch mir fehlte die Schwungkraft zum Übergange aus einer dem Judentum scheinbar so fern liegenden Bahn, wie die meinige war, zu jener neuen, die mir in nebelhafter Ferne und nur in allgemeinen Umrissen vorschwebte«* (Rom und Jerusalem, S. 12).

Ungefähr 40 Jahre später würde Theodor Herzl von diesem Buch gefesselt werden, obwohl es in den ersten Jahren nach seinem Erscheinen kaum Aufmerksamkeit erregte.

Die beiden Rabbis und Moses Hess stehen stellvertretend für die beiden Hauptströmungen des jüdischen Lebens im 19. Jahrhundert, aus denen die ersten Zionisten hervorgingen. Die beiden Rabbis vertreten die traditionelle und orthodoxe Strömung und Moses Hess die assimilierte und agnostische Richtung.

Alle drei lebten zu einer Zeit, in der Europa glaubte, die

Völker würden nun den Kriegen ein Ende setzen, würden Frieden und Einheit schaffen und endlich ihre Vorurteile gegen bestimmte Rassen, Völker und Religionen abbauen. Noch sahen sie nicht die Notwendigkeit der Wiederherstellung der jüdischen Nation als einzige Überlebenschance dieses Volkes – dies war erst später zu erkennen –, sondern betrachteten sie vielmehr als rechtmäßigen Ausdruck des jüdischen Nationalismus und Idealismus.

Als jedoch nach einer Zeit der Mäßigung und liberalen Reformen unter Zar Alexander II. in Rußland und Osteuropa die Pogrome losbrachen und auch in Österreich und Frankreich der Antisemitismus neu aufflackerte, kam es rasch zur Ernüchterung, und die Zeit für die Geburt des Zionismus war da. Der russische Schriftsteller Lev Levanda (1835–1888) zählte damals zu den führenden Persönlichkeiten unter den jüdischen Intellektuellen Rußlands und war ein einflußreicher Vertreter der Haskala- und Assimilationsbewegung. Im Anschluß an mehrere Pogrome schrieb er 1882 in der russisch-jüdischen Zeitschrift *Rassewet* (Tagesanbruch):

> *»Wenn ich daran denke, was man uns angetan hat, wie man uns lehrte, Rußland und seine Sprache zu lieben, wie man uns lockte, alles, was russisch ist, in unser Heim einzuführen ... und wie man uns jetzt ablehnt und verfolgt ... dann überkommt mich eine Verzweiflung, aus der es kein Entrinnen gibt«* (Howard M. Sachar, A History of Israel, 1976, S. 13).

Ein anderer russischer Jude, Moses Lilienblum (1843–1910), ein bekannter Humanist, Kritiker und politischer Journalist und ebenfalls eine führende Persönlichkeit der Haskala-Bewegung, schrieb zur selben Zeit, nachdem er sich während eines Pogroms tagelang im Keller versteckt hatte: »Alle früheren Ideale zerbrachen in einem einzigen Augenblick. Es gibt für uns keine Heimat – weder in diesem noch in sonst einem heidnischen Land« (ebd., S.13).

Leo Pinsker (1821–1891), ein berühmter Arzt und Schriftsteller und führend in der Haskala-Bewegung, faßte 1882 den Ausbruch von Verzweiflung in den folgenden Worten zusammen:

»Den Lebenden ist der moderne Jude ein toter Mann, den Einheimischen ist er ein Fremder, den Niedergelassenen ein Vagabund, den Reichen ein Bettler, den Armen ein Millionär und Ausbeuter, den Städtern ein Heimatloser und allen Gesellschaftsschichten ein verhaßter Rivale.«

Neben vielen anderen jüdischen Intellektuellen fing auch Pinsker zu jener Zeit an, in seinen Schriften auf die Notwendigkeit hinzuweisen, daß das jüdische Volk wieder eine eigene Nation wird:

> *»Das jüdische Volk hat kein eigenes Vaterland, keinen gemeinsamen Schwerpunkt, keine eigene Regierung, keine offiziellen Vertreter ... Ein Volk ohne Land ist ebenso unnatürlich wie ein Mensch ohne Schatten«* (ebd., S. 15).

Er sah die Juden als eine Art Phantomvolk, das alle Merkmale einer Nation besaß, aber keine nationale Unabhängigkeit und kein eigenes Land. Damit waren die Juden ein für allemal als Fremde und Ausländer abgestempelt. Die Hoffnung auf eine Assimilierung mußte aufgegeben werden, weil die Mehrheit der Heiden sie nicht wünschte.

Es war, als ob die jüdischen Intellektuellen zum ersten Mal begriffen, daß zwischen Antisemitismus und Bildung oder Fortschritt kaum ein Zusammenhang bestand. Leo Pinsker stellte eindeutig fest:

> *»Die Vorurteile der Menschheit uns gegenüber beruhen auf anthropologischen und sozialen Gegebenheiten, die angeboren und nicht zu beseitigen sind«* (ebd., S. 15).

Die einzige Antwort auf dieses Problem lag im Finden einer Heimat, sei es in Palästina oder sonstwo. In Sicherheit und Achtung würden die Juden erst dann leben können, wenn sie als eigenes Volk im eigenen Land unter einer eigenen Regierung wohnten.

Moses Lilienblum und viele andere mit ihm waren überzeugt, daß Palästina dieses Land sei. Er schrieb im Jahre 1882:

»Dies ist das Land, in welchem unsere Väter Ruhe fanden seit unvordenklichen Zeiten. Wo sie lebten, wollen auch wir leben. Laßt uns nun gehen in das einzige Land, in welchem unsere Seelen wieder aufatmen können, nachdem sie jahrtausendelang von Mördern gehetzt wurden. Der Anfang wird gering sein, am Ende aber werden wir es schaffen« (ebd., S.14).

Innerhalb der nächsten 20 Jahre wurden viele Gesellschaften, Arbeitskreise und Clubs gegründet. Obwohl sie keine Organisation waren und keine Zentralstelle hatten, nannte man sie die »Zionsliebe-Bewegung« – oder auf hebräisch *Hovevi Zion*. Es war, als sei ihnen die Bedeutung der Worte Jeremias aufgegangen:

... weil man dich nennt: »*die Verstoßene*« *und:* »*Zion, nach der niemand fragt*« (Jer 30,17 – Lu.).

Solange das jüdische Volk ohne Staat und Regierung, ohne politische Einheit oder Stimme war, würde es aller Welt ausgeliefert sein, niemand würde für seine Rechte und Interessen kämpfen, niemals würde man ihm den Respekt entgegenbringen, den jedes freie, selbständige Volk genießt. Es würde ein verachteter Außenseiter der Gesellschaft bleiben, auf dem alle und jeder würde herumtrampeln können. Diese Erkenntnis mußte unweigerlich zum Zionismus führen. Die von Gott bestimmte Zeit des Erbarmens über Zion war angebrochen. Alles, was noch fehlte, war der rechte Mann zur rechten Zeit.

7. »Ich will das Zersprengte zum starken Volke machen«

Der rechte Mann zur rechten Zeit war Theodor Herzl. Mit seinem Erscheinen auf der Bildfläche war Gottes Gnadenzeit über Zion endlich angebrochen. Gott selbst hatte gesagt:

Aber dich will ich wieder gesund machen und deine Wunden heilen, spricht der Herr, weil man dich nennt: »die Verstoßene« und: »Zion, nach der niemand fragt« (Jer 30,17 – Lu.).

Die Völker hatten die Juden wie Verstoßene behandelt. Gott aber hatte versprochen, daß er selbst die von den Völkern Verstoßenen wieder gesund machen und ihre Wunden heilen würde. Er gab ihnen die Verheißung, ein Wunder unter den Gefangenen zu tun:

Ich will das Hinkende zum Stamm der Zukunft und das Zersprengte zum starken Volke machen (Mi 4,7 – Zü.).

Mit Theodor Herzl nahm das, was wir heute unter »Zionismus« verstehen, seinen Anfang. Er wurde 1860 in Budapest als Bürger des weiten, vielsprachigen Österreich-Ungarischen Reiches geboren. Als Sohn eines Bankiers gehörte er einer der typischen jüdischen Mittelklassefamilien jener Zeit an. Er war gebildet, kultiviert und assimiliert. Er studierte Jura an der Universität Wien und erhielt 1884 seinen Doktortitel. Bald aber wandte er den Rechtswissenschaften den Rücken zu und wurde ein erfolgreicher Journalist und ein weniger erfolgreicher Dramatiker. Er vertrat und kämpfte für die damals moderne Auffassung, daß religiöse und rassistische Vorurteile im Zeitalter der Aufklärung langsam, aber sicher verschwinden würden. Obwohl er ein Bürger des Habsburger Reiches war und dies – wie seine Eltern – auch zu schätzen wußte, liebte er die deutsche Kultur und Ideenwelt. Erfüllung für die Juden gab es für ihn nur in Europa. In Diskussionsrunden an der Universität betonte er immer wieder, die Juden sollten ihren Platz in der österreich-ungarischen Gesellschaft ebenso einnehmen wie ihre »christlichen« Brüder, auch wenn dies den Übertritt in die katholische oder lutherische Kirche bedeutete. Einmal spielte er sogar mit dem Gedanken einer freiwilligen Massentaufe von Juden, die »bei hellem Tageslicht an einem Sonntagmittag in der Stephanskirche, umrahmt von einer feierlich-freudigen Prozession, beim Klang der Glocken« stattfinden sollte.

Im Laufe der Zeit mußte Herzl jedoch seine Position überdenken. Das Aufflackern des Antisemitismus gegen Ende des 19. Jahrhunderts und die Diskriminierung von Juden aller Gesellschaftsschichten in Österreich-Ungarn ließen seine Illusionen über »das Zeitalter der Aufklärung« zerbrechen. Zu jener Zeit war es kein Einzelfall, wenn junge jüdische Studenten sich nach abgeschlossenem Studium das Leben nahmen, weil sie wegen der antijüdischen Diskriminierung so oft vor verschlossenen Türen standen. Unter ihnen waren eine Reihe von Herzls Freunden. Der Selbstmord eines seiner besten Freunde bewegte ihn zutiefst und veranlaßte ihn, die jüdische Frage gründlich zu überdenken.

Was Herzl wohl den letzten Anstoß gab, seine göttliche Bestimmung und Aufgabe wahrzunehmen, war der Prozeß gegen Alfred Dreyfus, einem jüdischen Hauptmann der französischen Armee. Hauptmann Dreyfus wurde des Verrates angeklagt und zu lebenslänglicher Haft auf der berüchtigten Teufelsinsel verurteilt, und das trotz aller Beteuerungen seiner Unschuld und dem klaren Fehlen jeglichen Motivs. Die »Dreyfus-Affäre«, wie man sie später nannte, erschütterte Frankreich und erregte Aufsehen in ganz Europa. Erst viel später, im Jahre 1906, wurde Dreyfus rehabilitiert, wieder in sein Amt eingesetzt und erhielt die Medaille der Ehrenlegion. Zum Zeitpunkt seiner Verhaftung und in den darauffolgenden Jahren führte sein Fall jedoch zu einem heftigen Ausbruch des Antisemitismus.

Für Theodor Herzl war dies die Stunde der Wahrheit. Er war in Paris, um als Korrespondent von Wiens größter Tageszeitung, der *Neuen Freien Presse,* über den Prozeß zu berichten. Später schrieb er:

»Zum Zionisten hat mich nämlich – der Prozeß Dreyfus gemacht. Nicht der jetzige in Rennes, sondern der ursprüngliche in Paris, dessen Zeuge ich 1894 war. Ich lebte damals in Paris als Zeitungskorrespondent und wohnte der Verhandlung des Kriegsgerichtes bei, bis sie geheim erklärt wurde. Ich sehe den Angeklagten noch in seiner dunklen, verschnürten Artilleristenuniform in den Saal kommen, ich höre ihn noch seine Generalien abgeben: ›Alfred Dreyfus, captaine d'artillerie‹, mit näselnder, gezierter Stimme. Und auch der Wutschrei der Menge auf der Straße vor der Ecole Militaire, wo er degradiert wurde, gellt mir

noch unvergeßlich in den Ohren: ›A mort! A mort les juifs!‹ Tod
allen Juden, weil dieser eine ein Verräter war! Aber war er
wirklich ein Verräter? Ich hatte damals ein Privatgespräch mit
einem in der letzten Zeit vielgenannten Militärattaché. Der Oberst
wußte von der Sache nicht mehr, als in den Zeitungen gestanden;
er glaubte jedoch an die Schuld des Dreyfus, weil es ihm unmög-
lich schien, daß sieben Offiziere einen Kameraden ohne die
erdrückendsten Beweise verurteilen könnten. Ich wieder glaubte
an seine Unschuld, weil ich einen jüdischen Offizier nicht für
fähig hielt, einen Landesverrat zu begehen. Nicht als ob ich die
Juden im allgemeinen für besser hielte als die anderen Menschen.
Aber gerade unter den besonderen Umständen des Kapitäns
Dreyfus, der mir persönlich nicht einmal einen sympathischen
Eindruck machte, kam mir die Sache unwahrscheinlich vor. Ein
Jude, der als Generalstabsoffizier eine Laufbahn der Ehre geeb-
net vor sich hat, kann ein solches Verbrechen nicht begehen, sagte
ich dem Oberst. In einer tieferen Schicht der Gesellschaft würde
ich diese Möglichkeit bei Juden ebensowenig wie bei Christen
leugnen. Bei Alfred Dreyfus lag hingegen eine psychologische
Unmöglichkeit vor. Ein wohlhabender Mensch, der nur aus
Ehrgeiz diese Karriere gewählt hat, kann gerade das ehrloseste
Verbrechen nicht begangen haben. Die Juden haben infolge der
langen bürgerlichen Ehrlosigkeit eine oft krankhafte Sucht nach
Ehre, und ein jüdischer Offizier ist in dieser Beziehung ein
potenzierter Jude. Mein damaliges Raisonnement war wohl das
aller unserer Stammesgenossen seit Beginn der Affäre. Gerade
weil uns allen die psychologische Unmöglichkeit von vornherein
so klar gewesen, ahnten die Juden allerwärts die Unschuld des
Dreyfus, noch bevor der denkwürdige Feldzug um die Wahrheit
anfing.

... Aber der Fall Dreyfus enthält mehr als einen Justizirrtum;
er enthält den Wunsch der ungeheuren Mehrheit in Frankreich,
einen Juden und in diesem alle Juden zu verdammen. ›Tod den
Juden!‹ heulte die Menge, als man dem Hauptmann seine Tressen
vom Waffenrock riß. Und seither ist das ›Nieder mit den Juden!‹
ein Feldgeschrei geworden. Wo? In Frankreich! Im republikani-
schen, modernen, zivilisierten Frankreich, 100 Jahre nach der
Erklärung der Menschenrechte ...

... Und da sind wir bei unserer Sache, da sind wir bei der
geschichtlichen Lehre, die ein unbefangener Betrachter aus dem
Falle Dreyfus ziehen mußte. Bis dahin hatten die meisten von uns
geglaubt, die Lösung der Judenfrage sei von der allmählichen
Entwicklung der Menschheit zur Duldung zu erwarten. Wenn
aber ein im übrigen fortschreitendes, gewiß hochzivilisiertes Volk

119

*auf solche Wege gelangen konnte, was war von anderen Völkern
zu erhoffen, die noch heute nicht auf der Höhe sind, auf der die
Franzosen bereits vor 100 Jahren hielten?«* (Abba Eban, *Dies ist
mein Volk,* 1968, S.238f.).

Die über Jahre hinweg gewachsenen Eindrücke und Überlegungen in Herzl nahmen nun Gestalt an. Zum ersten Mal erkannte
er klar und deutlich, daß es keine andere Antwort auf das
Problem der Juden gab als die Wiederherstellung des jüdischen
Staates. Im Juni 1895 schrieb er in Paris in sein Tagebuch:

> *»Niemand dachte daran, das Gelobte Land dort zu suchen, wo es
> ist – und doch liegt es so nahe. Da ist es: in uns selbst ... Denn
> jeder nimmt ein Stück vom Gelobten Lande in sich und mit sich
> hinüber. Der in seinem Kopf, der in seinen Händen und der dritte
> in seinen Ersparnissen. Das Gelobte Land ist dort, wohin wir es
> tragen«* (Tagebücher, Bd. 1, S.116).

Er beschrieb es als

> *»das Gelobte Land, wo wir krumme Nasen, schwarze oder rote
> Bärte und gebogene Beine haben dürfen, ohne darum schon
> verächtlich zu sein. Wo wir endlich als freie Männer auf unserer
> eigenen Scholle leben und in unserer eigenen Heimat ruhig
> sterben können. Wo auch wir zur Belohnung großer Taten die
> Ehre bekommen. Wo wir im Frieden mit aller Welt leben, die wir
> durch unsere Freiheit befreit, durch unseren Reichtum bereichert
> und durch unsere Größe vergrößert haben. So, daß der Spottruf
> ›Jude!‹ zu einem Ehrenwort wird wie Deutscher, Engländer,
> Franzose, kurz: wie die Massen aller Kulturvölker. So, daß wir
> durch unseren Staat unser Volk erziehen können für die Aufga-
> ben, die jetzt noch hinter unserem Gesichtskreis liegen. Denn
> Gott hätte unser Volk nicht so lange erhalten, wenn wir nicht
> noch eine Bestimmung in der Geschichte der Menschheit hätten«*
> (Tagebücher, Bd. 1, S.112).

Der Gedanke an die Wiederherstellung der jüdischen Nation auf
ihrem eigenen Grund und Boden bestimmte die letzten neun
Jahre seines Lebens. Am Anfang seiner Tagebücher hatte er
geschrieben:

»Ich arbeite seit einiger Zeit an einem Werk, das von unendlicher Größe ist. Ich weiß heute nicht, ob ich es ausführen werde. Es sieht aus wie ein mächtiger Traum. Aber seit Tagen und Wochen füllt es mich aus bis in die Bewußtlosigkeit hinein, begleitet mich überallhin, schwebt über meinen gewöhnlichen Gesprächen, blickt mir über die Schulter in die komisch kleine Journalistenarbeit, stört mich und berauscht mich. Was daraus wird, ist jetzt noch nicht zu ahnen. Nur sagt mir meine Erfahrung, daß es merkwürdig ist, schon als Traum, und daß ich es aufschreiben soll – wenn nicht als ein Denkmal für die Menschen, so doch für mein eigenes späteres Ergötzen oder Sinnen ... Titel: ›Das Gelobte Land!‹« (Tagebücher, Bd. 1, S. 3).

Dieser Traum hatte ihn derart in Beschlag genommen, daß er ihn verfolgte »im Gehen, Stehen, Niederlegen, auf der Straße, bei Tisch, des Nachts«. Im Juni 1895 schrieb er:

»Ich habe in diesen Tagen öfters befürchtet, irrsinnig zu werden, so jagten die Gedankenzüge erschütternd durch meine Seele. Ein ganzes Leben wird nicht ausreichen, alles auszuführen. Aber ich hinterlasse ein geistiges Vermächtnis. Wem? Allen Menschen. Ich glaube, ich werde unter den größten Wohltätern der Menschheit genannt werden. Oder ist diese Meinung schon der Größenwahn?« (Tagebücher, Bd. 1, S. 115).

In prophetischer Vorausschau schrieb er in sein Tagebuch: »Ich glaube, daß das Leben für mich aufhört und die Weltgeschichte begonnen hat.«

Im Jahre 1895 unterbreitete er dem berühmten jüdischen Philanthropen Baron Maurice de Hirsch ein 22 Seiten umfassendes Memorandum, um ihn für die Idee eines jüdischen Heimatlandes zu gewinnen. Zum ersten Mal hatte er hier seinen Plan schriftlich in Worte gefaßt. Er schrieb:

»Durch unsere 2000jährige Verstreuung sind wir ohne einheitliche Leitung unserer Politik gewesen. Das aber halte ich für unser Hauptunglück. Das hat uns mehr geschadet als alle Verfolgungen. Daran sind wir innerlich zugrunde gegangen, verlumpt. Denn es war niemand da, der uns – wäre es auch nur aus monarchischem Eigennutz – zu rechten Männern erzogen hätte. Im Gegenteil! Zu allen schlechten Gewerben wurden wir hinge-

drängt, im Ghetto festgehalten, wo wir aneinander verkamen;
und als man uns herausließ, wollte man plötzlich, daß wir gleich
die Gewohnheiten der Freiheit hätten. Wenn wir nun eine einheit-
liche politische Leitung hätten ... könnten wir an die Lösung der
Judenfrage herangehen« (Tagebücher, Bd. 1, S. 22/23).

Später schrieb er das Buch, das von so gewaltigem Einfluß auf
den Verlauf der jüdischen Geschichte werden sollte. *Der Juden-*
staat, so lautete sein Titel, erschien im Februar 1896 in Wien und
trug den Untertitel »Versuch einer modernen Lösung der Judenfrage«. Darin schrieb er:

> *»Wir sind ein Volk, ein Volk. Wir haben überall ehrlich versucht,*
> *in der uns umgebenden Volksgemeinschaft unterzugehen und nur*
> *den Glauben unserer Väter zu bewahren. Man läßt es nicht zu.*
> *Vergebens sind wir treue und an manchen Orten sogar über-*
> *schwengliche Patrioten, vergebens bringen wir dieselben Opfer*
> *an Gut und Blut wie unsere Mitbürger, vergebens bemühen wir*
> *uns, den Ruhm unserer Vaterländer in Künsten und Wissenschaf-*
> *ten, ihren Reichtum durch Handel und Verkehr zu erhöhen. In*
> *unseren Vaterländern, in denen wir ja auch schon seit Jahrhun-*
> *derten wohnen, werden wir als Fremdlinge ausgeschrieen; oft von*
> *solchen, deren Geschlechter noch nicht im Lande waren, als*
> *unsere Väter da schon seufzten ... Im jetzigen Zustande der Welt*
> *und wohl noch in unabsehbarer Zeit geht Macht vor Recht. Wir*
> *sind also vergebens überall brave Patrioten, wie es die Hugenot-*
> *ten waren, die man zu wandern zwang. Wenn man uns in Ruhe*
> *ließe ... Aber ich glaube, man wird uns nicht in Ruhe lassen«*
> (Der Judenstaat, S. 14).

Über einen wiederaufgerichteten, unabhängigen jüdischen Staat
auf eigenem Boden sagte er folgendes:

> *»Der Gedanke muß hinausfliegen bis in die letzten jammervollen*
> *Nester, wo unsere Leute wohnen. Sie werden aufwachen aus*
> *ihrem dumpfen Brüten. Denn in unser aller Leben kommt ein*
> *neuer Inhalt«* (Der Judenstaat, S. 92).

Und er fuhr fort:

»... darum glaube ich, daß ein Geschlecht wunderbarer Juden aus der Erde wachsen wird. Die Makkabäer werden wieder aufstehen ... Wir sollen endlich als freie Männer auf unserer eigenen Scholle leben und in unserer eigenen Heimat ruhig sterben« (Der Judenstaat, S. 92).

Am 24. August 1897 fand im Stadt-Casino von Basel ein Zionisten-Kongreß statt. Es war das erste offizielle weltweite Treffen von Juden seit dem Beginn der zweiten Verbannung im Jahre 70 n. Chr. Insgesamt war dieser Kongreß ein Bombenerfolg, wenn er auch von Juden wie von Nichtjuden heftig angegriffen wurde. Seine Antrittsrede begann Theodor Herzl mit den prophetischen Worten:

»Wir wollen den Grundstein legen zu dem Haus, das dereinst die jüdische Nation beherbergen wird« (Zionistische Schriften, Bd. 1, S. 175).

Im Verlauf des Kongresses sagte Max Nordau: »Es ist eine große Sünde, eine Rasse, deren Fähigkeiten sogar von ihren übelsten Gegnern nicht geleugnet werden, geistig und körperlich herunterzuwirtschaften ... das Elend der Juden ist ein Hilfeschrei. Diese Hilfe zu finden ist die große Aufgabe dieses Kongresses.«

Auf diesem Kongreß wurde der Beschluß gefaßt, eine weltweite Bewegung unter dem Namen »Weltzionistenvereinigung« zu gründen. Theodor Herzl wurde zu ihrem Vorsitzenden ernannt; eine jüdische Flagge wurde gewählt und ebenso eine jüdische Nationalhymne: *Hatikwa* (Die Hoffnung).

Jetzt war es geschehen. Der Herr hatte sich aufgemacht und sich über Zion erbarmt. Es war Zeit, sie zu begnaden; die Stunde war gekommen (siehe Ps 102,14). Innerhalb der nächsten 50 Jahre würde das Wunder stattfinden. Es würden Jahre des Aufruhrs und der Unruhe ohnegleichen für die Welt sein – und Jahre schwerster Bitterkeit und Leiden für das jüdische Volk. Aber der Vers sollte sich bewahrheiten: »Doch Zion, kaum in den Wehen, hat schon ihre Kinder geboren« (Jes 66,8 – Einh.). Zu jener Zeit schrieb Herzl noch weitere prophetische Worte in sein Tagebuch:

»Fasse ich den Baseler Kongreß in ein Wort zusammen – das ich
mich hüten werde, öffentlich auszusprechen –, so ist es dieses: In
Basel habe ich den Judenstaat gegründet. Wenn ich das heute laut
sage, würde mir ein universelles Gelächter antworten. Vielleicht
in fünf Jahren, jedenfalls in fünfzig wird es jeder einsehen«
(Tagebücher, Bd. 2, S. 24).

Und fast genau 50 Jahre später, im November 1947, traf die
Generalversammlung der Vereinten Nationen ihre historische
Entscheidung, das Recht des jüdischen Volkes auf einen eigenen
Staat anzuerkennen.

Die wenigen verbleibenden Jahre seines Lebens brachten
Theodor Herzl viele Auseinandersetzungen, Sorgen und harte
Arbeit. Er starb am 3. Juli 1904 im frühen Alter von 44 Jahren.
Kurz vor seinem Tod zeigte er auf die Studenten, die in seinem
Zimmer Wache hielten, und sagte zu seinem Arzt: »Es sind
prächtige, gute Leute, meine Volksgenossen! Sie werden sehen,
sie ziehen in ihre Heimat ein!« Zu einem seiner Freunde, einem
Christen, sagte er: »Grüßen Sie Palästina von mir. Ich habe mein
Herzblut für mein Volk hergegeben.« Er starb abgekämpft und
mit gebrochenem Herzen. Einige Jahre vor seinem Tod hatte er
an einen Freund geschrieben: »... das grundlegende Lebensge-
fühl ist der Kummer; Freude kommt nur, wenn der Kummer für
kurze Zeit weicht.« Diese Worte beschreiben sein eigenes
Leben, waren seine persönliche Erfahrung. Neun Jahre lang war
er von einem einzigen Gedanken besessen gewesen: von der
Entschlossenheit, daß das jüdische Volk irgendwie, irgendwo,
irgendwann wieder eine Nation werden mußte. Wie Mose führte
er das Volk zum Land, durfte es aber selbst nicht betreten,
sondern sah es nur aus der Ferne. Bei seiner Beerdigung schlossen sich 6000 Menschen dem Sarg an. Stefan Zweig hat die Szene
für uns festgehalten. Alles verlief ordentlich und würdevoll, bis
sie auf dem Friedhof ankamen. Dann schreibt er:

»Zu viele strömten plötzlich zu seinem Sarge, weinend, heulend,
schreiend, in einer wild explodierenden Verzweiflung, es wurde
ein Toben, ein Wüten fast; alle Ordnung war zerbrochen durch
eine Art elementarer und ekstatischer Trauer, wie ich sie niemals
vordem und nachher bei einem Begräbnis gesehen. Und an

diesem ungeheuren, aus der Tiefe eines ganzen Millionenvolkes
stoßhaft aufstürmenden Schmerzes konnte ich zum ersten Mal
ermessen, wieviel Leidenschaft und Hoffnung dieser einzelne und
einsame Mensch durch die Gewalt seines Gedankens in die Welt
geworfen« (Die Welt von Gestern, S. 88).

In seinem Testament bat Herzl darum, neben seinem Vater
begraben zu werden und dort bleiben zu dürfen »bis zu dem Tag,
an dem das jüdische Volk meine Überreste nach Palästina bringen wird«. 45 Jahre später flog man ihn nach Israel. Am
17. August 1949 wurde er auf einem Hügel in Jerusalem, den man
in »Herzl-Berg« umtaufte, wieder beigesetzt.

Gott hatte Theodor Herzl zum Diener für das jüdische Volk
berufen. Kurz bevor er starb, erzählte Herzl Reuben Brainin,
daß ihm im Alter von zwölf Jahren der Messias im Traum
erschienen sei (er hatte den Traum vorher noch niemandem
erzählt):

> *»Er nahm mich auf seine Arme und entschwebte mit mir auf*
> *Windesflügeln. Auf einer der glanzerfüllten Wolken begegneten*
> *wir der Mosesgestalt. Die Gesichtszüge waren die des Moses von*
> *Michelangelo, den ich in meiner Kindheit oft und gern betrach-*
> *tete. Der Messias rief Moses zu: ›Um dieses Kind habe ich*
> *gebetet.‹ Zu mir aber sagte er: ›Geh, verkünde den Juden, ich*
> *werde bald kommen und Wunder und Großtaten vollführen für*
> *mein Volk und die ganze Welt«*« (Amos Elon, *Morgen in Jerusa-*
> *lem*. Theodor Herzl, S. 22).

Aber so viele Juden es auch gab, die durch Herzls Vision
beflügelt wurden, so viele Gegner fanden sich auch, die sie für
ein gefährliches Unterfangen hielten, womit sie sich selbst letztlich nur schaden würden. Stefan Zweig beschreibt die allgemeine
Reaktion auf die Veröffentlichung von Herzls *Der Judenstaat*
folgendermaßen:

> *»Ich ... kann mich ... der allgemeinen Verblüffung und Verärge-*
> *rung der Wiener bürgerlich-jüdischen Kreise wohl erinnern. Was*
> *ist, sagten sie unwirsch, in diesen sonst so gescheiten, witzigen*
> *und kultivierten Schriftsteller gefahren? Was treibt und schreibt er*
> *für Narrheiten? Warum sollen wir nach Palästina? Unsere Spra-*

che ist deutsch und nicht hebräisch, unsere Heimat das schöne
Österreich. Geht es uns nicht vortrefflich unter dem guten Kaiser
Franz Joseph? Haben wir nicht unser anständiges Fortkommen,
unsere gesicherte Stellung? ... Warum gibt er, der doch als Jude
spricht und dem Judentum helfen will, unseren bösesten Feinden
Argumente in die Hand und versucht uns zu sondern, da doch
jeder Tag uns näher und inniger der deutschen Welt verbindet?«
(Die Welt von Gestern, S. 83/84).

In den Leitartikeln deutsch-jüdischer Zeitungen ging man sogar
so weit, zu behaupten, der Zionistenkongreß sei ein Verrat am
deutschen Vaterland und eine Gefahr für das Judentum. Herzl
besuchte führende jüdische Persönlichkeiten in ganz Europa und
Rußland und bat sie, ihm Gehör zu schenken; aber sie wollten
nicht. Im schlimmsten Falle wurde er als gemeiner Anstifter des
Pöbels verspottet; im besten Falle behandelte man ihn wie einen
jüdischen Jules Verne. Deutsche Juden, tief besorgt über die
Gefahren, denen er sie in ihren Augen aussetzte, sagten:»Wir
sind deutscher als die Deutschen.« Nicht anders war es in Frankreich; dort schien man von demselben Geist besessen zu sein wie
jene französisch-jüdischen Führer, die zu Napoleon gesagt hatten:»Paris ist unser Jerusalem.«
    Die tief religiösen und orthodoxen Juden waren nicht weniger
empört über Herzls Zionismus. In ihren Augen grenzten seine
Veröffentlichungen und Ansprachen an Ketzerei, denn sie wider-
sprachen ihrer persönlichen Auslegung der Schrift und ihren
Vorstellungen über das Kommen des Messias. Im Jahre 1897
erklärte der geschäftsführende Vorstand des Rabbinerverbandes
in Deutschland:

1. Die Bestrebungen sogenannter Zionisten, in Palästina einen
jüdisch-nationalen Staat zu gründen, widersprechen den messia-
nischen Verheißungen des Judentums, wie sie in der Heiligen
Schrift und den späteren Religionsquellen enthalten sind.

2. Das Judentum verpflichtet seine Bekenner, dem Vaterlande,
dem sie angehören, mit aller Hingebung zu dienen und dessen
nationale Interessen mit ganzem Herzen und mit allen Kräften zu
fördern (Zionistische Schriften, Bd. 1, S. 169).

Die Geschichte hat gezeigt, wer in dieser Kontroverse recht hatte. Der Nationalsozialismus sah in der Liebe dieser assimilierten Juden für die deutsche Kultur, Sprache und Ideenwelt und in der Treue der orthodoxen Juden für ihr deutsches Vaterland keinen Grund, sie von der Vernichtung auszuschließen. Herzl hatte dem *Judenstaat* den Untertitel »Versuch einer modernen Lösung der Judenfrage« gegeben. Es war jedoch Adolf Hitler, der mit seiner »Endlösung der Judenfrage« den letzten Anstoß für den Wiederaufbau Zions gab. Denn als sechs Millionen jüdische Männer, Frauen und Kinder unter den schrecklichsten Bedingungen umgekommen waren – einzig und allein aus dem Grund, weil sie Juden waren, und ungeachtet ihrer Treue und Liebe zu ihrem Geburtsland –, da verstand der Überrest der europäischen Judenheit, daß Theodor Herzl recht hatte. Ohne einen jüdischen Staat gab es für die Juden keine Zukunft. Die Schrift sagt: »Wenn Menschen wider dich wüten, bringt es dir Ehre« (Ps 76,11 – Lu.). Gott gebrauchte in seiner Allmacht den Haß und die Brutalität von dämonenbesessenen Nazis, um seine Verheißungen zu erfüllen. Jeremia hatte geweissagt:

> *Höret das Wort des Herrn, ihr Völker, und verkündet es an den fernen Gestaden und sprecht: Der Israel zerstreut hat, er sammelt es wieder und hütet es wie ein Hirt seine Herde. Ja, der Herr hat Jakob losgekauft, ihn aus der Hand eines Stärkeren befreit. Und sie werden kommen und auf der Höhe des Zion frohlocken ... Ich werde ihre Trauer in Freude wandeln ... So spricht der Herr: Horch! in Rama hört man klagen, bitterlich weinen. Rahel weint um ihre Kinder, will sich nicht trösten lassen, weil sie nicht mehr sind. So spricht der Herr: Wehre deiner Stimme das Weinen und deinen Augen die Tränen, denn ... sie kehren heim aus dem Lande des Feindes. Es gibt noch eine Hoffnung für deine Zukunft, spricht der Herr, die Kinder kehren heim in ihre Marken* (Jer 31,10–12.13.15–17 – Zü.).

Der berühmte Rabbi Isaak Luria, ein Lehrer der Kabbalistik im 16. Jahrhundert und den meisten Juden als »Ari« bekannt, sagte einst zu seinem Schüler Abraham Berukim: »Gehe hinauf nach Jerusalem und bete an der Westmauer, so wirst du würdig erfunden werden, die göttliche Gegenwart zu sehen.« Der Jünger ging an die Westmauer und sprach mehrere inbrünstige Gebete. Nach einiger Zeit nahm er auf der Mauer die Umrisse einer schwarzgekleideten Frau wahr. Betroffen neigte er sein Angesicht zur Erde und fiel sogleich in einen tiefen Schlaf. Im Traum sah er die Gegenwart Gottes, die zu ihm sprach:»Sei getrost, mein Sohn Abraham, denn es gibt Hoffnung für deine Zukunft... und deine Kinder werden in ihr Land zurückkehren.«

Ob die Geschichte sich nun wirklich zugetragen hat oder nur eine Legende ist, so bringt sie doch eine Wahrheit zum Ausdruck, die sich auf Jeremias Weissagung stützt, nämlich daß am Ende das jüdische Volk in sein Land zurückkehren und»auf der Höhe des Zion frohlocken« würde. Die lange Nacht der Trübsal und des Klagens würde vorüber sein. Und so ist es tatsächlich geschehen. Trotz aller Versuche, die Juden zu assimilieren oder auszurotten, trotz aller Kinder, die»nicht mehr sind«, kehrten sie aus dem Feindesland zurück in ihre Heimat.

Der Zionismus ist eine eigenartige Mischung von Agnostizismus und Glaube. Viele der Zionisten gehörten nicht zu den Anhängern des orthodoxen Glaubens. Ihre Interpretation der Schrift könnte man sogar meist als liberal bezeichnen. Einige von ihnen waren Atheisten und viele Agnostiker. Sie stellen uns vor ein Rätsel, denn eigenartigerweise fühlten sie sich gedrängt, auf Grundsteine, in Eingangshallen oder auf Platten in den Zentren wiederaufgebauter Städte die alten prophetischen Schriftworte einzugravieren, die so offensichtlich in Erfüllung gegangen waren. Diese tiefe geistliche Überzeugung, dieses Bewußtsein im jüdischen Volk, das oft unter der Maske des Agnostizismus verborgen lag, wird sich eines Tages in dynamischen Glauben verwandeln. Es wird Gottes allmächtiges Werk sein.

Sogar das offizielle Emblem des Staates Israel, der siebenarmige Leuchter (die Menorah), rechts und links umrahmt mit einem Zweig des Ölbaumes, unterstreicht diese Aussage. Zurückführen läßt sich dieses Symbol auf Sacharja 4. Einer jüdischen Überlieferung zufolge sah Sacharja in jeder der sieben Flammen des angezündeten Leuchters eines der hebräischen Wörter von Sacharja 4,6:»Nicht durch Heeresmacht und nicht durch Gewalt, sondern durch meinen Geist« (im Hebräischen besteht dieser Satz aus sieben Wörtern). Die Gründung des Staates Israel ist nicht ein Werk menschlicher Macht oder Kraft, sie ist ein Werk des Heiligen Geistes.

Viele der frühen Zionisten gaben an, daß sie von einer unendlich größeren Macht als ihrem eigenen Willen oder dem Werk selbst angetrieben wurden. Sie sahen sich einem Schicksal ausgeliefert, wußten sich hineingenommen in ein Wesen, eine Kraft außerhalb ihrer selbst. Der Zionismus sei zu ihnen gekommen, als sei »der Himmel über ihnen aufgegangen«, er habe sie »ganz und gar erfüllt«, sie seien mitgerissen worden von einer gewaltigen Welle des Schicksals. Ich glaube, es war die Hand Gottes, die über ihnen stand, auch wenn sie sich dessen nicht bewußt waren.

Am 10. November 1975 verurteilte die Generalversammlung der Vereinten Nationen mit Zweidrittelmehrheit den Zionismus als eine Form des Rassismus und der Rassendiskriminierung. Israel sei ein »Rassistenregime im besetzten Palästina«. Es ist unbegreiflich, wie jede andere nationale Befreiungsbewegung anerkannt wird und sogar Beifall findet, nur die jüdische nicht. Der Zionismus vereinigt in sich die nationalen Bestrebungen des jüdischen Volkes. Er ist Ausdruck des langen Kampfes der Juden um nationale Befreiung und Anerkennung. Als solcher ist er völlig legitim und sollte deshalb von allen übrigen Völkern auch respektiert werden. Es gibt echte Probleme, die gelöst werden müssen, aber einem 4000 Jahre alten Volk zu versagen, was so vielen anderen gewährt wird, scheint ein klassisches Beispiel von Diskriminierung zu sein.

Wir müssen uns die Frage stellen, welche Alternative das jüdische Volk zum Staat Israel hat. Das Blutvergießen der letzten Jahrhunderte beweist, daß es außerhalb eines selbständigen jüdischen Staates keine Sicherheit für die Juden gibt. Die Heidenvölker, vor allem aber die sogenannten »christlichen« Nationen, gaben ihnen dies deutlich genug zu verstehen. Ihr Umgang mit den Juden über Jahre hinweg, mit den Schrecknissen dieses Jahrhunderts als Höhepunkt, ist eine beredte Legitimation des jüdischen Staates. Sie haben den Juden abgestempelt als »Parasiten«, als »Geldverleiher«, als »Ausbeuter des Reichtums«. Aber sie selbst haben ihn dazu gemacht, indem sie ihm kein Anrecht auf Ackerland gaben, ihn von der Zugehörigkeit zu Handwerksgilden ausschlossen, ihm den Zutritt zu akademischen Berufen verbauten. Was blieb ihm anderes, als mit Geld zu handeln! Sie beschwerten sich über seine »ungesunde Sippenwirtschaft«, und doch waren sie es, die ihn in unhygienische Ghettos pferchten, ihm nicht gestatteten, dort zu leben, wo er wollte. Sie beschuldigten ihn der Armut und gleichzeitig des Reichtums, seiner Intelligenz und Schlauheit und gleichzeitig seiner abergläubischen Praktiken. Sie hetzten, unterdrückten, schlugen, mißbrauchten und beraubten ihn, und wenn er dann zum Schatten seiner selbst geworden war, zu einer erbärmlichen Gestalt mit ruhelosen Augen, haßten sie ihn nur um so mehr. Sie taten alles, um jede Alternative zu einem jüdischen Staat zu zerstören, aber als dieser endlich gegründet war, sprachen sie von »Rassismus und Rassendiskriminierung« ...

Angesichts der Tatsache, daß das jüdische Volk bis an die Enden der Erde zerstreut war und jahrelange Verfolgungszeiten überlebte, daß es blindgläubiger Feindschaft, Unterdrückungsmaßnahmen aller Art und grausamsten Liquidationsversuchen, die im Holocaust von 1939–1945 ihren Höhepunkt fanden, standhielt, müssen wir bekennen, daß nicht nur Fleisch und Blut bei der Wiedergründung des jüdischen Staates beteiligt waren. Sie ist nicht nur das Ergebnis einer nationalen Befreiungsbewegung, d. h. des Zionismus, oder das Resultat politischer Agitation. Die Hand Gottes steht dahinter!

Die Geschichte Israels seit Wiedererlangen seiner Unabhängigkeit am 14. Mai 1948 liefert noch mehr Beweise dafür. Vier Kriege hat diese kleine Nation trotz kolossaler Schwierigkeiten gewonnen. Immer wieder hielt die Welt den Atem an, meinte, dieser Krieg würde das Ende Israels bedeuten. Aber nein! Statt dessen erreichte es eine weitere Stufe im »Aufbau Zions«. Gott machte die Verstoßenen zum starken Volke.

Der Apostel Paulus schrieb, getrieben durch den Heiligen Geist:

Damit ihr euch nicht auf eigene Einsicht verlaßt, Brüder, sollt ihr dieses Geheimnis wissen: Verstockung liegt auf einem Teil Israels, bis die Heiden in voller Zahl das Heil erlangt haben; dann wird ganz Israel gerettet werden, wie es in der Schrift heißt: Der Retter wird aus Zion kommen, er wird alle Gottlosigkeit von Jakob entfernen. Das ist der Bund, den ich ihnen gewähre, wenn ich ihre Sünden wegnehme (Röm 11,25–27 – Einh.).*

Der Apostel zitierte an dieser Stelle Jesaja 59,20, wo es heißt:

Aber für Zion wird er als Erlöser kommen und für die in Jakob, die sich von der Sünde abwenden, spricht der Herr (Lu.).

(Paulus zitiert den Text der Septuaginta, der griechischen Übersetzung des Alten Testamentes, wie es dem Brauch der frühen Kirche entsprach. Daher erklärt sich der Unterschied im Wortlaut.) Es stimmt, daß der Erlöser *für* Zion kam (Jes 59,20) und für diejenigen des jüdischen Volkes, die sich von ihren Übertretungen abwandten. Der Wortlaut der Septuaginta, den Paulus in diesem Abschnitt gebraucht, weist aber auf die Wiederherstellung des jüdischen Volkes hin:»Der Retter wird *aus* Zion kommen.« Es ist, als wollte Paulus sagen, daß die Person und das Werk Jesu Christi die ganze Geschichte des jüdischen Volkes in diesem Zeitalter umgibt – nicht nur das Kommen des Messias und die Rettung einzelner gottesfürchtiger Juden zu Beginn dieses Zeitalters, sondern auch das Sammeln des jüdischen Volkes am Ende.»Dann wird ganz Israel gerettet werden.«
Durch Jeremia hatte der Herr verheißen:

Aber dich will ich wieder gesund machen und deine Wunden heilen, spricht der Herr, weil man dich nennt:»die Verstoßene« und:»Zion, nach der niemand fragt« (Jer 30,17 – Lu.).

Diese Verheißung des Herrn hat sich erfüllt und wird sich weiterhin sowohl in geistlicher als auch in irdischer Hinsicht erfüllen. Weil niemand nach dem jüdischen Volk fragte, hat Gott selbst seine Wunden vernarben lassen und es geheilt. Er hat die Zerstreuten zum starken Volk gemacht und wird es auch künftig tun. Er ist ihr Hüter und Beschützer und wird sich am Ende als ihr ewiger Erlöser offenbaren.

8. Der Kampf um Israel ist gewonnen

Allein die Anwesenheit Israels auf der Bühne der heutigen Weltgeschichte ist ein Wunder ohnegleichen. Sein Überleben als Volk, seine Rückkehr in das Gelobte Land, die Wiedergeburt der hebräischen Sprache und die Gründung und der Sieg des neuen, winzigen jüdischen Staates inmitten fanatischer Feindschaft ist Beweis genug. Wenn wir zu alledem aber noch das prophetische Wort bedenken, das von Gott inspirierte Menschen vor Tausenden von Jahren verkündet haben, betreten wir eine neue Dimension unseres Verständnisses. Durch diese eine kleine Nation spricht der lebendige Gott zu den Nationen der Welt. Gott hat Israel zu einem in jeder Hinsicht einzigartigen Volk gemacht, um seine Botschaft klar und unmißverständlich zu machen.

Vor 70 Jahren war Palästina eine Provinz des großen 400 Jahre alten Osmanischen Reiches. Kaum jemand dachte damals daran, daß dieses Reich untergehen würde, geschweige denn, daß sich jemals ein jüdischer Staat innerhalb seiner Grenzen bilden könnte. Die Balfour-Erklärung von 1917 wäre damals undenkbar gewesen. Noch vor 35 Jahren gab es weder ein Volk Israel noch einen jüdischen Staat. Die Nachricht von der Massenvernichtung europäischer Juden begann damals erst zur freien Welt durchzusickern, und das Ausmaß dieser Vernichtung zeichnete sich erst allmählich ab. Dennoch war es genug, um jeden ernsthaften und realistischen Gedanken an einen neugegründeten jüdischen Staat im Land der Vorfahren unsinnig erscheinen zu lassen.

Heute zweifelt niemand an der Existenz Israels. Selbstbewußt nimmt es seinen Platz im Zentrum der Weltpolitik und deren Debatten ein. Es ist zwar eine kleine Nation mit nicht mehr als 3,5 Millionen Menschen in einem Land, das kleiner ist als Portugal; aber seine Rolle im Weltgeschehen steht in keinem Verhältnis zu seiner zahlenmäßigen Größe.

Schon oft habe ich folgenden Vergleich angestellt: Man stelle sich vor, daß die Waliser aus Wales verbannt und unter die Völker der Erde verstreut worden wären. Ihre Sprache hätte 2000 Jahre lang nicht mehr als Umgangssprache, sondern nur noch als heilige Sprache des Gottesdienstes und der Kirchenlieder existiert. Nach 2000 Jahren hätte man sie in ihre Heimat zurückgebracht, ihnen die Unabhängigkeit geschenkt und wieder das Staatsrecht verliehen. Walisisch wäre wieder zur Umgangssprache des ganzen Volkes erklärt worden. Und das Wichtigste: Vor Tausenden von Jahren hätte Gott ihre Verbannung und endliche Wiederkehr in ihr Land vorausgesagt. Die ganze Welt würde über die Waliser staunen und ihren neuen Staat als Wunder bezeichnen. Aber genau das ist mit dem jüdischen Volk geschehen.

Die Geschichte dieser Nation ist die Geschichte eines einzigen Kampfes. Vom ersten Tag ihrer Geschichte an, vor ca. 4000 Jahren, mußte sie um ihr Überleben kämpfen. Immer war es ein Kampf von wenigen gegen viele. Die Geschichte von David und Goliath ist typisch für die jüdische Geschichte vom Anfang bis zum heutigen Tage. Yitzak Rabin, der frühere israelische Premierminister, gab zu der großen Entebbe-Befreiung folgenden Kommentar:

> *»Kein anderes Volk in der Geschichte ist durch äußere Umstände so sehr zur Selbstverteidigung gezwungen worden – angefangen von der Zeit, als Mose seine Landsleute von der Geißel der Ägypter befreite, bis zu der Zeit, als die israelischen Verteidigungskräfte ihre Landsleute in Entebbe befreiten.«*

Alle Großmächte der Antike – Ägypten, Assyrien, Babylonien, Griechenland, Rom – waren bestrebt, Israel zu verschlingen, es ihrer Religion und ihrer Kultur unterzuordnen, es in sich aufzusaugen oder zu zerstören. Der Psalmist beweist diesen Kampf und sein Ziel, wenn er sagt:

> *Denn siehe, deine Feinde toben, und die dich hassen, erheben das Haupt. Wider dein Volk machen sie listige Anschläge und ratschlagen wider deine Schützlinge. Sie sprechen:»Wohlan, vertilgen wir sie, daß sie kein Volk mehr sind, daß Israels nicht mehr gedacht wird!« Ja, sie beraten einträchtigen Sinnes und schließen einen Bund wider dich (Ps 83,3–6 – Zü.).*

Es war, als ob die Mächte der Finsternis, den Plan Gottes dunkel vorausahnend, dieses Volk zu vernichten gedachten. Mit dem Fall Israels im Jahre 70 n. Chr. war dieser Kampf nicht zu Ende. Er ging die ganze lange Verbannungszeit hindurch weiter. Er dauerte 1900 Jahre lang, und das jüdische Volk mußte fortwährend um sein Überleben kämpfen. Oft schien es, als müsse es der Macht seiner von dämonischen Kräften inspirierten Feinde erliegen. Wenn diese Feinde dennoch unterlagen, dann aus dem einfachen Grund, weil Gott seine Hand über dem Geschehen hatte. Sogar das britische Reich, das sich zuerst als Schützer und Förderer einer »jüdischen Heimstätte« in Palästina eingesetzt hatte, später aber ihr Gegner wurde, gab den Kampf 1947 müde auf; gleichzeitig begann sein Verfall. Der Plan Gottes läßt sich nicht vereiteln noch verzögern. 1948 wurde Israel eine Tatsache der modernen Geschichte.

Ich muß nicht erst hervorheben, daß der Kampf gegen Israel auch jetzt nicht zu Ende war. Über 30 Jahre schon hat er weitergetobt, und erst das Zweite Kommen des Messias wird ihn beenden. Den Aussagen der Bibel zufolge wird Israel in den letzten Schlachten der Weltgeschichte sogar im Mittelpunkt stehen. Sacharja weissagte über diese Schlachten:

An jenem Tag mache ich Jerusalem für alle Völker zum Stein, den man hochstemmen will: Jeder, der ihn hebt, wird schwer zerschunden. Alle Völker der Erde werden sich gegen Jerusalem verbünden ... An jenem Tag werde ich danach trachten, alle Völker zu vernichten, die gegen Jerusalem anrücken (Sach 12, 3.9 – Einh.).

Ebenso verhält es sich mit dem in Hesekiel 38–39 vorausgesagten Gog-Magog-Krieg und mit der letzten großen Schlacht von Harmagedon aus Offenbarung 16,13–16. Je näher das Ende dieser Weltzeit kommt, um so intensiver, heftiger und universeller wird der Kampf werden. Deshalb ist es für uns wichtig, daß wir Gott hinter diesen Kämpfen in Israel wissen. Die Verse in Sacharja verdienen unsere besondere Aufmerksamkeit:

Seht, ich mache Jerusalem zur Schale voll berauschendem Getränk für alle Völker ringsum ... zum Stein, den man hochstemmen will ... An jenem Tag werde ich danach trachten, alle Völker zu vernichten, die gegen Jerusalem anrücken (Sach 12,2– 3.9 – Einh.).

Weiter heißt es in Sacharja 14,2:

Denn ich versammle alle Völker zum Krieg gegen Jerusalem (Einh.).

In Hesekiel 39,2 sagt Gott über die Heere von Gog aus dem Lande Magog:

Ich will dich herumlenken und dich gängeln, will dich heranführen aus dem äußersten Norden und dich auf die Berge Israels bringen (Zü.).

Dies alles ist von größter Bedeutung. Es zeigt, daß Gott sich des Volkes Israel bedient, um zu beweisen, daß er selbst die Geschichte regiert nach seinem Gutdünken und Vorhaben, daß er Aufstieg und Untergang der Weltreiche festsetzt und über die Entwicklung der Völker, der Dauer politischer Systeme und Ideologien wacht. Israel ist kein politischer Zufall, sondern der Beweis für alle Völker, daß Gott lebt, daß sein Wort gültig, zuverlässig und wahr ist. Der Herr gedenkt seine Autorität und sein Wort so zu beweisen, daß den Völkern der Welt kein Vorwand mehr bleibt. Er wird Israel gebrauchen, um sie hervorzulocken, zu verwirren und dann endlich zu zerschmettern. In diesem kleinen Land werden die Völker einen unüberwindlichen, unzerstörbaren, unbezwingbaren Gegner finden. Weder unendliche militärische Übermacht noch zahlenmäßige Überlegenheit wird ihnen helfen können. Sie werden sich an Israel zerstoßen.

In Hesekiel 38,16.23 weissagt Gott über Gog:

Am Ende der Tage wird es geschehen, daß ich dich über mein Land kommen lasse, damit die Völker mich kennenlernen, wenn ich mich an dir als heilig erweise vor ihren Augen ... Groß und

heilig werde ich mich erweisen, werde mich kundtun vor den
Augen vieler Völker, damit sie erkennen, daß ich der Herr bin
(Zü.).

Und dann erklärt Gott, wie er die Geschichte, das Überleben
und den Sieg des jüdischen Volkes gebrauchen wird, um sich den
übrigen Völkern zu offenbaren:

Und ich werde meine Herrlichkeit unter den Völkern zur Geltung
bringen, und alle Völker werden mein Gericht sehen, das ich
vollstreckt, und meine Hand, die ich an sie gelegt habe, und das
Haus Israel wird erkennen, daß ich, der Herr, ihr Gott bin, von
jenem Tage an und in alle Zukunft. Und die Völker werden
erkennen, daß das Haus Israel um seiner Schuld willen in die
Verbannung hat wandern müssen, darum weil sie treulos an mir
gehandelt hatten, also daß ich mein Angesicht vor ihnen verbor-
gen und sie in die Hand ihrer Feinde gegeben habe und sie alle
durch das Schwert gefallen sind ... Darum spricht Gott der Herr
also: Nunmehr will ich das Geschick Jakobs wenden und mich
des ganzen Hauses Israel erbarmen, will eifern für meinen heili-
gen Namen ... wenn ich sie aus den Völkern zurückbringe und
aus den Ländern ihrer Feinde sammle und mich an ihnen als den
Heiligen erweise vor den Augen der Völker. Alsdann werden sie
erkennen, daß ich, der Herr, ihr Gott bin, daran, daß ich sie zu
den Völkern in die Verbannung geführt, sie aber nun wieder in
ihrem Lande versammelt habe, ohne einen von ihnen mehr dort
zu lassen. Und ich werde mein Angesicht nicht mehr vor ihnen
verbergen, weil ich meinen Geist über das Haus Israel ausgegos-
sen habe, spricht Gott der Herr (Hes 39,21–23.25.27–29 – Zü.).

Der Herr zerstreute sein Volk über die ganze Erde zum Zeichen
dessen, was geschieht, wenn es den Friedefürsten ablehnt und
das Gesetz Gottes übertritt. Die ganze Welt hat diese Geschichte
erfahren. Dann, weil »Gottes Gaben und Berufung ihn nicht
gereuen können«, sammelt er Israel wieder vor den Augen aller
Völker. Ungläubig und geistlich blind, führt er es dem Messias zu
und hält sich dabei an sein Wort:

Blinden will ich Führer sein auf dem Wege, auf Pfaden sie leiten,
die sie nicht kannten, will die Finsternis vor ihnen her zum Lichte
machen und holprigen Grund zum flachen Felde. Dies sind die
Dinge, die ich tue und nicht aufgebe (Jes 42,16 – Zü.).

Sie sind tatsächlich zurückgekehrt, haben auf den dürren Hügeln wieder Weinberge gepflanzt und malariaverseuchte Sümpfe in Felder und Obstgärten verwandelt. Sie haben die alten, zerstörten Städte wiederaufgebaut und sind aus allen Kriegen als Sieger hervorgegangen. Durch diese sichtbare Erfüllung seines Wortes erweist Gott sich den Völkern als lebendiger Gott, dessen Wort Wahrheit ist und der die Finsternis am Ende in helles Licht verwandeln wird. Es ist genauso, wie der Psalmist sagt: »Du wirst dich erheben, dich Zions erbarmen; es ist Zeit, sie zu begnaden, die Stunde ist da ... Dann werden die Heiden den Namen des Herrn fürchten und alle Könige auf Erden deine Hoheit« (Ps 102,14.16 – Zü.).

Eine andere alte Verheißung geht in der Geschichte des modernen Israel sichtbar in Erfüllung:

Zion sprach: Verlassen hat mich Gott, der Herr hat meiner vergessen. Wird auch ein Weib ihres Kindleins vergessen, daß sie sich nicht erbarmte über den Sohn ihres Leibes? Und ob sie gleich seiner vergäße, so will ich doch dein nicht vergessen ... Deine Erbauer eilen herbei – da ziehen aus von dir deine Zerstörer und Verwüster ... Denn deine Trümmer und Wüsteneien und dein verheertes Land – ja, nun wird es zu eng sein für die Bewohner, und deine Verderber werden ferne sein. Es werden dereinst noch zu dir sprechen die Kinder, die dir, der Kinderlosen, geboren werden: Der Platz ist mir zu eng; schaffe mir Raum, daß ich wohnen kann. Da wirst du bei dir denken: Wer hat mir diese geboren? Ich bin ja der Kinder beraubt und unfruchtbar. Und diese, wer hat sie großgezogen? Siehe, ich war allein noch übrig; wo waren denn diese? So spricht Gott der Herr: Siehe, ich winke mit der Hand den Heiden und stecke mein Panier auf für die Völker, und sie werden deine Söhne auf den Armen bringen und deine Töchter auf den Achseln herzutragen ... Kann man einem Starken den Raub entreißen, oder entrinnen die Gefangenen eines Gewaltigen? So spricht der Herr: Wohl werden Gefangene dem Starken entrissen, und der Raub des Gewaltigen entrinnt: mit deinem Gegner streite ich, und deine Kinder errette ich (aus Jes 49,14–25 – Zü.).

Aber Gott wird seine Macht nicht nur durch das sichtbare Überleben und den Sieg Israels in den ihm von feindlichen Mächten aufgezwungenen Kriegen erweisen. Die geistliche Blindheit des jüdischen Volkes wird sich in klares, strahlendes Sehen verwandeln. Gott wird das nationale Trauern, von dem in Sacharja 12,10–14 die Rede ist, als ein weiteres Mittel benutzen, um zu den Völkern zu reden. Israels Klage über die Kreuzigung Jesu wird zu einem folgenreichen geistlichen Erwachen führen. Für die Erlösten wird es »Leben aus den Toten« sein, für die Völker die letzte Gelegenheit, sich bußfertig Gott und seinem Messias, Jesus, zuzuwenden.

Aber die Bedrohung für Israel kommt nicht nur von außen, und es ist wichtig, daß wir uns dies vor Augen halten. Der Feind hat versucht und versucht es immer wieder, dieses Volk von innen her zu zerstören. Was sie durch Kriege und Terrorismus nicht erzielen können, versuchen die Mächte der Finsternis dadurch zu erreichen, daß sie Spaltungen und Uneinigkeit hervorrufen, die jüdische Neigung zu hartnäckigen Überzeugungen ausnutzen und Ungerechtigkeit und Immoralität überhandnehmen lassen.

Jeder, der das moderne Israel kennt, weiß, daß dieses Volk nicht aus lauter Heiligen besteht, daß sich nicht in jedem israelischen Haushalt Wunder ereignen und daß die Einstellungen und Handlungsweisen der Israelis nicht fehlerlos sind. Das Leben in Israel hat seine dunklen Seiten, und für alle, die Israel liebgewonnen haben, ist dies Grund zur Sorge und Traurigkeit. Es wäre eine Dummheit, zu behaupten, daß jede Entscheidung der verschiedenen israelischen Regierungen dem Willen Gottes entsprach und richtig, gerecht und sauber war. Jede israelische Regierung ist menschlich und dem Irrtum unterworfen wie jede andere menschliche Regierung auch. Würden wir die israelische Gesellschaft und Lebensweise nach den Maßstäben des Wortes Gottes beurteilen, so müßten wir vieles eindeutig als Sünde bezeichnen. Kriminalität, Unmoral und Selbstsucht gibt es dort genauso wie in jedem anderen Volk. In den letzten Jahren haben sich die israelischen Behörden sehr bemüht, mit Banden vom Mafiatyp und mit der Korruption im öffentlichen Leben fertig zu werden. Das Böse ist da, auch wenn es gegenwärtig unter Kontrolle zu sein scheint. Wir brauchen Israel nur im Lichte von Micha 6,8 zu sehen, und die Notwendigkeit zur Umkehr ist offensichtlich:

Es ist dir gesagt, o Mensch, was gut ist und was der Herr von dir fordert: nichts als Recht üben und die Güte lieben und demütig wandeln vor deinem Gott (Zü.).

Die Israelis sind sich dieser Notwendigkeit auch bewußt, denn oft genug hört man, das gegenwärtige Leben entspräche nicht dem Ideal und der Vorstellung der Vorväter, und der nationale Charakter stimme nicht mit den Zielen der frühen Zionisten überein. Israel ist eine einzigartige Nation, und doch gleicht es jeder anderen Nation, was den Trieb zur Sünde und das Leben zerstörende und zersetzende Dinge betrifft. Der göttliche Ruf zur Umkehr ist deshalb oberstes Gebot; die Liebe Gottes zum jüdischen Volk holt es Schritt für Schritt zurück. Seine Erlösung und Bestimmung, der die gottgewirkte Buße vorausgehen wird, ist unausweichlich.

In Römer 11,26 steht: »Der Retter wird aus Zion kommen, er wird alle Gottlosigkeit von Jakob entfernen« (Einh.). Dies ist die Septuaginta-Übersetzung von Jesaja 59,20: »Aber für Zion wird er als Erlöser kommen und für die in Jakob, die sich von der Sünde abwenden« (Lu.). Der Erlöser und Befreier, der »alle Gottlosigkeit von Jakob entfernen wird«, wird das in jenen und durch diejenigen in Jakob tun, die sich dank seiner Gnade »von der Sünde abwenden«. Die vorhergehende und oft zitierte Aussage »Dann wird ganz Israel gerettet werden« muß aus diesem Blickwinkel heraus gesehen werden. Zu »ganz Israel« zählen die, die sich »von der Sünde abwenden« und die durch das vollendete Werk des Messias gerettet werden. »Ganz Israel« heißt nicht, daß jeder Jude automatisch gerettet wird, genausowenig, wie »die Heiden in voller Zahl« (Röm 11,25) jeden Heiden automatisch mit einschließt. Die von Gott Geretteten, die sich bekehren von den Sünden in Jakob und sich ihm zuwenden durch den Messias Jesus, sie bilden das wahre Israel Gottes. Diese »Bekehrung zu ihm« ist sicher das, was in Sacharja 12,10–14 beschrieben wird. Es wird eine Buße und göttliche Trauer sein, die zum Heil führt. Gott wird also nicht nur die Israel umringenden feindlichen Mächte und Nationen gebrauchen, sondern auch seine innersten Bedürfnisse und seine Enttäuschung über sich selbst, um es zu seinem Heil zu führen.

Auch die Zukunft dieser Nation ist einzigartig. Völker kamen und gingen, Weltreiche sind aufgestiegen und untergegangen, aber das Volk Israel bleibt bestehen. Über die Zukunft vieler Nationen und Völker haben wir kein besonderes prophetisches Wort, es sei denn das eine, daß sie alle unter das Gericht Gottes fallen werden. Aber von Israel sagt Gott:

> *Und es wird geschehen in den letzten Tagen, da wird der Berg mit dem Hause des Herrn fest gegründet stehen an der Spitze der Berge und die Hügel überragen; und Völker werden zu ihm hinströmen, und viele Nationen werden sich aufmachen und sprechen:* »*Kommt, laßt uns hinausziehen zum Berge des Herrn, zu dem Hause des Gottes Jakobs, daß er uns seine Wege lehre und wir wandeln auf seinen Pfaden; denn von Zion wird Weisung ausgehen, und das Wort des Herrn von Jerusalem.*« *Und er wird Recht sprechen zwischen vielen Völkern und Weisung geben starken Nationen bis in die Ferne; und sie werden ihre Schwerter zu Pflugscharen schmieden und ihre Spieße zu Rebmessern. Kein Volk wird wider das andre das Schwert erheben, und sie werden den Krieg nicht mehr lernen. Sie werden ein jeder unter seinem Weinstock und unter seinem Feigenbaum sitzen, ohne daß einer sie aufschreckt. Denn der Mund des Herrn der Heerscharen hat es geredet* (Mi 4,1–4 – Zü.).

Es wird wie ein Tag hellen Sonnenscheins sein nach einer dunklen und endlos erscheinenden Nacht, wie ein klarer Tag nach Stürmen der Sorge und Qual. Klagen, Weinen und Schmerzen werden für immer vergangen sein, und der Tod wird nicht mehr sein. Gottes Vorsatz mit Zion, sein erwähltes und erlöstes Volk, wird sich endlich verwirklicht haben, und das ganze Israel Gottes wird errettet sein.

Die Einzigartigkeit Israels als Nation ist in den Worten des Herrn in Jeremia 31,35–37 zusammengefaßt:

So spricht der Herr, der die Sonne gesetzt hat zum Licht am Tage, den Mond und die Sterne zum Licht für die Nacht, der das Meer erregte, daß seine Wogen brausten – Herr der Heerscharen ist sein Name –: So gewiß diese Ordnungen vor mir niemals vergehen, spricht der Herr, so gewiß werden auch die Geschlechter Israels nimmermehr aufhören, vor mir ein Volk zu sein für und für. So spricht der Herr: So gewiß die Himmel droben nicht zu ermessen und die Grundfesten der Erde drunten nicht zu ergründen sind, so gewiß will ich die Geschlechter Israels nicht verwerfen um all ihrer Taten willen, spricht der Herr (Zü.).

Es ist richtig, wenn wir diese Worte als erfüllt betrachten in dem geistlichen Israel und dem Zion, welches die Kirche ist. Es gibt jedoch auch die Erfüllung im engeren Sinn für das jüdische Volk. Daß die »Geschlechter Israels« nach wie vor als Volk bestehen, liegt an der Treue Gottes. Es gibt keine andere Erklärung. Hier zeigt sich einmal mehr die unbedingte Glaubwürdigkeit und Wahrhaftigkeit aller, sogar der unverständlichsten prophetischen Schriftstellen in bezug auf Israel und seine Bedeutung im Plan Gottes, mit den Worten des Königs David:

Um deines Wortes willen und nach der Absicht deines Herzens hast du alle diese großen Taten getan und deinem Knecht offenbart. Darum bist du groß, mein Herr und Gott. Ja, keiner ist dir gleich, und außer dir gibt es keinen Gott nach allem, was wir mit unseren Ohren gehört haben. Welches andere Volk auf der Erde ist wie dein Volk Israel? (2 Sam 7,21–23 – Einh.).

Teil III
Die Einzigartigkeit der Stadt

Dies ist Jerusalem! Mitten unter die Heiden habe ich es gesetzt und deren Länder rings um es her. (Hes 5,5 – Zü.)

1. Dies ist Jerusalem

Viele Städte sind reich an natürlicher, architektonischer und ästhetischer Schönheit. Solche Schönheit ist zwar echt, im Grunde aber doch nur oberflächlich; sie besteht aus greifbaren Dingen, die momentan einen starken Effekt auf unsere Sinne ausüben. Jerusalems Schönheit ist nicht von dieser Art. Die Stadt hat zwar auch ihre natürliche Schönheit. Zwischen den Bergen gelegen, bietet sie einen atemberaubenden Anblick – besonders bei Sonnenuntergang, wenn ihre Steine in einem überirdisch zarten Schimmer leuchten, oder morgens, wenn die ersten Strahlen der aufgehenden Sonne ihre Mauern in die vielbesungene »Goldene Stadt« verwandeln. Ihre Schönheit zeigt sich auch in ihren alten Gebäuden und Gassen, die die Atmosphäre einer historischen Vergangenheit widerspiegeln.

Aber diese äußere Schönheit ist nicht das Wesentliche an Jerusalem. Es gibt auch Städte, die Jerusalem hier weit überlegen sind – Städte die eleganter, kultivierter, wirtschaftlich attraktiver und wohlhabender oder großzügiger angelegt sind. Man denke an das elegante Paris, das ehrwürdige Rom, das mächtige London, das geschäftige NewYork. Aber Jerusalem ist anders. Seine eigentliche Schönheit ist die Schönheit eines geistlichen Ideals. Es ist ein Gedanke Gottes, der in Stein und Geschichte Gestalt angenommen hat – und das macht es so einzigartig unter den Städten der Welt.

Jerusalem zählt heute zu den ältesten ständig bewohnten Städten der Welt und kann auf eine 4000jährige Geschichte zurückblicken. Stellenweise liegt das Gebirgsmassiv im Stadtinnern 27

Meter unterhalb der gegenwärtigen Oberfläche; die heutigen Gebäude und Gassen ruhen auf den Ruinen der Vergangenheit. Schicht um Schicht können wir uns bis in die graue Vorzeit vorgraben. Jede Schicht ist Zeuge der Vergangenheit – der Zeit der Jebusiter, Juden, Römer, Byzantiner, Araber, Kreuzfahrer, Türken. Sogar an der Oberfläche finden sich diese Überreste, wenn man nur ein Auge dafür hat: große Steinblöcke aus der Zeit des Herodes, byzantinische Bögen, hellenistische Säulen, arabische Motive, Kreuzfahrergewölbe, Jebusitersteine, türkische Mauern. In der Bibel wird Jerusalem das erste Mal in 1. Mose 14,18 erwähnt, und zwar unter dem Namen »Salem«, was soviel wie »Friede« heißt.

Melchisedek aber, der König von Salem, brachte Brot und Wein heraus; er war ein Priester des höchsten Gottes (Zü.).

Dies ereignete sich ca. 1900 Jahre vor Christus. Weiter wird die Stadt erwähnt in ägyptischen Verwünschungstexten des 19. und 18. Jahrhunderts v. Chr. Aufgrund der Art und Weise, wie sie in verschiedenen Schriftstellen, so etwa in Josua 15,63 und Richter 1,21, erwähnt wird, können wir mit Sicherheit sagen, daß sie im 14. Jahrhundert v. Chr. eine Jebusiterstadt war. Dies wird in den »Tel-el-Amarna«-Briefen jener Epoche bestätigt. Als König David sie im 10. Jahrhundert v. Chr. eroberte (2 Sam 5,6–9), war sie noch immer eine Jebusiterstadt. David machte sie zur Hauptstadt seines vereinigten Königreiches, und von diesem Tage an wurde sie das geistliche Zentrum der Kinder Israel und des jüdischen Volkes. Es war David, der die Eingebung erhielt, Gott einen Tempel auf dem Berg Morija in Jerusalem zu bauen, obwohl erst Salomo, sein Sohn, diesen Plan verwirklichte. Von diesem Zeitpunkt an war Jerusalem nicht nur die politische Hauptstadt Israels, sondern auch das Zentrum einer geistlichen und ewigen Wirklichkeit.

Jerusalem hat infolge von Kriegen und Erdbeben mehr Verwüstungen erlebt als die meisten anderen Städte. In den 2565 Jahren zwischen 587 v. Chr. und 1978 n. Chr. wurde es mehr als zwanzigmal erobert. Und doch steht Jerusalem auch heute noch mehr oder weniger dort, wo es schon immer gestanden hat. Sein Zentrum hat sich etwas nach Norden verlagert, aber seine jetzigen Grenzen schließen das gesamte Gebiet der früheren Stadt zu allen Zeiten der Geschichte mit ein.

Die Stadt Jerusalem ist einzigartig wegen der Art und Weise, wie sie als Hauptstadt der Nation auserwählt wurde. Die meisten Hauptstädte der Welt wurden ihrer günstigen Lage wegen zur Hauptstadt gewählt. Sie liegen an wichtigen Handelswegen oder Knotenpunkten, an großen natürlichen Häfen oder an schiffbaren Flüssen. Sie wurden gewählt, weil sie wirtschaftlich wertvolle und attraktive Metropolen abgaben, die automatisch den Handel anzogen und eine gute Geschäftslage boten. Jerusalem besaß niemals einen dieser natürlichen Vorzüge. Sie lag weder an wichtigen Knotenpunkten noch an Handelswegen. Die Hauptstraßen des Altertums verliefen östlich oder westlich von Jerusalem. Im Osten führte die »Königsstraße« von Arabien nach Damaskus, im Westen verband der »Weg nach dem Meer« *(Via Maris)* Ägypten mit Damaskus, Mesopotamien und Kleinasien.

Jerusalem hat keinen Hafen. Es liegt weder an der Küste noch an irgendeinem Fluß. Seine einzige Wasserzufuhr ist die Gihonquelle, die ursprünglich sogar außerhalb der Stadtmauern lag. Es war König Hiskia, der erkannte, wie gefährlich dies für die Sicherheit und das Überleben Jerusalems war, und seine Abhilfe hat die Ingenieure aller Zeiten in Staunen versetzt. Er ließ einen über 500 Meter langen Tunnel aus dem massiven Felsen heraushauen, der das Wasser von Gihon ins Stadtinnere, zum Teich Siloah (2 Kö 20,20), leitete. Auch diese Art der Wasserversorgung macht Jerusalem zu einer einzigartigen Stadt. Man fragt sich mit Recht, ob es wohl jemals eine andere Hauptstadt gab, deren Wasserversorgung so unsicher war wie die von Jerusalem. Jerusalem wurde zur Hauptstadt Israels, weil Gott es dazu erwählt hatte. In 5.Mose 12,5.13–14 hatte Gott gesagt:

... sondern die Stätte, die der Herr, euer Gott, erwählen wird aus allen euren Stämmen, daß er seinen Namen daselbst wohnen läßt, sollt ihr aufsuchen und dahin kommen ... Hüte dich, daß du

deine Brandopfer nicht an jeder Stätte opferst, die du siehst;
sondern an der Stätte, die der Herr erwählt in einem deiner
Stämme, da sollst du dein Brandopfer opfern und alles tun, was
ich dir gebiete (Lu.).

Dieser von Gott erwählte Ort war Jerusalem. Wie der Psalmist
sagt:

Denn der Herr hat Zion erwählt, als Wohnung für sich erkoren.
Dies ist meine Ruhstatt für und für; hier will ich wohnen, denn
ich habe sie erkoren (Ps 132,13–14 – Zü.).

Deshalb also ist Jerusalem einzigartig unter den Städten der
Welt. Es wurde nicht aufgrund natürlicher Vorzüge erwählt,
denn es besaß keine; der Grund seiner Erwählung war rein
geistlicher Art.

Die göttliche Wahl von Jerusalem macht es nicht nur zu einer
einzigartigen Stadt, sondern auch zum Gegenstand anhaltender
und heftiger Auseinandersetzungen. Gott hat es ja nicht nur zur
Hauptstadt einer irdischen Nation erwählt; es soll auch ein
geistliches Ideal verkörpern. Und so ist es nicht nur ein Zankap-
fel der Nationen, ein Brennpunkt gegensätzlicher nationaler und
religiöser Interessen. Hinter all den Kämpfen, Verwüstungen
und Leiden stecken geistliche Mächte, die das irdische Symbol
des ewigen Ratschlusses und der Berufung Gottes zerstören
wollen.

Die Geschichte Jerusalems ist eine Geschichte der Schlachten,
eine Geschichte von Sieg und Triumph, von Leiden und Not. Es
ist eine Chronik großer Heiligkeit und tiefer Sündhaftigkeit,
beharrlicher Treue und finsteren Verrats, sieghaften Glaubens
und ohnmächtiger Niederlagen. Ein altes jüdisches Sprichwort
faßt die Geschichte Jerusalems in den folgenden treffenden
Worten zusammen:»Zehn Teile Leiden hat Gott der Welt
auferlegt, neun davon fallen auf Jerusalem.« Die Geschichte
Jerusalems ist ein Beweis dafür, daß der schmale Weg Gottes mit
Leiden und Trübsal gepflastert ist. Die Stadt ist ein Mikrokosmos
vom Leben eines jeden Christen, eine Illustration der Wahrheit,
daß wir durch viel Trübsal in das Reich Gottes eingehen müssen.
Sie ist eine Bildtafel, auf der das große Leiden und der Kampf

dargestellt sind, die mit dem Aufbau des geistlichen Zions, der Kirche, verbunden sind. Die Liste der Nationen und Völker, die um Jerusalem gekämpft haben, ist fast endlos: Assyrer, Ägypter, Babylonier, Griechen, Römer, Byzantiner, Perser, Araber, Kreuzfahrer, Tataren, Mameluken, Türken, Briten, Jordanier. Und diese Geschichte ist noch nicht zu Ende. Das Wort Gottes verheißt uns, daß noch viele Schlachten um Jerusalem stattfinden werden. In Sacharja 12,2–3 sagt Gott:

> *Seht, ich mache Jerusalem zur Schale voll berauschendem Getränk für alle Völker ringsum, und auch für Juda wird dies gelten bei der Belagerung Jerusalems. An jenem Tag mache ich Jerusalem für alle Völker zum Stein, den man hochstemmen will: Jeder, der ihn hebt, wird schwer zerschunden. Alle Völker der Erde werden sich gegen Jerusalem verbünden* (Einh.).

Und in Vers 9 heißt es:

> *An jenem Tag werde ich danach trachten, alle Völker zu vernichten, die gegen Jerusalem anrücken* (Einh.).

Und in Sacharja 14,2:

> *Denn ich versammle alle Völker zum Krieg gegen Jerusalem* (Einh.).

Sacharjas Worte sind auch für unsere heutige Generation von Bedeutung: Eine »Schale voll berauschendem Getränk für alle Völker ringsum«, und ein »Stein, den man hochstemmen will«, der aber zu schwer ist. Genau das ist Jerusalem geworden und wird es noch weiterhin bleiben. Jeder, der sich in Jerusalems Bestimmung einmischt und sie verhindern will, wird dadurch »zerschunden werden«. Ob die Supermächte, ob die Vereinten Nationen, ob irgendein beliebiges Volk: Wer gegen Jerusalem kämpft, wird zerschlagen werden.

Sacharja 12,6 ist ebenso wichtig. In dieser Weissagung über noch ausstehende Schlachten um Jerusalem sagt Gott:

Jerusalem aber wird weiterhin an seinem Ort bleiben, in Jerusalem (Einh.).

Es ist eine Tatsache, daß Jerusalem trotz aller Kämpfe und Zerstörungen heute dort steht, wo es schon immer gestanden hat. Ninive, Ur und Babylon wurden gebaut und gingen unter, auch Theben und Ramses. Jerusalem bleibt an seinem Ort. Eines Tages wird Washington verschwinden – und Moskau, Peking und London werden es ebenso. Alle Städte der Welt werden vergehen, nicht aber Jerusalem. Jerusalem ist zeitlos, wenn nicht ewig. Im letzten großen Kampf, wenn die Stadt eingenommen und die Hälfte ihrer Einwohner in die Gefangenschaft geführt worden ist,

... dann wird der Herr hinausziehen und gegen diese Völker Krieg führen und kämpfen, wie nur er kämpft am Tag der Schlacht. Seine Füße werden an jenem Tag auf dem Ölberg stehen, der im Osten gegenüber von Jerusalem liegt (Sach 14,3–4 – Einh.).

Jerusalem wird die erste Stadt sein, die den Messias empfangen wird, denn Gott hat verheißen, daß seine durchbohrten Füße den Boden der Stadt wieder berühren werden. Jesus liebte die Stadt Jerusalem, und zwar nicht nur um ihres Äußeren willen, sondern weil sie einen Teil des Ratschlusses des Vaters verkörperte. Er sprach von Jerusalem als der »Stadt des großen Königs« (Mt 5,35). Sie war seine Stadt, die irdische Stadt sowohl als auch das himmlische Jerusalem. Eine Woche vor seinem Tod, als er über den Ölberg von Bethanien kam und die ganze Stadt vor sich liegen sah, weinte er über sie.

Wenn doch auch du an diesem Tag erkannt hättest, was zu deinem Frieden dient! Jetzt aber ist es vor deinen Augen verborgen. Denn es werden Tage über dich kommen, da werden deine Feinde einen Wall gegen dich aufwerfen und dich ringsum einschließen und dich von allen Seiten bedrängen und dich dem Erdboden gleichmachen und deine Kinder in dir zu Boden schmettern und keinen Stein in dir auf dem andern lassen darum, weil du die Zeit deiner gnadenvollen Heimsuchung nicht erkannt hast (Lk 19,42–44 – Zü.).

Wie betrübt muß er gewesen sein, als er einige Tage später, nachdem er eine sehr ernste Warnung ausgesprochen hatte, sagen mußte:

Jerusalem, Jerusalem, das die Propheten tötet und die steinigt, die zu ihm gesandt sind, wie oft habe ich deine Kinder sammeln wollen, wie eine Henne ihre Küchlein unter ihre Flügel sammelt, und ihr habt nicht gewollt! (Mt 23,37 – Zü.).

In dieser Stadt wurde Jesus gekreuzigt und begraben, hier erstand er von den Toten und fuhr auf zu seinem Vater, um dort in alle Ewigkeit zu herrschen. In diese Stadt wird er wiederkommen mit großer Herrlichkeit und Macht. Dann wird die Weissagung Jesajas sich erfüllen:

Und es wird geschehen in den letzten Tagen, da wird der Berg mit dem Hause des Herrn fest gegründet stehen an der Spitze der Berge und die Hügel überragen; und alle Völker werden zu ihm hinströmen, und viele Nationen werden sich aufmachen und sprechen:»Kommt, lasset uns hinaufziehen zum Berge des Herrn, zu dem Hause des Gottes Jakobs, daß er uns seine Wege lehre und wir wandeln auf seinen Pfaden; denn von Zion wird die Weisung ausgehen, und das Wort des Herrn von Jerusalem.« Und er wird Recht sprechen zwischen den Völkern und Weisung geben vielen Nationen; und sie werden ihre Schwerter zu Pflugscharen schmieden und ihre Spieße zu Rebmessern. Kein Volk wird wider das andre das Schwert erheben, und sie werden den Krieg nicht mehr lernen (Jes 2,2–4 – Zü.).

Dann, und erst dann, wird Jerusalems Kampf vorüber sein und Gottes Plan mit ihm sich erfüllt haben.

Es gibt keine andere Stadt auf der Welt, die mit Jerusalem zu vergleichen wäre. An ihrem Anfang steht die Auserwählung durch Gott; durch seine Gnade wird sie erhalten, und zuletzt wird er sie verherrlichen. Jerusalem ist eine einzigartige Stadt.

2. »Vergesse ich deiner, Jerusalem ...«

Durch die Jahrhunderte hindurch hat Jerusalem Menschen verschiedenster Rasse, Nationalität und Religion angezogen. Es hat einen geheimnisvollen, magnetischen Zauber auf sie ausgeübt. Für die Babylonier, Ägypter, Perser, Griechen oder Hellenisten und die heidnischen Römer war es eine interessante Kriegsbeute bzw. ein Kolonisationsobjekt – noch eine Stadt, die man dem Reich einverleiben oder der man die eigene Kultur und Religion aufzwingen konnte. Für die christlichen Byzantiner und Kreuzfahrer und für die islamischen Araber und Türken war Jerusalem ein religiöser Magnet. Für den echten Christen war es die Stadt, in der Jesus starb und auferstand und in die er wiederkommen würde – die Stadt des großen Königs. Ein großer Teil der Christenheit jedoch betrachtete Jerusalem zwar als eine heilige Stadt, nicht aber als die *erste* heilige Stadt. Für die römisch-katholische Kirche war Rom *die* Stadt des Christentums, während die orthodoxe Kirche Byzanz, dem späteren Konstantinopel, den Vorrang gab. Für die Mohammedaner kam Jerusalem erst an dritter Stelle nach Mekka und Medina. Nichtsdestoweniger liebten und lieben Christen und Moslems Jerusalem in ganz besonderer Weise.

Für den Juden jedoch gibt es keine andere Stadt als Jerusalem. Ganz gleich, welche Rolle andere Städte in der jüdischen Geschichte gespielt haben: Jerusalem nimmt eine Stellung ein, die keiner anderen Stadt zukommt. Für den Juden gab es niemals eine Alternative zu Jerusalem, und das wird auch in Zukunft so bleiben. In seinen Augen ist und bleibt es die erste Stadt.

Seit der Zeit des Königs David ist Jerusalem das nationale und geistliche Zentrum des jüdischen Volkes. In den 3000 Jahren, die seit der Regierungszeit Davids vergangen sind, ist die enge Beziehung zwischen Jerusalem und dem jüdischen Volk niemals unterbrochen worden. War sie auch zeitweise äußerlich unterbrochen – geistlich war sie immer da. Denn sogar während der Verbannungsperioden hat das jüdische Volk Jerusalem nie vergessen, ja die Stadt lebte in solchen Zeiten in seinem Bewußtsein und Denken sogar noch stärker auf.

Sogar während der jahrhundertelangen Zeit des zweiten Exils gab es nur relativ wenige Jahre, in denen in Jerusalem keine Juden lebten. Im ersten Exil waren von 587–537 v. Chr. alle Juden offiziell aus Jerusalem verbannt. Beim zweiten Exil trieb im Jahre 135 n. Chr Kaiser Hadrian alle Juden aus der Stadt, benannte sie in »Aelia Capitolina« um und verbot jedem Beschnittenen den Zutritt zu ihr. Dieser Zustand blieb bis zum Beginn des Byzantinischen Reiches, als 362 n. Chr. der römische Kaiser Julian »der Abtrünnige« den Juden erlaubte, in die Stadt zurückzukehren. Lange war es diesen jüdischen Familien allerdings nicht vergönnt, in Jerusalem zu bleiben. Sie wurden wiederum vertrieben, bis die Kaiserin Eudocia 438 ihre Rückkehr genehmigte. 629 wurden sie erneut ausgewiesen, kamen aber mit der arabischen Eroberung neun Jahre später zurück. Dann nahmen 1099 die Kreuzfahrer die Stadt ein und metzelten alle jüdischen Bewohner nieder – Männer, Frauen und Kinder. Fast zwei Jahrhunderte lang gab es so gut wie keine Juden mehr in Jerusalem.

Der letzte Versuch, die Juden aus Jerusalem zu verbannen, wurde im Jahre 1948 unternommen. Die jordanischen Behörden sagten zwar, Juden, die im alten Judenviertel der Stadt bleiben wollten, könnten dies tun. Durch die systematische Zerstörung des ganzen Judenviertels durch die Araber wurde ihnen das aber unmöglich gemacht. Alle 1200 Juden verließen das Viertel, und 19 Jahre lang gab es keine Juden in der Altstadt Jerusalems, obwohl der neue Westteil der Stadt in den Händen der Israelis blieb. 19 Jahre lang war es keinem Juden erlaubt, zur Westmauer zu gehen oder die alten Synagogen im Judenviertel und die jüdischen Gräber auf dem Ölberg zu besuchen. Während dieser Jahre wurden 58 zum Teil sehr alte Synagogen zerstört oder geschändet. Die nicht zerstörten Synagogen wurden manchmal als Ställe oder sogar als Toiletten benutzt. Von den 50 000 Grabsteinen auf dem Ölberg wurden 38 000 herausgerissen oder zerbrochen. Dies alles hatte 1967 mit dem Sieg der israelischen Verteidigungskräfte und der Wiedervereinigung Jerusalems ein Ende.

Es ist beeindruckend, wie tief das jüdische Volk während der langen Jahre des zweiten Exils mit Jerusalem verbunden blieb. Im Jahre 333 n. Chr. schrieb der Pilger von Bordeaux:

> *»Neben dem Heiligtum liegt ein zerbrochener Stein. Einmal im Jahr kommen die Juden, übergießen ihn mit Öl, klagen und weinen über ihm, zerreißen ihre Kleider als Zeichen der Trauer. Dann kehren sie wieder heim.«*

Obwohl die Juden in jenen Jahren die Stadt meist nicht einmal betreten durften, gestattete man ihnen doch, sie einmal im Jahr zu besuchen, und zwar am 9. Ab (=Ende Juli), dem Gedenktag der Zerstörung Jerusalems sowohl 587 v. Chr. als auch 70 n. Chr. Zu diesem Tag schrieb im Jahre 392 der Kirchenlehrer Hieronymus:

> *»Alljährlich an dem Tag, an dem die Stadt fiel und von den Römern zerstört wurde, kommen, in Lumpen gekleidet, Scharen von wehklagenden alten Männern und Frauen. Vom Gipfel des Ölbergs weint die Menge über die Zerstörung ihres Heiligtums. In ihren Augen stehen noch die Tränen, ihre Hände zittern, und ihr Haar ist zerzaust, aber schon verlangt die Wache den Sold für ihr Recht zu weinen.«*

Von Napoleon wird erzählt, daß er am 9. Ab an einer überfüllten Synagoge vorüberzog und sich, erstaunt über das laute Wehklagen, nach dessen Ursache erkundigte. Man berichtete ihm, daß die Juden in ihrer Synagoge um ihr Land und ihr Heiligtum weinten, das 1800 Jahre zuvor zerstört worden war. Tief bewegt sagte Napoleon: »Ein Volk, das den Verlust seiner Heimat vor 1800 Jahren beweint und es nicht vergißt, ein solches Volk wird niemals untergehen. Dieses Volk kann sicher sein, daß es in seine Heimat zurückkehren wird.«

Im Jahre 640 n. Chr. erlaubte der Kalif Omar 70 jüdischen Familien, in der Nähe der Westmauer zu wohnen. Der Kalif Abd el Malik, der dort, wo der Tempel gestanden hatte, den Felsendom bauen ließ, gab im Jahre 691 jüdischen Familien Erbrechte als Wächter des Tempelberges.

Im Jahre 981 schrieb Salman, der Sohn Jeruhams, eines karäischen Weisen:

152

»500 Jahre lang konnten die Juden nicht einmal ihren Fuß in Jerusalem setzen, ohne damit ihr Leben zu riskieren ... Als jedoch das Ismaelische Königreich [die Araber] gegründet wurde, erlaubte man den Juden, sich in der Stadt niederzulassen ... Später wollten die Ismaeliten jedoch alle Juden aus der Stadt vertreiben« (R. Charif, S. Raz [Hrsg.], Jerusalem: The Eternal Bond, 1977, S. 72).

Rabbi Benjamin von Tudela bemerkte 1165 über den erbärmlichen Zustand der verarmten Juden Jerusalems:

»In Jerusalem gibt es eine farbstoffenthaltende Pflanze, die die Juden verpachten ... Sie leben am Rande der Stadt, unterhalb des Hauses Davids ... in Höhlen oder versteckt liegenden Hütten, und fasten jeden Tag ihres Lebens« (ebd., S. 72).

Im Jahre 1267 schrieb Nahmanides, einer der größten jüdischen Gelehrten, an seinen Sohn:

»Was soll ich über dieses Land sagen ... Je heiliger der Ort, desto größer die Verheerung. Am größten ist sie in Jerusalem. Es gibt etwa 2000 Einwohner, darunter rund 300 Christen, Flüchtlinge, die dem Schwert des Sultans entkamen. Aber es gibt keine Juden, denn sie sind nach der Ankunft der Tataren aus der Stadt geflohen, und einige kamen durchs Schwert um. Jetzt leben hier noch zwei Brüder, Färber, die ihre Farben von der Regierung kaufen. In ihrem Heim trifft sich am Sabbat eine kleine Schar von Gläubigen. Wir sprachen ihnen Mut zu, fanden ein auf Säulen gebautes zerstörtes Haus mit einer wunderschönen Kuppel und bauten es zur Synagoge aus ... Viele Menschen kommen regelmäßig nach Jerusalem, Männer und Frauen aus Damaskus und Aleppo und aus anderen Teilen des Landes, um den Tempel zu sehen und zu beweinen. Der uns würdig erachtete, Jerusalem in Schutt und Asche zu sehen, gewähre uns, sie aufgebaut und wiedererrichtet zu sehen, von der Gegenwart Gottes erfüllt!«

Im Jahre 1420 berichtete Rabbi Simeon Duran:

»Die Menschen von Jerusalem füllten die Synagoge in Jerusalem das ganze Jahr hindurch.«

Martin Kabatnik, ein katholischer Mönch, schrieb 1491:

>>*Es gibt nur wenige Christen, aber viele Juden. Ein Jude, dessen Haus einstürzt, hat nicht das Recht, auf gleichem Grund und Boden ein neues zu bauen. Er muß das Grundstück erneut von seinem Eigentümer um einen hohen Preis erwerben. Die Christen und Juden in Jerusalem sind wie die Bettler in unserem Land gekleidet. Man erlaubt ihnen nicht, gute Mäntel zu tragen. Aber trotz aller Schwierigkeiten und Unterdrückung, die sie durch die Nichtjuden erleiden, weigern die Juden sich, den Ort zu verlassen*<< (ebd., S. 81).

Im Jahre 1610 schrieb George Sandys, ein englischer Reisender, über seinen Besuch in Jerusalem:

>>*Es leben hier auch einige Juden. Sie besitzen jedoch nichts von dem Land, sondern leben in ihrem eigenen Land als Fremdlinge. Ein Volk, verstreut über die ganze Erde, gehaßt von seiner Umgebung, geduldet als notwendiges Übel ... Ich habe mitangesehen, wie viele von ihnen beschimpft, wie einige geschlagen wurden; und doch habe ich niemals einen Juden mit einem mürrischen Gesichtsausdruck gesehen.*<<

Friedrich Hasselkvist, ein schwedischer Arzt und Botaniker, schrieb 1751:

>>*Zur Bevölkerung von Jerusalem gehören ungefähr 20000 Juden. Die meisten von ihnen sind Arme, die keinen Lebensunterhalt haben*<< (Charif/Raz, S. 84).

Rabbi David Hillel schrieb 1824:

Mehr als 3000 jüdische Familien leben in Jerusalem; sie sind dort geboren oder von anderen Teilen der Welt zugezogen<< (ebd. S. 85).

Diese Weigerung der Juden, Jerusalem zu vergessen, wurde 1844 von W. H. Bartlett sehr treffend so zusammengefaßt:

»*Zwischen den Ruinen Zions haust also noch ein Überrest des erwählten Volkes – aber wie sehr hat sich seine Lage verändert! Anstelle des Mächtigen, des Kriegers, des Richters und Propheten, des Weisen und Ältesten, des Vorstehers, des ehrbaren Mannes, des Beraters, des geschickten Handwerkers, des glänzenden Redners sehen wir eine Schar niedergeschlagener Menschen, hauptsächlich Flüchtlinge, die sich unter der allgemeinen Verachtung und Verfolgung ducken. Mit unbeugsamer Zähigkeit halten sie jedoch fest an dem Ort, der Zeuge ihrer vergangenen Größe war und der ihre Hoffnungen auf ein neues Israel nährt*« (W.H. Bartlett, *Walks about the City and Environs of Jerusalem*, S.188).

Interessanterweise blühte Jerusalem gewöhnlich auf, sobald es in den Händen der Juden war, sank aber unter fremder Herrschaft schnell wieder in sich zusammen und verfiel. Vor seiner Zerstörung im Jahre 70 n. Chr. zählte Jerusalem 200000 Einwohner. Unter der Herrschaft des Kaisers Hadrian wurde es zur Provinzstadt. Während der byzantinischen Periode (324–614) lag die Bevölkerungszahl bei 80000. Nach der arabischen Eroberung 638 fiel sie auf 30000 ab und lag zu Zeiten der Kreuzfahrer (1099–1291) bei 3000. Während der Mamelukenzeit (1250–1517) stieg sie auf 30000 an und fiel dann auf 10000 zurück. Unter osmanischer Herrschaft (1517–1917) schwankte sie zwischen 10000 und 60000.

Man vergißt oft, daß die Juden seit 1840 im Vergleich zu den Moslems und Christen die größte Bevölkerungsgruppe von Jerusalem darstellten. Im Jahre 1844 machten sie fast die Hälfte der Bevölkerung aus – 7120 von 15510. Dr. John Kitto gab zu dieser Tatsache im Jahre 1847 folgenden Kommentar: »Obwohl wir uns daran gewöhnt haben, Jerusalem als islamische Stadt zu betrachten, beträgt der moslemische Bevölkerungsanteil nur ein Drittel.« Im Jahre 1876 gab es 12000 Juden, 20 Jahre später lag ihre Zahl bei 28000. 1905 waren es 40000 bei einer Bevölkerungszahl von 60000, 1912 schon 45000 von 80000 und 1976 260000 von 356000.

Wenn auch die äußere Verbindung zwischen Jerusalem und dem jüdischen Volk während der letzten 3000 Jahre manchmal abgebrochen war, so war die geistliche Verbindung doch ununterbrochen vorhanden. Der während der ersten Verbannung geschriebene Psalm 137 drückt das so aus:

An den Strömen Babels, da saßen wir und weinten, wenn wir Zions gedachten ... Wie könnten wir des Herrn Lied singen auf fremder Erde? Vergesse ich deiner, Jerusalem, so müsse meine Rechte verdorren! Die Zunge müsse mir am Gaumen kleben, wenn ich dein nicht gedenke, wenn ich nicht Jerusalem setze über meine höchste Freude! (Ps 137,1.4–6 – Zü.).

Diese Worte spiegeln die Hoffnungen und Gefühle des Volkes Gottes zu allen Zeiten der Gefangenschaft wider. Je heftiger die Verfolgung, je mehr man sie als Juden verachtete, je schwerer die Finsternis auf ihnen lag, desto tiefer wurde ihre Sehnsucht nach Jerusalem. Jerusalem lebte in ihren Herzen auf wie nie zuvor in der jüdischen Geschichte. Es wohnte in ihrem Denken, wurde zum Mittelpunkt all ihrer Träume und Hoffnungen. Dreimal am Tag beteten sie, das Gesicht nach Jerusalem gewandt, für den Wiederaufbau der Stadt. Der Psalm 137 wurde in jüdischen Häusern wochentags vor dem Essen gebetet, am Sabbat und am Festtag sprach man den 126. Psalm:

Wenn der Herr die Gefangenen Zions erlösen wird, so werden wir sein wie die Träumenden. Dann wird unser Mund voll Lachens und unsere Zunge voll Rühmens sein ... Herr, bringe zurück unsre Gefangenen ... (Lu.).

An allen Fest- und Feiertagen kreisten ihre Gedanken um Jerusalem. Diese Vorstellung von einem wiederhergestellten Zion, einem wiederaufgebauten Jerusalem, trug das Volk durch die langen Jahre des Leidens und der Qual. Manche Städte wirken auf die Menschen wie ein Magnet. Dies mag religiöse Gründe haben, wie zum Beispiel im Fall Roms oder Mekkas oder in der Vergangenheit Lhasas. Andere wiederum werden um ihrer Schönheit, Architektur oder Kultur willen verehrt, so etwa Athen, Prag, Florenz oder Peking. Für den Juden gibt es nur eine Stadt – Jerusalem.

Judge Nash schrieb 1844, daß »jeder Versuch, die Juden in andere Länder zu integrieren, fehlschlug; ihre Augen wichen nicht von ihrem geliebten Jerusalem«. Elhanan Levinski, ein russisch-jüdischer Schriftsteller, beschrieb 1892 diese beharrliche Liebe zu Jerusalem folgendermaßen:

> *»Das Land Israel ist ohne Jerusalem wie ein Körper ohne Seele. Allein schon in dem Namen ›Jerusalem‹ steckt eine gewaltige, unbekannte und geheimnisvolle Kraft, die das jüdische Herz anzieht«* (Charif/Raz, S. 80).

Jehuda Halevi, 1075 in Spanien geboren und der größte jüdische Dichter des Mittelalters, erklärte:»Mein Herz ist im Osten, und ich bin im entferntesten Westen.« In seiner Ode»An Zion«, die er für den Fastentag des 9. Ab dichtete, an dem das jüdische Volk der zweifachen Zerstörung Jerusalems und des Tempels gedenkt (587 v. Chr. durch Nebukadnezar und 70 n. Chr. durch Titus), schrieb er:

> *»Wer nimmt mich bei der Hand*
> *und führt mich an den Ort, wo einst vor Jahren*
> *die Engel voller Herrlichkeit*
> *Prophet und Gottesmann erschienen waren?*
>
> *Wer gibt mir Flügel,*
> *bis ich Ruhe find' von meinem langen Wege*
> *und zu den Trümmern deiner Stadt*
> *die Trümmer meines Herzens lege?*
>
> *Da will ich bücken mich*
> *bis auf den Grund, kostbar und hold,*
> *und deine Steine gelten mir*
> *weit mehr als feinstes Gold.«**

Noch schöner kommt die Sehnsucht der Juden nach Jerusalem in dem Gedicht»Die hohe Stadt« zum Ausdruck:

> *»Auffahren wollte ich auf Adlers Schwingen*
> *und nimmer rasten, bis ich find' mein Land,*
> *bis endlich meine Tränen sich vermischen*
> *mit dem geliebten Sand.*

*Übertragung der Übersetzerin. Eine andere Übertragung findet sich in: Jehuda Halevi, *Zionslieder*, 1933, s. 64 und 32.

Ich such' dich, ist dein König auch gewichen,
nahm er den Balsam Gileads auch fort.
Statt dessen liegen Schlangen und Skorpione
versteckt am selben Ort.

Selbst deine Steine will ich zärtlich küssen,
sie zu berühren wird mir teuer sein.
Süßer als Honig ist dein Erdgeschmack den Lippen,
*köstlicher noch als Wein.«**

Als Jehuda Halevi sich Jerusalem näherte, so berichtet eine
Legende, und im Staube kniend im Gebet verharrte, wurde er
von einem arabischen Reiter, der aus einem der Stadttore kam,
zu Tode getreten. Sterbend habe er dort dieses Gedicht aufge-
sagt.

Keine Stadt der Welt hat jemals einem bestimmten Volk soviel
bedeutet wie Jerusalem den Juden. Die Zerstörung im Jahre 70
n. Chr. versetzte ihre Seele in eine Angst, die in den fast 2000
Jahren der Verbannung nie wich. In all diesen Jahren trauerten
die Juden um die Stadt, als sei sie erst am Tag zuvor gefallen. Mit
brennender, manchmal ans Krankhafte grenzender Leidenschaft
sehnten sie sich nach der Wiederherstellung ihrer Stadt. Dies war
der Anstoß für Hanmer L. Dupuis, im Jahre 1856 zu schreiben:

>*Jerusalem ist das Zentrum, um das der Jude in seinen Wunsch-*
träumen die Luftschlösser seiner zukünftigen Glanzzeiten baut.
Hierhin kehrt er zurück von Spanien, Portugal, Deutschland,
Nordafrika usw., um nach all der Mühe und Plage seines Lebens
auf den Straßen seines eigenen, glücklichen Zions zu schreiten«
(Hanmer L. Dupuis, *The Holy Places*).

Rabbi Samuel ben Samson beschrieb seinen ersten Eindruck von
der Stadt folgendermaßen:

>*Wir erreichten Jerusalem am Westende der Stadt und zerrissen*
über seinem Anblick unsere Kleider, wie uns befohlen wurde. Es
war ein ergreifender Augenblick, und wir weinten bitterlich,
Rabbi Jonathan, der große Priester von Lunel, und ich.«

*Übertragung der Übersetzerin. Eine andere Übertragung findet sich in: Jehuda
Halevi, *Zionslieder*, 1933, s.64 und 32.

Für viele Nichtjuden ist die Anziehungskraft Jerusalems ein Rätsel. Viele sind enttäuscht über die religiöse Geschäftemacherei und Ausbeutung, den Staub und Dreck, die »Bakschisch«-Atmosphäre. In Oberst C.R. Conders Beschreibung der Stadt (in: *The Latin Kingdom of Jerusalem*, 1897) werden ihre Gefühle vielleicht am besten wiedergegeben:

> *»Jerusalem ist eine sehr häßliche Stadt. Die aus gewöhnlichen Steinen bestehenden, schlechtgebauten Häuser schweben auf dem Hang der Wasserscheide und scheinen in ständiger Gefahr, in das Kidron-Tal hinabzustürzen.«*

Mark Twain schreibt in *Innocents Abroad* (1869):

> *»Lumpen, Elend, Armut und Schmutz ... Jerusalem ist eine wehklagende, düstere und leblose Stadt. Ich möchte nicht darin leben.«*

W.H. Bartlett sagte (in: *Walks about the City and Environs of Jerusalem*, 1842):

> *»Wenn der Reisende vergessen kann, daß er auf dem Grab eines Volkes schreitet, in welchem seine Religion ihren Ursprung hat, auf dem Staub seiner Könige, Propheten und Heiligen, dann gibt es wohl keine Stadt der Welt, die er schneller zu verlassen wünschte als Jerusalem. Nichts ist uninteressanter als ihre düsteren, halbzerstörten Straßen und armseligen Basare ...«*

Und doch hat diese Stadt andere Menschen tief bewegt. Die Erklärung dafür liegt in den Worten von Elhanan Levinski: »Allein schon in dem Namen ›Jerusalem‹ steckt eine gewaltige, unbekannte und geheimnisvolle Kraft, die das jüdische Herz anzieht.« Alle sahen dieselben Ruinen, dieselbe Zerstörung, denselben Boden und Staub. Aber für einige war das alles, was sie sahen; für andere dagegen sprachen ebendieselben Ruinen, ebendieselben Steine und ebenderselbe Staub nicht nur von einer herrlichen und zugleich leidvollen Vergangenheit, sondern auch von der felsenfesten Hoffnung auf eine glorreiche Zukunft.

Der Prophet Sacharja weissagte:

Und es erging das Wort des Herrn der Heerscharen: So spricht der Herr der Heerscharen: Ich bin voll glühenden Eifers für Zion und voll gewaltigen Grimms für sie. So spricht der Herr: Ich kehre zurück nach Zion und will inmitten Jerusalems wohnen, und Jerusalem soll heißen »Die treue Stadt« und der Berg des Herrn der Heerscharen »Der heilige Berg«. So spricht der Herr der Heerscharen: Noch kommt die Zeit, da Greise und Greisinnen auf den Plätzen Jerusalems sitzen, ein jeder den Stab in der Hand ob hohen Alters. Und die Plätze der Stadt werden voll Knaben und Mädchen sein, die da spielen auf ihren Plätzen. So spricht der Herr der Heerscharen: Wenn das dem Überrest dieses Volkes zu wunderbar scheint, muß es darum auch mir zu wunderbar scheinen? spricht der Herr der Heerscharen. So spricht der Herr der Heerscharen: Siehe, ich will mein Volk erretten aus dem Lande des Aufgangs und aus dem Lande des Niedergangs; ich will sie heimbringen, daß sie inmitten Jerusalems wohnen, und sie sollen mein Volk sein, und ich will ihr Gott sein in Treue und Gerechtigkeit (Sach 8,1–8 – Zü.).

Obwohl die Juden schon beinahe ein Jahrhundert lang die Mehrheit der Jerusalemer Bevölkerung bildeten, schien es 1948 doch noch, als ob die Altstadt dem jüdischen Volk für immer verloren sei. Viele der von den Juden am meisten verehrten Synagogen und Yeshivots waren von ihnen nicht zu erreichen. Ihr größter Kummer war jedoch der Verlust der Westmauer.

Die Westmauer, von den Christen »Klagemauer« genannt, ist der meistverehrte und -geschätzte Ort im Judentum. Es ist der letzte noch verbliebene Teil der alten Stützmauer des zweiten Tempels. Niemand kann gleichgültigen Herzens an der Westmauer vorübergehen. Sie scheint mit ihren Steinen die Geschichte, die Leiden und Hoffnungen des jüdischen Volkes bildhaft darzustellen. Es ist, als ob diese Mauer, auf der die Jahre und die Kämpfe ihre Spuren hinterlassen haben, den Triumph und die Tragik des jüdischen Volkes verkörpert. Aus diesem Grunde wurde sie zum Mittelpunkt vieler Legenden.

Einer dieser Legenden zufolge wurde während des Tempelbaues die Arbeit unter die verschiedenen Bevölkerungsgruppen aufgeteilt, und die Westmauer fiel den Armen zu. Als der Feind viele Jahre später den Tempel zerstörte, breiteten Engel ihre Flügel über diesen Teil der Mauer aus und erklärten: »Diese Mauer, die Arbeit der Armen, soll niemals zerstört werden.«

In einer anderen Legende heißt es, daß um Mitternacht des 9. Ab, dem Gedenktag der Zerstörung Jerusalems, eine weiße Taube über die Mauer gleitet und die Zerstörung beklagt. Es ist der Geist Gottes. Wieder eine andere Legende erzählt, daß in dieser Nacht sogar die Mauer selbst weint und in das Wehgeschrei des Volkes über die Zerstörung des Tempels und der Stadt mit einstimmt. Es gibt tatsächlich viele Tauben, die in den Mauervorsprüngen nisten; einige von ihnen sind weiß. Es stimmt auch, daß in taureichen Nächten das Wasser die Steinwände hinuntertropft. Diese Legenden machen deutlich, daß die Westmauer für das jüdische Volk zum Symbol verlorengegangener Herrlichkeit und der Hoffnung auf seine zukünftige Erlösung wurde. Als man ihm während der jordanischen Besetzung den Zutritt zur Mauer verwehrte, schien dies der härteste Schlag zu sein. Jesus selbst hatte gesagt:

> *Und sie werden durch die Schärfe des Schwertes fallen und unter alle Heiden gefangen weggeführt werden; und Jerusalem wird von Heiden zertreten werden, bis die Zeiten der Heiden vollendet sind* (Lk 21,24 – Zü.).

Während des Sechs-Tage-Krieges 1967 wurde die jordanische Armee von den israelischen Verteidigungskräften in einem Blitzangriff zurückgeschlagen und Jerusalem wiedervereinigt. Es schien, als ob auf einmal die gesamte Bevölkerung West-Jerusalems, einem plötzlichen, spontanen Gefühlsausbruch folgend, in die Altstadt und zur Westmauer zuströmte. Einige Wochen später sagte Yitzak Rabin, Israels ehemaliger Premierminister, während einer Feierstunde an der Hebräischen Universität von Jerusalem:

> *»Das ganze Volk war in Erregung; viele weinten, als sie von der Eroberung der Altstadt erfuhren. Unsere Sabre-Jugend ist nicht sentimental veranlagt, noch weniger unsere Soldaten. Sie scheuen davor zurück, in aller Öffentlichkeit ihre Gefühle zu zeigen. Aber die Anspannung des Kampfes, die vorhergehende Angst und das Gefühl der Befreiung und der direkten Konfrontation mit der jüdischen Geschichte zerbrach die äußere Schale der Härte und*

Zurückhaltung und ließ Ströme des Gefühls und Geistes fließen.
Die Fallschirmjäger, die die Westmauer erobert hatten, lehnten
sich an ihre Steine und weinten.«

Nach dem Jahre 70 n. Chr. war Jerusalem nur wenige Monate lang, während des Aufstandes von Bar Kochba in den Jahren 134–135, unter jüdischer Herrschaft. Zwar erlaubten die Perser 614 nach dem Sturz der byzantinischen Herrschaft den Juden drei Jahre lang, ihre Stadt selbst zu regieren. Dies war jedoch nur eine begrenzte Selbstverwaltung, die nur für die Stadt galt. Seit seiner Zerstörung 70 n. Chr. unterstand Jerusalem fast 1900 Jahre niemals einer selbständigen jüdischen Regierung und war niemals die Hauptstadt eines jüdischen Staates. Jerusalem war immer nur dann die Hauptstadt eines Staates, wenn das jüdische Volk sich selbst regierte, die einzige Ausnahme bildet das Königreich der Kreuzfahrer 1099–1187. Von 1000–587 v. Chr. war Jerusalem Hauptstadt des Königreiches gewesen, von 515 v. Chr.–70 n. Chr. Hauptstadt des jüdischen Staates. 1948 erklärte man West-Jerusalem zur Hauptstadt von Israel. Während der ganzen übrigen Zeit war Jerusalem nicht eine Hauptstadt, sondern nur Teil des einen oder anderen Weltreiches, das von fernen Städten aus regiert wurde.

Am 7. Juni 1967 geschah das Wunder: Die Altstadt wurde mit der Weststadt vereinigt und Jerusalem zur Hauptstadt Israels. An diesem Tag sagte Mosche Dajan, der damalige Verteidigungsminister: »Aufrichtigen Herzens strecken wir unseren arabischen Brüdern im Frieden die Hände entgegen. Aber wir sind nach Jerusalem zurückgekehrt, um es nie wieder zu verlassen.« Die Worte Jesu hatten sich erfüllt. Die Zeit, in der Jerusalem in der Verbannung von den Heiden zertreten werden sollte, war abgelaufen. Seitdem wartet Jerusalem auf das letzte Kapitel seiner langen und bewegten Geschichte.

3. Die Geschichte zweier Städte

Zwei Städte kommen in der Bibel immer wieder vor: Jerusalem und Babylon. Durch das ganze Wort Gottes hindurch sind sie einander gegenübergestellt. Dies ist kein Zufall. Der Heilige Geist machte diese beiden Städte zu Symbolen zweier gegensätzlicher Prinzipien – des Ewigen, Himmlischen einerseits und des Vergänglichen, Irdischen andererseits. Die eine Stadt stellt den Sündigen und Schwachen, aber durch die Gnade Gottes geretteten und zu Gott und seinem ewigen Plan zurückgebrachten Menschen dar, dem Gott sein Leben und sein Alles ist. Die andere stellt den gefallenen Menschen dar, der hoffnungslos und hilflos seiner verderblichen Ichbezogenheit ausgeliefert und noch in seinen edelsten Bestrebungen und Idealen ihr Gefangener ist.

Die biblische Geschichte offenbart auch die Feindschaft zwischen diesen Städten: Das Fleisch streitet gegen den Geist und der Geist gegen das Fleisch. Eine Koexistenz dieser beiden Lebensprinzipien ist unmöglich.

Die Geschichte dieser beiden Städte zieht sich durch die ganze Bibel hindurch, vom 1. Buch Mose bis zu den letzten Kapiteln der Offenbarung, wo sie ihren Höhepunkt erreicht: Babylon mit seinem weltlichen Gepränge und seinem äußeren Glanz wird zunichte gemacht, Jerusalem aber kommt »vom Himmel herab in der Herrlichkeit Gottes«. Man könnte der Bibel durchaus die Überschrift geben »Die Geschichte zweier Städte«.

In 1. Mose 11 wird berichtet, wie die gefallene Menschheit versuchte, eine Stadt zu bauen. Aus dem Text geht deutlich hervor, daß es hier um mehr als nur die Gründung einer Stadt ging. Die Menschen sagten:

> *Wohlan, laßt uns eine Stadt bauen und einen Turm, dessen Spitze bis in den Himmel reicht; so wollen wir uns ein Denkmal schaffen, damit wir uns nicht über die ganze Erde zerstreuen (1 Mo 11,4 – Zü.).*

Daß es sich hier um viel mehr handelte als nur um den unschuldigen Vorsatz, eine neue Stadt zu bauen, geht auch aus der Tatsache hervor, daß Gott selbst das Werk verurteilte und verhinderte. Diese Stadt wurde unter dem Namen »Babel« bekannt und war der Anfang von Babylon. Im ganzen hebräischen Alten Testament wird Babylon »Babel« genannt. (Dies kommt nicht in allen Bibelübersetzungen zum Ausdruck, da sie manchmal das griechische Wort »Babylon« benutzen.) In 1. Mose 12 wird uns berichtet, wie Gott Abram (später Abraham) aus einer der Nachbarstädte von Babel, nämlich aus Ur in Chaldäa, herausrief:

Ziehe hinweg aus deinem Vaterlande und aus deiner Verwandtschaft und aus deines Vaters Hause in das Land, das ich dir zeigen werde (1 Mo 12,1 – Zü.).

Stephanus berichtet von diesem Geschehen im Neuen Testament:

Der Gott der Herrlichkeit erschien unsrem Vater Abraham, als er in Mesopotamien war, bevor er in Haran wohnte, und sprach zu ihm: »*Ziehe hinweg aus deinem Lande und deiner Verwandtschaft, und komm in das Land, das ich dir zeigen werde!*« (Apg 7,2–3 – Zü.).

Der Verfasser des Hebräerbriefes gibt uns den Grund für Abrahams Auszug:

Aus Glauben erwies sich Abraham, als er berufen wurde, gehorsam, an einen Ort auszuziehen, den er zum Erbteil empfangen sollte: und er zog aus, ohne zu wissen, wohin er komme ... Denn er wartete auf die Stadt, die die festen Fundamente hat, deren Erbauer und Schöpfer Gott ist (Hebr 11,8.10 – Zü.).

Abraham war Bürger einer nicht ganz unbedeutenden Stadt. Er war nicht, wie so oft behauptet wird, irgendein umherziehender und einfältiger Schafhirte. Er war ein Mann von Rang und Namen, war kulturell gebildet und gehörte einer adligen Familie von Ur, einer hochzivilisierten Stadt, an. Und während Abraham in einer solchen Stadt lebte, erschien ihm der Herr der Herrlichkeit. In dieser Offenbarung sah Abraham die Stadt Gottes. *Er sah die Stadt Gottes in der Person des Herrn der Herrlichkeit.* Wie er Gott sah oder was er sah, wissen wir nicht; aber eines ist klar: Von diesem Augenblick an konnte er sich nicht mehr mit weniger zufriedengeben. Von da an »wartete er auf die Stadt, die die festen Fundamente hat«. Er ließ den Glanz seiner Geburtsstadt mit ihrem hohen kulturellen Niveau ein für allemal hinter sich zurück. Abraham hatte sie durchschaut; sie war ihm bedeutungslos und unwichtig geworden. Er sah, daß sie kein festes Fundament hatte, daß sie auf den Sand menschlichen Könnens, menschlichen Reichtums und menschlicher Fähigkeiten aufgebaut und deshalb vergänglich war. Jetzt war er ergriffen von dem Herrn der Herrlichkeit und »wartete auf die Stadt, die die festen Fundamente hat, deren Erbauer und Schöpfer Gott ist«. Die Stadt, auf die er wartete, war das himmlische Jerusalem, von welchem das irdische Jerusalem nur ein Schatten ist. Abraham hat das irdische Jerusalem zwar einmal besucht, aber niemals darin gewohnt. Sein Leben war auf das himmlische Jerusalem ausgerichtet.

Von diesem Zeitpunkt an gibt es in der Bibel nur zwei Städte, denen ein Mensch angehören kann: Babylon oder Jerusalem. Zu Anfang ist die Abgrenzung noch nicht klar zu erkennen, aber je weiter sich die biblische Geschichte entwickelt, desto deutlicher wird das Entweder-Oder, bis der Kern der Menschheitsgeschichte in den Schlußkapiteln der Bibel offenbart wird.

Zu der Zeit, als die Offenbarung des Johannes geschrieben wurde, existierte das irdische Babylon nicht mehr, und doch spielt es in diesen Kapiteln eine wichtige Rolle. Es steht für die gefallene Welt. Die Städte der Welt, seien es nun die Städte von damals, etwa Rom, Athen oder Alexandria, oder die Städte der heutigen Zeit, sind ein Sinnbild des Glanzes, der Denkweise und der Macht der gefallenen Welt. Sie alle sind »Babylon«. Babylon ist die Summe menschlichen Könnens und menschlicher Herrlichkeit. Das neue Jerusalem – nicht das irdische, von Menschen gegründete, auf Erden erbaute – kommt vom Himmel herab in der Herrlichkeit Gottes. Die »Herrlichkeit des Herrn« war Abraham erschienen, und in ihr hatte Abraham die Stadt gesehen.

Babylon verkörpert den Erfindergeist, die Fähigkeit und Bestrebungen des gefallenen Menschen. Babylon ist seine Schöpfung. Sie ist voll schöner Musik, der Sprache der Seele. Sie ist reich an prachtvoller Architektur – »gefrorener Musik«, wie Goethe sie nannte. In ihrer Literatur kommt die sorgenvolle Wirklichkeit des gefallenen Menschen und seine Hoffnung auf etwas Besseres zum Ausdruck. Es fehlt nicht an hohen Idealen und Philosophien, an wirtschaftlicher Raffinesse und Schlauheit und viel Religiosität. Dies alles darf nicht geleugnet werden. Die Geschichte Babylons scheint eine Erfolgsgeschichte zu sein – bis wir sie im Lichte der Ewigkeit sehen. Dann verwandelt sich vor unseren Augen alles in Asche.

In den Worten der Erbauer von Babel wird der Kern der Sache offenbar:

Laßt uns eine Stadt bauen und einen Turm, dessen Spitze bis in den Himmel reicht; so wollen wir uns ein Denkmal schaffen (1 Mo 11,4 – Zü.).

Alle Hoffnungen und Bestrebungen – niedrige wie edle – der Städte der Menschen kommen in diesem einen Satz zum Ausdruck. Alle Bemühungen des Menschen werden auf einen Nenner gebracht: Sie dienen seiner Selbstverherrlichung, Selbstverwirklichung und Selbsterfüllung. Dies ist die dynamische Kraft, die hinter seinen Erfolgen steckt – ob auf wirtschaftlichem, künstlerischem oder kulturellem Gebiet. Wir tun dieser Wahrheit großes Unrecht, wenn wir als Christen alles, was vom gefallenen Menschen ausgeht, als niedrig und gemein abtun. Die Hoffnungen und Sehnsüchte der gefallenen Menschheit sind oft edel und gut; vieles in der menschlichen Philosophie ist tatsächlich lobenswert. Und doch gehört es der Stadt an, die kein Fundament hat. Ein Fundament liegt normalerweise tief verborgen in der Erde, aber es ist absolut notwendig für die Stabilität eines Gebäudes. Babylon scheint ein umfangreiches und festes Fundament zu haben. In Wirklichkeit ist es jedoch auf Sand gebaut. Es ist gegründet auf der Oberfläche menschlicher Genialität, nicht auf dem Felsen göttlicher Gnade und Erlösung.

Die Worte von 1. Mose 11,4 offenbaren die ganze Geschichte der gefallenen Menschheit. Sie sind das Motto und die Grabschrift der Menschheitsgeschichte. Von Anfang an hat der Mensch versucht, die Kluft zwischen Erde und Himmel selbst zu überbrücken und das verlorengegangene Paradies wiederzufinden. Er hoffte, sich ein Paradies auf Erden zu schaffen und das Goldene Zeitalter der Gleichheit, Gerechtigkeit und des Friedens für alle Menschen herbeizuführen. Dies ist ein wesentlicher Charakterzug der Menschheitsgeschichte, die dynamische Kraft bedeutender historischer Persönlichkeiten und der Grundgedanke großer menschlicher Philosophien und Ideologien. Am Ende aber wird alles zu Asche.

Auch heute noch bemüht man sich, das Goldene Zeitalter herbeizuführen. Der alte Völkerbund und die Vereinten Nationen von heute sind solche Versuche, ein utopisches neues Zeitalter zu schaffen. Große Ideologien, die einen bedeutenden Einfluß auf das Denken des heutigen Menschen ausüben, wie z. B. der Marxismus, haben in ihrer reinsten Form das Ziel, ein menschliches Paradies auf Erden zu gründen. Aber alle diese Versuche des gefallenen Menschen, mögen sie noch so wohlgemeint und edel sein, sind umsonst und werden auch in Zukunft umsonst sein. Sie schlagen fehl, weil sie Teil einer Stadt sind, die kein Fundament hat. Das Fundament von Gottes Wahrheit, Gerechtigkeit und Erlösung fehlt. Diese Versuche, eine neue Gesellschaft zu gründen, lassen Gott entweder ganz außer acht oder benutzen seinen Namen und sein Werk als Fassade, hinter der sich Selbsterhöhung und -verherrlichung verbergen. Viel Religiosität, ganz gleich welchen Namens, fällt unter diese Rubrik. Babylon ist eine Stadt der Religiosität. Wenngleich sie auch künstlerisch wertvoll oder einfach ist, so ist sie doch eine Frömmigkeit ohne die Kraft Gottes.

Die Menschen in 1. Mose 11 nannten ihre Stadt *Bab il*, was wahrscheinlich von dem alten assyrischen *Bab illi* (Tor Gottes) abgeleitet war. Sie betrachteten ihren Versuch, eine Stadt zu bauen, als göttliches Tor zu einem Paradies auf Erden. Gott nannte die Stadt jedoch nicht *Bab il*, sondern *Babel*, was auf hebräisch soviel wie »Verwirrung« bedeutet. Die Menschen hatten beabsichtigt, den Himmel auf die Erde zu bringen und die Erde hinauf in den Himmel. Sie wollten die Kluft zwischen Mensch und Himmel aufheben und ein goldenes Ideal schaffen. Die ganze Menschheitsgeschichte ist ein einziger Bericht davon, wie die gefallene Menschheit eben diesen Weg zu gehen versucht. Die Städte der Welt, sowohl die damaligen als auch die heutigen, sind ein Ausdruck dieses Versuches. Rom, Paris, Washington, London, Moskau, Peking – sie alle sind ein Ausdruck des Reichtums, des Schaffensgeistes, der Fähigkeiten und der Macht des Menschen. Diese Städte sind die Blüte und Frucht des gefallenen Menschen, eine sichtbare Darstellung des Guten und Edlen wie auch des Bösen und Häßlichen. Sie sind ein Bau ohne Fundament – Babylon.

Dies erklärt auch, warum alles, was der Mensch beginnt, zum teilweisen oder völligen Scheitern verurteilt ist. Er beginnt mit hohen Idealen von Gleichheit, Gerechtigkeit und Freiheit und endet mit Gefangenschaft, Ungerechtigkeit und Ungleichheit. Aus diesem Grund nennt Gott die Stadt Babylon auch »Verwirrung«. Dies ist sein Urteilsspruch über die menschliche Geschichte, und es gibt kaum ein passenderes Wort. Jahrtausendelang hat der Mensch sich vergeblich bemüht, und alle seine Versuche, seine Ideale zu verwirklichen, schlugen fehl.

Babylon gehörte zu seinen Glanzzeiten zu den größten Städten, die es jemals gegeben hat. Seine hängenden Gärten und Prachtstraßen, seine Geschäftsviertel und Banken, seine berühmten Eisentore, seine Paläste und Tempel, seine Kanäle, auf denen Schiffe vom Persischen Golf heraufgeleitet wurden, hatten Babylon zu Recht berühmt werden lassen. Jerusalem ist im Vergleich dazu nur eine unbedeutende Gebirgsstadt. In Jerusalem gibt es keine Boulevards, keine Kanäle, um Schiffe vom Meer heraufzuleiten, keine Parkanlagen, keine Pracht- und Wallfahrtsstraßen. Was aber letztlich zählt, ist nicht das Sichtbare, sondern das Unsichtbare. Während Gottes Urteilsspruch über Babylon lautet, es habe kein Fundament und sei »Verwirrung«, bezeichnet er Jerusalem als »Stadt, die die festen Fundamente hat«. Jerusalem hat keine der natürlichen Vorzüge Babylons, und dennoch bestimmte Gott es zur Hauptstadt seines

Volkes. Er erwählte es, auch wenn es nicht die Erwartungen erfüllt, die der Mensch normalerweise an eine Hauptstadt stellt. Er wollte damit ganz unmißverständlich sagen, daß dies keine gewöhnliche Stadt sei, sondern ein Ausdruck seines Planes mit der Menschheit. Von Anfang an war es Gottes Wunsch gewesen, unter den Menschen zu wohnen, in ihrer Mitte zu thronen. Dies ist die Bedeutung Jerusalems.

Der Herr sagte von Jerusalem:

> *Dies ist meine Ruhstatt für und für; hier will ich wohnen, denn ich habe sie erkoren* (Ps 132,14 – Zü.).

Und wiederum:

> *Alsdann wird man Jerusalem nennen »Thron des Herrn«* (Jer 3,17 – Zü.).

Und weiter:

> *Groß ist und hoch zu preisen die Stadt unsres Gottes! Sein heiliger Berg, schön ragend, ist die Wonne der Welt, der Berg Zion hoch im Norden ist eines großen Königs Stadt. Gott hat in ihren Palästen als Hort sich kundgetan ... Gott läßt sie bestehen auf immer und ewig* (Ps 48,2–4.9 – Zü.).

Diese Stadt Gottes ist der eigentliche Sinn und die Mitte der ganzen Menschheitsgeschichte.

Manche Christen glauben, daß das Ziel der menschlichen Geschichte die Erlösung sei. Ich bin nicht dieser Ansicht. Zweifellos sind die Erlösung und das Heil sehr grundlegend und wichtig. *Aber sie sind Gottes Mittel zum Zweck, nicht das Ziel selbst.* Gottes Heilsplan wurde von ihm entworfen, um uns in seinen ursprünglichen Plan mit der Menschheit zurückzubringen. Die Mittel dazu sind natürlich wichtig, aber sie sind nicht größer als das Ziel. Gottes Absicht mit dem Menschen ist, daß dieser, errettet und durch den Messias Jesus mit ihm vereinigt, zu seinem ewigen Wohnort, seiner Heimat wird. Epheser 2,20–22 bringt dies klar und deutlich zum Ausdruck:

Ihr seid auf das Fundament der Apostel und Propheten gebaut;
der Schlußstein ist Christus Jesus selbst. Durch ihn wird der
ganze Bau zusammengehalten und wächst zu einem heiligen
Tempel im Herrn. Durch ihn werdet auch ihr im Geist zu einer
Wohnung Gottes erbaut (Einh.).

Diese Wohnung Gottes wird in der Schrift von den verschiedensten Seiten her beleuchtet. Sie wird bezeichnet als der »Tempel Gottes«, das »Haus Gottes«, der »Leib Jesu des Messias«, die »Braut des Lammes«, die »Stadt Gottes«. Die letzten beiden Begriffe stammen aus dem 21. Kapitel der Offenbarung des Johannes.

Ich sah die heilige Stadt, das neue Jerusalem, von Gott her aus
dem Himmel herabkommen; sie war bereit wie eine Braut, die
sich für ihren Mann geschmückt hat. Da hörte ich eine laute
Stimme vom Thron her rufen: Seht, die Wohnung Gottes unter
den Menschen! Er wird in ihrer Mitte wohnen, und sie werden
sein Volk sein; und er, Gott, wird bei ihnen sein (Offb 21,2–3 –
Einh.).

Und wiederum:

Komm, ich will dir die Braut zeigen, die Frau des Lammes. Da
entrückte er mich in der Verzückung auf einen großen, hohen
Berg und zeigte mir die heilige Stadt Jerusalem, wie sie von Gott
her aus dem Himmel herabkam, erfüllt von der Herrlichkeit
Gottes (Offb 21,9–11 – Einh.).

Diese Stadt wird einerseits »die Braut, die Frau des Lammes« und andererseits »die heilige Stadt, das neue Jerusalem« genannt, eine Kombination zweier verschiedener Bilder, die normalerweise nicht miteinander verbunden sind. Die Braut verkörpert die intimste Vereinigung, die es unter Menschen gibt, die engste Gemeinschaft in Liebe, in der zwei Menschen den Namen, das Leben, das Heim und die Zukunft teilen. Eine Stadt dagegen ist ein Verwaltungs- und Regierungszentrum. Diese beiden Punkte sind sehr wichtig. Gott will uns in eine ewige Gemeinschaft mit sich selbst bringen, in der wir teilhaben am ewigen Leben; gleichzeitig aber möchte er, daß wir mit ihm von seinem Thron aus herrschen, daß wir unter seiner Anleitung fähig werden, mit ihm zu regieren und seinen Willen auszuführen.

Während Babylon von Anfang bis zum Ende ein Produkt des Menschen ist, die Summe menschlicher Herrlichkeit, geht es Jerusalem nur um Gott. Die Stadt *beginnt* mit Gott, mit seiner Bestimmung und Auserwählung. Durch die Gnade Gottes bleibt sie, überlebt sie, wird sie bewahrt, wächst sie – alles kommt von Gott. Immer wieder hat Gott zugelassen, daß diese Stadt total zerstört wurde. Dann, als alles in Dunkel und Hoffnungslosigkeit lag, griff er ein und befreite sie. Dies ist die Geschichte Jerusalems, der irdischen und der himmlischen Stadt. Auch an Jerusalems *Ende* steht Gott. Er wird es einst verherrlichen, zu seinem ewigen Wohnsitz nehmen, zum Standort seines Thrones.

Während Babylon ein Symbol des Menschen ist, ist Jerusalem ein Symbol Gottes. Jerusalem stellt die Herrschaft des Himmels – im Gegensatz zur Rebellion des Menschen gegen die Autorität Gottes dar. Es verkörpert das Ewige im Gegensatz zum Vergänglichen, den Geist im Gegensatz zum Fleisch, den Weg Gottes im Gegensatz zum Weg des Menschen. Dies erklärt auch, warum sogar das irdische Jerusalem wie ein Felsen die Jahrhunderte überdauerte. Babylon mit seinem Glanz, seinem Weltreich, seinem großartigen Regierungssystem, seiner klugen Philosophie und seiner menschlichen Willensstärke geht am Ende doch zugrunde. Jerusalem jedoch bleibt ewig bestehen. Zwar ist auf der einen Seite das irdische Jerusalem eine Stadt wie jede andere. In Offenbarung 11,8 heißt es von ihr:

Diese Stadt heißt, geistlich verstanden: Sodom und Ägypten; dort wurde auch ihr Herr gekreuzigt (Einh.).

In Galater 4,25 lesen wir:

Denn das Wort Hagar bedeutet den Berg Sinai in Arabien, es entspricht aber dem jetzigen Jerusalem: denn dieses ist mit seinen Kindern in Knechtschaft (Zü.).

Der Verfasser des Hebräerbriefes schreibt:

Denn wir haben hier keine bleibende Stadt ... (Hebr 13,14 –
Zü.).

Aber trotzdem ist das irdische Jerusalem ein Sinnbild der ewigen
Stadt. Augustinus sprach von ihm als dem »Schatten einer Stadt,
Jerusalem«. Jerusalem ist einzigartig, und wir können und dürfen
es nicht entwerten. Es wird niemals vergehen, bis das himmlische
Jerusalem seinen Platz einnehmen wird. Der Psalmist bekennt:

*Gott ist uns Zuflucht und Stärke, ein bewährter Helfer in allen
Nöten. Darum fürchten wir uns nicht, wenn die Erde auch
wankt, wenn Berge stürzen in die Tiefe des Meeres, wenn seine
Wasserwogen tosen und schäumen und vor seinem Ungestüm die
Berge erzittern. Der Herr der Heerscharen ist mit uns, der Gott
Jakobs ist unsere Burg. Die Wasser eines Stromes erquicken die
Gottesstadt, des Höchsten heilige Wohnung. Gott ist in ihrer
Mitte, darum wird sie niemals wanken; Gott hilft ihr, wenn der
Morgen anbricht. Völker toben, Reiche wanken, es dröhnt sein
Donner, da zerschmilzt die Erde. Der Herr der Heerscharen ist
mit uns, der Gott Jakobs ist unsre Burg* (Ps 46,2–8 – Einh.).

Inmitten aller Kämpfe bleibt die Stadt Gottes fest gegründet.
Ganz gleich, auf welcher Ebene die Auseinandersetzung stattfin-
det – ob es nun der geistliche Kampf um den Plan Gottes und
seine Verwirklichung ist, der über Jahrhunderte hinweg wütete,
oder ob es der irdische Kampf um das irdische Jerusalem ist –:
Inmitten alles Wankens, aller Veränderungen bleibt die Stadt
Gottes fest gegründet. Gott ist in ihrer Mitte, deshalb kann ihr
nichts zustoßen. Weil Gott in ihr gegenwärtig ist, wird sie zum
Schluß den Sieg davontragen. Gott hat eine besondere Vorkehrung getroffen, um sie zu bewahren. Diese Vorkehrung ist für
das menschliche Auge unsichtbar, befähigt Jerusalem aber, allen
Widersachern standzuhalten und den Sieg und das Erbe zu
erlangen. Sie ist »ein Strom«, deren Wasser die Gottesstadt
erquicken. Für den großen Kampf zwischen dem Himmelreich
und den Mächten der Finsternis, dem »Geist, der jetzt wirksam
ist in den Söhnen des Ungehorsams«, hält Gott vorsorgend

göttliches Leben und Kraft bereit, die uns befähigt zu überwinden. Wenn dies für den geistlichen Bereich Gültigkeit hat, so auch für den irdischen. Gott wird nicht zulassen, daß Jerusalem irgend etwas zustößt, bevor sich sein Plan erfüllt hat. Manchmal gilt es, in der Nacht der Anfechtung und Trübsal auszuhalten, wenn vom menschlichen Standpunkt aus auch alles verloren scheint. Aber »Gott hilft ihr, wenn der Morgen anbricht«.

Daß Gott selbst Jerusalems Ziel und Mitte ist, kommt im Psalm 87 wunderbar zum Ausdruck:

> *Der Herr liebt Zion, seine Gründung auf heiligen Bergen; mehr als all seine Stätten in Jakob liebt er die Tore Zions. Herrliches sagt man von dir, du Stadt unseres Gottes. Leute aus Ägypten und Babel zähle ich zu denen, die mich kennen; auch von Leuten aus dem Philisterland, aus Tyrus und Kusch sagt man: Er ist dort geboren. Doch von Zion wird man sagen: Jeder ist dort geboren. Er, der Höchste, hat Zion gegründet. Der Herr schreibt, wenn er die Völker verzeichnet: Er ist dort geboren. Und sie werden beim Reigentanz singen: All meine Quellen entspringen in dir (Einh.).*

Wenn Gott die Nationen aufruft, heißt es von einzelnen, daß sie nicht in Babylon, im Philisterland, in Tyrus, Ägypten oder Äthiopien geboren sind, sondern in Zion. Sie gehören nicht dieser Welt an, sondern Gott und seinem Reich, nicht Babylon, der Stadt dieser Welt, sondern der »Stadt Gottes«, die »die festen Fundamente« hat.

Der Psalmist erklärte: »Der Herr liebt Zion, seine Gründung auf heiligen Bergen ...«, »Herrliches sagt man von dir, du Stadt unseres Gottes« und: »Doch von Zion wird man sagen: Jeder ist dort geboren.« Zwischen den folgenden drei Dingen besteht ein enger Zusammenhang: den festen Fundamenten, der Herrlichkeit Gottes und der Wiedergeburt. Die Herrlichkeit Gottes kann nur dem verliehen werden, der die Fundamente Gottes hat. Weil der Mensch in Sünde fiel, ermangelt er der Herrlichkeit Gottes (Röm 3,23). Wir aber, die wir von neuem geboren sind, sind in Zion geboren; wie wir in Galater 4,26–28 lesen:

Das Jerusalem droben aber ist eine Freie, und das ist unsre Mutter. Denn es steht geschrieben: »Sei fröhlich, du Unfruchtbare, die du nicht gebierst; brich in Jubel aus und jauchze, die du nicht in Wehen liegst! Denn viele Kinder wird die Vereinsamte haben, mehr als die, welche den Mann hat.« Ihr aber, ihr Brüder, seid nach der Weise des Isaak Kinder der Verheißung (Zü.).

Wenn das Jerusalem droben »unsere Mutter« ist, dann sind wir gerufen vom »Gott aller Gnade ... zu seiner ewigen Herrlichkeit in Christus« (1 Petr 5,10 – Zü.). Wir müssen den Zusammenhang erkennen, der zwischen unserer Berufung zur Herrlichkeit und unserer Zugehörigkeit zu seiner Braut und seiner Stadt besteht. Der Verfasser des Hebräerbriefes schreibt:

Sondern ihr seid gekommen zu dem Berg Zion und zu der Stadt des lebendigen Gottes, dem himmlischen Jerusalem (Hebr 12,22 – Zü.).

Und später fügt er hinzu:

Denn wir haben hier keine bleibende Stadt, sondern wir suchen die zukünftige (Hebr 13,14 – Zü.).

Wir sind in Jerusalem geboren und gehen doch erst dorthin, durch die Gnade Gottes und seine überwindende Kraft. Dies war die Stadt, auf welche Abraham wartete (Hebr 11,10), und nicht nur Abraham, sondern seine ganze Familie.

Nun aber streben sie nach einer besseren Heimat, nämlich der himmlischen. Darum schämt sich Gott ihrer nicht, er schämt sich nicht ihr Gott genannt zu werden; denn er hat für sie eine Stadt vorbereitet (Hebr 11,16 – Einh.).

Dies bezieht sich nicht nur auf Abrahams engsten Familienkreis. Auch Josef, Mose, Josua, Rahab, Gideon, Barak, David, Samuel und andere werden in diesem Kapitel erwähnt. Auch sie gehören zu dieser Stadt.

Er hat für sie eine Stadt vorbereitet ... Doch sie alle, die aufgrund des Glaubens von Gott besonders anerkannt wurden, haben das Verheißene nicht erlangt, weil Gott erst für uns etwas

Besseres vorgesehen hatte; denn sie sollten nicht ohne uns vollen-
det werden (Hebr 11,16.39–40 – Einh.).

Mit anderen Worten: Alle von Gott Erlösten sind auf wunder-
bare Weise zu Bürgern des Jerusalems »droben« geworden.
Jetzt verstehen wir auch, warum auf den zwölf Toren des
Neuen Jerusalem die Namen der zwölf Stämme der Kinder Israel
eingraviert sind und warum die Grundsteine der Stadtmauer die
Namen der zwölf Apostel des Lammes tragen (Offb 21,12.14).
Das Volk dieser Stadt setzt sich aus den Erwählten des Alten und
Neuen Bundes zusammen. Die vierundzwanzig Ältesten, die in
der Offenbarung mehrfach erwähnt werden, könnten symbolisch
für die zwölf Patriarchen des Alten und die zwölf Apostel des
Neuen Bundes stehen. Zu dieser Stadt sind alle in Wahrheit
Gläubiggewordenen gerufen; sie ist das »Ziel«, von dem der
Apostel Paulus sagte, er ...

> *... jage, das Ziel im Auge, nach dem Kampfpreis der Berufung*
> *nach oben durch Gott in Christus Jesus* (Phil 3,14 – Zü.).

Ganz gleich, wie viele Fragen uns bleiben, eines ist klar: In den
letzten Kapiteln der Bibel fällt Babylon unter das Gericht Gottes
und wird zerstört (Offb 16,1–19.21). Einige Christen können die
Reaktion der großen Schar im Himmel auf die Zerstörung Babylons, wie sie in Offenbarung 19,1–8 geschildert wird, nicht verstehen. Der große Halleluja-Gesang, der bei der Zerstörung zu
Gott aufsteigt, scheint in ihren Augen nicht sehr »christlich« zu
sein. Diese menschliche Stadt hat für uns so viel Anziehendes,
daß wir vergessen, daß sie kein Fundament hat. Unser Problem
ist in Wirklichkeit, daß wir oft mit einem Bein immer noch in
Babylon stehen. Jesus hat uns gewarnt: »Wo dein Schatz ist, da
wird auch dein Herz sein« (Mt 6,21 – Zü.). Ein Teil unseres
»Schatzes« liegt immer noch in Babylon. Aus diesem Grund
scheint es einigen auch schwer verständlich, daß ganz Babylon
zerstört werden wird. Wir begreifen, daß alles Böse und Häßli-
che weichen muß, aber seine Musik, Literatur und Architektur
sollte doch erhalten bleiben. Und doch wird alles, was nicht in
Gott seinen Ursprung hat, zerstört werden, wie schön und kost-
bar es uns auch erscheinen mag.

Manchmal vergessen wir Christen, daß Gott selbst die Kreativität in den Menschen hineingelegt hat, die ihn zu solchem Schaffen befähigt; daß sein Schaffen nur ein blasser Abglanz der Schöpferkraft Gottes ist. Unsere Kreativität und Erfindungskraft hat ihren Ursprung in der Tatsache, daß der Mensch »nach dem Bilde Gottes, ihm ähnlich«, erschaffen wurde. Gott ist nicht gegen die Kreativität an sich, ganz gleich auf welchem Gebiet und in welcher Ausdrucksweise. Im Gegenteil! Wenn die »ersten Dinge« vergangen sind, wenn die Geschichte der gefallenen Menschheit ein Ende gefunden hat, wird ein neues Zeitalter mit den herrlichsten Schöpferkräften und Möglichkeiten beginnen. Johannes schreibt dies in Offenbarung 21,3–5:

Und ich hörte eine laute Stimme vom Throne her sagen: Siehe da, die Hütte Gottes bei den Menschen; und er wird bei ihnen wohnen ... und der Tod wird nicht mehr sein, und kein Leid noch Geschrei noch Schmerz wird mehr sein; denn das Erste ist vergangen. Und der auf dem Throne saß, sprach: »Siehe, ich mache alles neu« (Zü.).

Der Mensch wird in der Gemeinschaft mit Gott heranwachsen zu dem Geschöpf, als das er ursprünglich gemeint war. Weil Gott selbst sowohl die Mitte als auch den Raum seines Lebens bilden wird, wird der schöpferische Geist in ihm erst richtig zur Entfaltung kommen. Die Tatsache ist eben, daß die gefallene Menschheit, die menschliche Stadt, kein Fundament hat, mag sie auch manchmal noch so edel und gut erscheinen. Nur Jerusalem hat ein ewiges Fundament.

Jesaja weissagt über das letzte Gericht über Babylon:

So wird es Babel, der Zier der Königreiche und der stolzen Pracht der Chaldäer, ergehen wie Sodom und Gomorrha, als Gott sie zerstörte. Ewig unbesiedelt soll sie bleiben und unbewohnt von Geschlecht zu Geschlecht, und es wird daselbst der Beduine nicht zelten, und die Hirten werden dort nicht lagern lassen; sondern Wüstentiere werden daselbst lagern, und ihre Häuser werden voller Eulen sein. Strauße werden daselbst wohnen und Feldteufel daselbst tanzen (Jes 13,19–21 – Zü.).

Diese Weissagung hat sich im Hinblick auf die irdische Stadt Babylon auch genau erfüllt. Jesaja 14,12 ist vielleicht noch interessanter:

Wie bist du vom Himmel gefallen, du strahlender Morgenstern!
Wie bist du zu Boden geschmettert, du Besieger der Völker!
(Zü.).

Im allgemeinen ist man der Auffassung, in dieser Weissagung sei von Satan die Rede. Wenn dies tatsächlich der Fall ist, sind wir hier beim Kern der Sache angelangt. Babylon erhält seine Kraft von Satan selbst. Das Gift der Schlange ist im Blutkreislauf der unerretteten Menschheit; die Menschheitsgeschichte ist ein Beweis dafür. Das Problem der Menschen liegt viel tiefer als auf der Ebene einiger unglücklicher Schwächen. Die Behandlung muß deshalb auch an der Wurzel ansetzen. Der Mensch braucht mehr als eine Schönheitsoperation mit einigen kosmetischen Veränderungen. Er braucht ein neues Herz und einen neuen Geist.

Die Aufgabe besteht nicht darin, das Gute und Edle vom Bösen und Gemeinen zu trennen. Man könnte ebenso versuchen, genießbares und ungenießbares Essen zu trennen, nachdem das ganze Mahl vergiftet wurde. Die ganze Mahlzeit muß weggeworfen und eine neue zubereitet werden. Die Sünde hat das Fundament weggenommen. Der gefallene Mensch ist samt seiner edelsten Ideale und Bestrebungen ein Gefangener seiner unerlösten Natur. Der Messias Jesus kam, um ihn aus dieser hoffnungslosen Situation zu befreien. Er kam als das Lamm Gottes, um die Sünde der Welt hinwegzunehmen und all diejenigen zu retten, die im Glauben an ihn zu Gott kommen. Durch das vollendete Werk Jesu wird der Mensch nicht nur von der Sünde errettet, sondern von neuem geboren. Er empfängt ein neues Herz und einen neuen Geist. Der Prophet Hesekiel weissagte hierüber:

Und ich werde euch ein neues Herz geben und einen neuen Geist
in euer Inneres legen; ich werde das steinerne Herz aus eurem
Leibe herausnehmen und euch ein fleischernes Herz geben. Mei-

nen Geist werde ich in euer Inneres legen und machen, daß ihr in meinen Satzungen wandelt und meine Gesetze getreulich erfüllt (Hes 36,26–27 – Zü.).

Die unzählbare Schar im Himmel freut sich aber nicht nur über die Zerstörung Babylons, sondern viel mehr noch darüber, daß Jerusalem vom Himmel herabkommt, in der Herrlichkeit Gottes. Gott und die Wahrheit haben endlich gesiegt. Ein neues Zeitalter und ein neuer Mensch mit einer neuen und herrlichen Bestimmung haben begonnen.

Das Jerusalem dieser Welt ist das Sinnbild dieser geistlichen Wirklichkeit. Aus diesem Grunde sagt der Herr:

> *Dies ist Jerusalem! Mitten unter die Heiden habe ich es gesetzt und deren Länder rings um es her* (Hes 5,5 – Zü.).

Gott hat Jerusalem zum Anschauungsbeispiel für die Völker der Welt gemacht, durch die ganze Menschheitsgeschichte hindurch bis zum Ende der Weltzeit. Diese einfache, aber zugleich tiefgründige Wahrheit gibt Jerusalem eine Sonderstellung unter den Hauptstädten der Welt. Aus diesem Grund ist es niemals von der Bühne der Weltgeschichte verschwunden, und es wird auch nie verschwinden, bis der Messias wieder auf seinen Straßen wandelt und es verblaßt vor der strahlenden Herrlichkeit des ewigen Jerusalem.

Teil IV
Die Einzigartigkeit des Messias

Denn ein Kind ist uns geboren, ein Sohn ist uns gegeben, und die Herrschaft kommt auf seine Schulter, und er wird genannt: Wunderrat, starker Gott, Ewigvater, Friedefürst. Groß wird die Herrschaft sein und des Friedens kein Ende auf dem Throne Davids und über seinem Königreiche, da er es festigt und stützt durch Recht und Gerechtigkeit von nun an bis in Ewigkeit. (Jes 9,6–7 – Zü.)

1. Ich glaube fest, daß der Messias kommen wird

Als der König David im Sterben lag, sprach er eine der bedeutendsten und wohl schönsten Weissagungen aus, die Gott ihm jemals geschenkt hatte:

> *Der Geist des Herrn hat durch mich geredet, und sein Wort ist auf meiner Zunge. Es hat der Gott Israels zu mir gesprochen, der Fels Israels hat geredet: Wer gerecht herrscht unter den Menschen, wer herrscht in der Furcht Gottes, der ist wie das Licht des Morgens, wenn die Sonne aufgeht, am Morgen ohne Wolken. Und wie das Gras nach dem Regen aus der Erde bricht, so ist mein Haus fest bei Gott; denn er hat mir einen ewigen Bund gesetzt, in allem wohl geordnet und gesichert. All mein Heil und all mein Begehren wird er gedeihen lassen* (2 Sam 23,2–5 – Lu.).

Ob diese Worte nun einen Hinweis auf den Messias enthalten oder nicht, eines ist sicher: David wußte, daß der Herr einen ewigen Bund mit ihm geschlossen hatte, der »in allem wohl geordnet und gesichert« war. Er erkannte, daß all sein Heil und sein Wünschen nur auf diesen Bund ausgerichtet sein konnten. Der Herr hatte David geschworen:

Dich aber will der Herr groß machen; denn der Herr wird dir ein Haus bauen. Wenn einst deine Zeit um ist und du dich zu deinen Vätern legst, dann will ich deinen Nachwuchs aufrichten, der von deinem Leibe kommen wird, und will sein Königtum befestigen. Der soll meinem Namen ein Haus bauen, und ich will seinen Königsthron auf ewig befestigen ... dein Haus und dein Königtum sollen immerdar vor mir Bestand haben; dein Thron soll in Ewigkeit feststehen (2 Sam 7,11–13.16 – Zü.).

David dachte an diese Worte, als er sagte:

Darum will ich dich preisen unter den Völkern, o Herr, und deinem Namen lobsingen, der du deinem König großes Heil verleihst und deinem Gesalbten Huld erweisest, David und seinem Hause ewiglich (Ps 18,50–51 – Zü.).

In einem viel später geschriebenen Psalm wird dieses Thema erneut aufgegriffen:

Damals hast du geredet durch ein Gesicht zu deinem Heiligen und gesagt: Ich habe einen Helden erweckt, der helfen soll, ich habe erhöht einen Auserwählten aus dem Volk. Ich habe gefunden meinen Knecht David, ich habe ihn gesalbt mit meinem heiligen Öl ... Ich will meinen Bund nicht entheiligen und nicht ändern, was aus meinem Munde gegangen ist. Ich habe einmal geschworen bei meiner Heiligkeit und will David nicht belügen: »Sein Geschlecht soll ewig bestehen und sein Thron vor mir wie die Sonne, wie der Mond, der ewiglich bleibt, und wie der treue Zeuge in den Wolken« (Ps 89,20–21.35–38 – Lu.).

Das hebräische Wort, das in den Sätzen»... und deinem *Gesalbten* Huld erweisest« (Ps 18,51) und »ich habe ihn *gesalbt* mit meinem heiligen Öl« (Ps 89,21) vorkommt, ist von»Messias« abgeleitet.»Messias« kommt von dem hebräischen *Maschiach* und bedeutet»Gesalbter«. Die griechische Form *Christos,* von dem unser deutsches Wort Christus stammt, hat dieselbe Bedeutung.

Als die Nachfolger auf dem Thron Davids eine Enttäuschung nach der anderen brachten und schließlich völlig aus der Geschichte verschwanden, erkannte man, daß Gott einen messianischen König verheißen hatte, einen Heiland-König, der nicht nur von David abstammen, sondern ein »größerer David« sein würde. Jesaja brachte dies in den Worten zum Ausdruck:

Und es wird ein Reis hervorgehen aus dem Stamm Isais und ein Zweig aus seiner Wurzel Frucht bringen. Auf ihm wird ruhen der Geist des Herrn ... Und es wird geschehen zu der Zeit, daß das Reis aus der Wurzel Isais dasteht als Zeichen für die Völker. Nach ihm werden die Heiden fragen, und die Stätte, da er wohnt, wird herrlich sein (Jes 11,1–2.10 – Lu.).

Zur Zeit des Neuen Testaments hatte die Vorstellung von einem Messias klare Formen angenommen. Man wartete auf einen gesalbten Heiland-König, den Messias, der das Joch der Unterdrücker zerbrechen, sein Volk befreien und das Königreich für immer aufrichten würde.

Die Gestalt eines Messias ist einzig und allein im Juden- und Christentum zu finden. Über das Christentum braucht hier nichts weiter gesagt zu werden, weist doch schon sein Name darauf hin, daß es messianisch ausgerichtet ist. Hätte sich das verdeutschte hebräische Wort »Messias« anstelle des verdeutschten griechischen Wortes »Christus« durchgesetzt, sprächen wir heute vom »Messientum«. Jeder wiedergeborene Christ ist ein messianischer Gläubiger. Jeder ist ein »Christuseigener«, ein »Messiaseigener«, der durch das Werk des Messias Jesus gerettet und mit Gott versöhnt ist und Jesu Wiederkunft erwartet.

Für das Judentum ist der Messias jedoch noch nicht erschienen. »Ich glaube fest, daß der Messias kommen wird; sollte er verziehen, so will ich doch täglich auf sein Erscheinen warten« – so lautet der 12. Glaubensartikel, der von Maimonides, einem großen jüdischen Gelehrten des 12. Jahrhunderts n. Chr., verfaßt worden ist. Der Glaube an das Kommen eines persönlichen Messias war zur Zeit des Königs Herodes des Großen zum festen Bestandteil der jüdischen Heilserwartung geworden. Ohne Einschränkung heißt es im Talmud, daß »alle Propheten bezüglich den Tagen des Messias geweissagt haben« (Berakoth Sanhedrin 34b). Die Targume sind sehr stark messianisch und enthalten in mindestens 72 Abschnitten des Alten Testamentes Hinweise auf den Messias. Fast jeder maßgebende jüdische Kommentator hat gelehrt, daß das Alte Testament die Ankunft eines persönlichen Messias voraussagt. Sogar Maimonides, der sich sehr scharf gegen die Pseudo-Messiasse und den damit verbundenen ungesunden Extremismus aussprach und auch die traditionelle christliche Auslegung alttestamentlicher Weissagungen ablehnte, glaubte an das Erscheinen eines Messias. Auch die Kabbalistik, jene Bewegung des jüdischen Mystizismus, die im 12. Jahrhundert n. Chr. ihren Anfang nahm und auf das jüdische Leben jahrhundertelang einen großen Einfluß ausüben sollte, ist dem Wesen nach messianisch – besonders in dem Buch Zohar, einem Produkt der spanischen Kabbalistik des 13. Jahrhunderts. Erst in den letzten Jahrhunderten wurde diese Messiaserwartung weithin aufgegeben (wie es auch in namenschristlichen Kreisen der Fall war) und durch den Glauben an ein »messianisches Zeitalter«, ein Goldenes Zeitalter menschlichen Wohlstandes und Friedens, ersetzt.

Die Verheißung eines Messias geht auf die ersten Kapitel der Bibel zurück und nimmt im Laufe des Alten Testamentes immer mehr Gestalt an. Schon die Messias-Idee an sich ist einzigartig, aber die Art, wie die Bibel immer deutlicher sein Kommen, seine Person, sein Werk und seine Herrlichkeit vorhersagt, ist es fast noch mehr. Der Umfang dieses meines Buches läßt eine wirklich eingehende Beschäftigung mit diesem so wichtigen Thema nicht zu. Nur einige der bedeutendsten Verheißungen seien hier als Beispiel angeführt:

In 1. Mose 3,15 sagt Gott zu der Schlange:

Ich will Feindschaft setzen zwischen dir und dem Weibe und zwischen deinem Nachkommen und ihrem Nachkommen; der soll dir den Kopf zertreten, und du wirst ihn in die Ferse stechen (Lu.).

Sowohl Christen als auch Juden sehen in diesem Vers den Ursprung aller messianischen Verheißungen. Das Jerusalemer Targum (ca. 4. Jahrhundert n. Chr.) spricht in seiner Umschreibung dieses Verses direkt den Messias an. Einer der berühmtesten Rabbis, Rabbi David Kimchi (1160–1235), der unter dem

Namen Redak bekannt war, kommentierte zu diesem Vers:»Als du dich aufmachtest, dein Volk zu erlösen durch die Hand des Messias, des Sohnes Davids, der Satan verwunden sollte, das Haupt, den König und Prinzen des Reiches der Bosheit ...« Die Verheißung des Messias in 1. Mose 3,15 ist zwar verhüllt, aber dennoch gültig. Hier wird uns gesagt, daß der Versucher und Zerstörer der Menschheit am Ende überwunden wird durch den Nachkommen des Weibes.

In 1. Mose 49,9–11 lesen wir:

> *Ein junger Löwe ist Juda; vom Raube, mein Sohn, wardst du groß. Er hat sich gekauert, gelagert wie ein Leu, wie eine Löwin – wer will ihn aufstören? Nie weicht das Szepter von Juda, noch der Führerstab von seinen Füßen, bis daß der Herrscher kommt, dem die Völker gehorchen. Er bindet seinen Esel an den Weinstock und an die Rebe das Füllen seiner Eselin, er wäscht sein Gewand in Wein und in Traubenblut seinen Mantel«* (Zü.).

Diese Weissagung enthält die erste klar umschriebene Verheißung des Messias. Er wird aus dem Stamme Judas kommen, er wird der Löwe Judas sein (vgl. Offb 5,5). Weiter heißt es an dieser Stelle:»Nie weicht das Zepter von Juda, noch der Führerstab von seinen Füßen, bis daß der Herrscher kommt.« Statt»der Herrscher« kann man auch sagen»der dem er [der Herrscherstab] gehört« (Einh.).

Nach dieser Verheißung wird der Messias nicht nur aus dem Stamm Juda kommen, sondern – genauer noch – aus dessen Königshaus, dem Hause Davids; er wird der von Gott gesalbte König sein, dem die Völker gehorchen werden. In alten jüdischen Quellen wird fast jeder Satz dieser Weissagung messianisch gedeutet. Zum Beispiel wird in Yalkut 160 der Ausdruck»ein junger Löwe« nicht weniger als fünfmal als Hinweis auf den Messias erklärt. Im Jerusalemer Targum werden die Worte»bis daß der Herrscher kommt« folgendermaßen erläutert:»Bis zu der Zeit, wenn der König Messias kommt, der aus Juda hervorgehen wird.« Rashi (Rabbi Shlomo Izaaki, 1040–1105) sagte: »Bis der Herrscher kommt – das ist der König Messias, dem das Reich gehört.« Der Midrasch Bereshit Rabbah bringt 1. Mose 49,10 in Zusammenhang mit Jesaja 11,10:

Und es wird geschehen zu der Zeit, daß das Reis aus der Wurzel
Isais dasteht als Zeichen für die Völker. Nach ihm werden die
Heiden fragen, und die Stätte, da er wohnt, wird herrlich sein
(Lu.)

und 1. Mose 49,11 mit Sacharja 9,9:

Frohlocke laut, Tochter Zion! Jauchze, Tochter Jerusalem!
Siehe, dein König kommt zu dir; gerecht und siegreich ist er.
Demütig ist er und reitet auf einem Esel, auf dem Füllen einer
Eselin (Zü.).

Die Ankunft eines von Gott gesalbten Befreiers wird in 4. Mose
24,16–19 noch genauer vorausgesagt:

So spricht, der göttliche Reden vernimmt, der die Gedanken des
Höchsten weiß, der Gesichte des Allmächtigen schaut, hingesun-
ken und enthüllten Auges: Ich sehe ihn, doch nicht schon jetzt,
ich erschaue ihn, doch nicht schon nah: es geht auf ein Stern aus
Jakob, ein Szepter erhebt sich aus Israel; er zerschmettert die
Schläfen Moabs, den Scheitel aller Söhne Seths. Edom wird
Jakobs Besitz, Seir wird ihm zu eigen, und Israel gewinnt Macht;
Jakob zertritt seine Feinde und vernichtet die Flüchtlinge aus den
Städten (Zü.).

Zunächst einmal bezieht sich diese Weissagung auf den König
David. Er war derjenige, der tatsächlich »die Schläfen Moabs
zerschmetterte«, der Edom in Besitz nahm (siehe Ps 108). Die
Weissagung enthält aber auch die Verheißung eines Sohnes
Davids, eines Nachkommen, der das Volk Gottes endlich aus der
Hand aller seiner Feinde befreien sollte. Sowohl das Targum
Onkelos als auch das Jerusalemer Targum sehen in diesen Ver-
sen einen Hinweis auf den Messias.

5. Mose 18,15.18–19 enthält eine weitere Verheißung:

Einen Propheten wie mich wird dir der Herr, dein Gott, erstehen
lassen aus der Mitte deiner Brüder – auf den sollt ihr hören ...
Einen Propheten wie dich will ich ihnen aus der Mitte ihrer
Brüder erstehen lassen und ihm meine Worte in den Mund legen,
und er soll ihnen alles kundtun, was ich ihm gebieten werde. Wer
aber auf meine Worte, die er in meinem Namen reden wird, nicht
hört, an dem werde ich selbst es ahnden (Zü.).

Der Messias würde also wie Mose ein Prophet sein, der das Wort Gottes verkündet. Wie Mose das Volk aus Ägypten führte, eine Nation gründete und selbst das Werkzeug war, durch das Gott seinen Willen offenbarte, so würde einer kommen, der das Volk aus der Knechtschaft befreien, eine geistliche und ewige Nation gründen und den Willen Gottes offenbaren würde. Rabbi Levi Ben Gerson (1288–1344 n. Chr.) schrieb zu diesem Vers: »Mose brachte durch die von ihm gewirkten Wunder nur ein einzelnes Volk dazu, Gott die Ehre zu geben; der Messias aber wird alle Völker dahin führen, daß sie Gott die Ehre geben.« Rabbi Shalom (15. Jahrhundert n. Chr.) sagte: »Der König Messias wird erhaben sein über Abraham, er wird weit über Moses stehen.«

Fassen wir die bisherigen Verheißungen zusammen: Sie lehren, daß der Messias vom Weibe geboren werden und als Nachkomme des Weibes der Schlange den Kopf zertreten und damit alles überwinden würde, was die Menschheit verdorben und zerstört hat. Er würde aus dem Stamme Judas sein und aus dem Königshause Davids, ein Prophet wie Mose, der einen Neuanfang setzt. Dies kommt auch in einer Weissagung aus Jesaja 11,1–10 zum Ausdruck, die in vielen jüdischen Schriften messianisch gedeutet wird:

Und es wird ein Reis hervorgehen aus dem Stamm Isais und ein Zweig aus seiner Wurzel Frucht bringen. Auf ihm wird ruhen der Geist des Herrn, der Geist der Weisheit und des Verstandes, der Geist des Rates und der Stärke, der Geist der Erkenntnis und der Furcht des Herrn. Und Wohlgefallen wird er haben an der Furcht des Herrn. Er wird nicht richten nach dem, was seine Augen sehen, noch Urteil sprechen nach dem, was seine Ohren hören, sondern wird mit Gerechtigkeit richten die Armen und rechtes Urteil sprechen den Elenden im Lande, und er wird mit dem Stabe seines Mundes den Gewalttätigen schlagen und mit dem Odem seiner Lippen den Gottlosen töten. Gerechtigkeit wird der Gurt seiner Lenden sein und die Treue der Gurt seiner Hüften. Da werden die Wölfe bei den Lämmern wohnen und die Panther bei den Böcken lagern. Ein kleiner Knabe wird Kälber und junge Löwen und Mastvieh miteinander treiben. Kühe und Bären werden zusammen weiden, daß ihre Jungen beieinander liegen, und Löwen werden Stroh fressen wie die Rinder. Und ein Säugling wird spielen am Loch der Otter, und ein entwöhntes Kind wird seine Hand stecken in die Höhle der Natter. Man wird nirgends Sünde tun noch freveln auf meinem ganzen heiligen Berge; denn das Land wird voll Erkenntnis des Herrn sein, wie Wasser das Meer bedeckt. Und es wird geschehen zu der Zeit, daß das Reis aus der Wurzel Isais dasteht als Zeichen für die Völker. Nach ihm werden die Heiden fragen, und die Stätte, da er wohnt, wird herrlich sein (Lu.).

Sogar die Einzelheiten über die Ankunft des Messias sind in der Heiligen Schrift vorausgesagt. Sein Heimatort, die äußeren Umstände seiner Geburt, sein Wesen, sein Lebenslauf und Werk, sein Leiden und die darauffolgende Herrlichkeit sind beschrieben. In Micha 5,2–5 heißt es:

Und du, Bethlehem-Ephrath, du kleinster unter den Gauen Judas, aus dir soll mir hervorgehen, der Herrscher in Israel werden soll; sein Ursprung ist in der Vorzeit, in unvordenklichen Tagen. Darum gibt er sie preis bis zu der Zeit, da sie, die gebären soll, geboren hat und der Rest seiner Brüder zu den Kindern Israels heimkehrt. Dann tritt er auf und weidet sie in der Kraft des Herrn, in dem erhabenen Namen des Herrn, seines Gottes, und sie wohnen ruhig; denn nun wird er groß sein bis an die Enden der Erde. Und das wird das Heil sein (Zü.).

Der Messias sollte in Bethlehem, in Juda, zur Welt kommen. Er würde von einer Frau geboren werden und zum König bestimmt sein. Wir erfahren auch, daß »sein Ursprung in der Vorzeit, in unvordenklichen Tagen« ist. Diese geheimnisvollen Worte sind der erste Hinweis darauf, daß der Eine, der da kommen soll, kein gewöhnliches menschliches Wesen sein würde; er existiert schon vor seiner Geburt. Weiter heißt es im Text: »Das wird das Heil sein« (Lu: »Er wird der Friede sein«). Er wird nicht nur Frieden anstelle von Krieg bringen, sondern selbst unser Friede sein. Während der Zeit des zweiten Tempels sah man in diesen Worten eine messianische Verheißung (siehe Mt 2,4–6). Im Jerusalemer Targum steht: »Aus dir, Bethlehem, soll der Messias mir kommen, um über Israel zu herrschen.«
In Jesaja 7,13–14 lesen wir:

Hört her, ihr vom Haus David! Genügt es euch nicht, Menschen
zu belästigen? Müßt ihr auch noch meinen Gott belästigen?
Darum wird euch der Herr von sich aus ein Zeichen geben: Seht,
die Jungfrau wird ein Kind empfangen, sie wird einen Sohn
gebären, und sie wird ihm den Namen Immanuel (Gott mit uns)
geben (Einh.).

Im Brennpunkt der Auseinandersetzungen über diesen Vers
steht die Frage, ob der hebräische Ausdruck mit »Jungfrau«,
»junge Frau« oder »Mädchen« übersetzt werden soll. Nach Auffassung der liberalen Ausleger bezieht sich dieser Vers auf den
Sohn einer damals lebenden jungen Frau (keiner Jungfrau), dem
man den Namen »Immanuel« geben sollte. Die Bedeutung läge
demzufolge einzig und allein darin, daß Gott für sein Volk sorgen
würde. Das entsprechende hebräische Wort wird in der Luther-,
Menge-, Einheits- und Schlachter-Übersetzung mit »Jungfrau«
und in der Zürcher Bibel mit »junges Weib« wiedergegeben.
Abgesehen von der Tatsache, daß das hebräische Wort im Alten
Testament niemals für eine verheiratete Frau gebraucht wird,
bleibt die Frage, worin denn eigentlich das Zeichen besteht,
wenn sich dieser Text nur auf eine junge Frau bezieht, die einen
Sohn empfängt und gebiert. Das ist ja wohl normal und an der
Tagesordnung. Ein Zeichen wäre es eher gewesen, wenn eine
alte Frau einen Sohn bekommen hätte. Worin bestand das von
Gott gegebene Zeichen? Doch sicherlich darin, daß die junge
Frau, die einen Sohn empfangen und gebären sollte, eine Jung-
frau war und daß der, den sie gebar, der »Immanuel«, der »Gott
mit uns«, sein würde. Weiter: Wenn die Bedeutung von »Immanuel« nur darin läge, daß Gott segnend, helfend und beschützend
hinter seinem Volk steht – was wäre daran ungewöhnlich? Von
Anfang an hatte das Volk Gottes die Segnungen und Befreiungen des Herrn erfahren. Der Name »Immanuel« muß eine tiefere
Bedeutung haben. Die Tatsache, daß es keinen Hinweis für die
Geburt eines Immanuel zur damaligen Zeit gibt, stützt diese
Vermutung noch mehr. Der Sinn dieser Worte liegt sicher darin,
daß trotz allen Versagens von seiten des Hauses Davids, damals
vertreten durch die Herrschaft des bösen Königs Ahab und
später durch die guten Könige Hiskia und Josia, Gott seine

Verheißung an David einlösen würde. Der messianische König würde kommen; seine Geburt würde ein göttlicher Einbruch in die Geschichte der Menschheit sein. Er würde *Immanu-El* sein – Gott mit uns. In Jesaja 9,6–7 sehen wir diese Interpretation bestätigt. Hier ist von dem Einen die Rede, der von königlicher Abstammung aus dem Haus Davids und ganz und gar Mensch sein würde, der den Thron, das Reich und die Herrschaft für immer an sich nehmen sollte.

Denn ein Kind ist uns geboren, ein Sohn ist uns gegeben, und die Herrschaft kommt auf seine Schulter, und er wird genannt: Wunderrat, starker Gott, Ewigvater, Friedefürst. Groß wird die Herrschaft sein und des Friedens kein Ende auf dem Throne Davids und über seinem Königreiche, da er es festigt und stützt durch Recht und Gerechtigkeit von nun an bis in Ewigkeit (Zü.).

Das Leben dieses Einen würde sich zum großen Teil in Galiläa abspielen, dem Gebiet, das von der großen Hauptstraße, dem Weg am Meer, durchzogen wird. Er würde es neu zu Ehren bringen.

Doch es wird nicht dunkel bleiben über denen, die in Angst sind. Hat er in früherer Zeit in Schmach gebracht das Land Sebulon und das Land Naphthali, so wird er hernach zu Ehren bringen den Weg am Meer, das Land jenseits des Jordan, das Galiläa der Heiden (Jes 8,23 – Lu.).

Das Wirken dieses verheißenen Messias wird mit einem Licht verglichen, das von Finsternis, Knechtschaft und Tod befreit:

Das Volk, das im Finstern wandelt, sieht ein großes Licht, und über denen, die da wohnen im finstern Lande, scheint es hell (Jes 9,1 – Lu.).

Dies alles könnte sich auch auf eine normale menschliche Geburt und auf ein gewöhnliches menschliches Wesen beziehen, wenn auch königlicher Abstammung – bis wir zum Kern der Verheißung in Vers 6 (Lu: 5) gelangen:

... und er wird genannt: Wunderrat, starker Gott, Ewigvater, Friedefürst (Zü.).

Mit diesen Bezeichnungen stehen wir vor dem göttlichen Geheimnis der Person des Messias. In Jesaja 28,29 lesen wir ähnliche Worte:

Auch das geht aus von dem Herrn der Heerscharen: wunderbar ist sein Rat und groß seine Weisheit (Zü.).

»Wunderrat« *könnte* der Titel eines Menschen sein; an dieser Stelle ist jedoch ein Wesenszug Gottes gemeint. Das hier benutzte hebräische Wort steht für etwas Außerordentliches, Wunderbares, ein Phänomen, das den menschlichen Verstand übersteigt. Die beiden folgenden Begriffe lassen keinen Zweifel mehr übrig – »starker Gott, Ewigvater«. Wie kann ein uns geborenes Kind, ein uns gegebener Sohn der starke Gott, der Ewigvater sein? In Jesaja 10,21 finden wir dasselbe Wort:

Ein Rest wird umkehren, der Rest Jakobs zum starken Gott (Zü.).

Rabbi Abraham ben Ezra (1093–1167) sagte von dieser Weissagung:

»Einige Ausleger behaupten, die Namen ›Wunderrat ... Ewigvater‹ bezögen sich auf Gott und nur der Name ›Friedefürst‹ auf das Kind. Meiner Ansicht nach ist aber die Auslegung richtig, nach der alle Namen sich auf das Kind beziehen.«

Hier stehen wir vor dem grundlegenden Geheimnis der Person des Messias. Er, der uns als Kind, als menschliches Wesen Geborene, ist der starke Gott, der Ewigvater. Er ist der »Immanuel«. Wir gehen nicht zu weit in unserer Auslegung, wenn wir behaupten, in den Worten »ein *Kind* ist uns *geboren*, ein *Sohn* ist uns *gegeben*« das Geheimnis seiner Person zu erkennen. Das Kind wird uns *geboren*, der Sohn *gegeben*. Der Messias ist nicht nur ein menschliches Wesen, er ist »der einzige Sohn, der im Schoße des Vaters ist«. Er ist Gott der Sohn, der uns das Herz des Vaters offenbart. Er ist außerdem der »Friedefürst« – nicht nur, indem er Frieden mit Gott für uns schließt, sondern indem er selbst unser Friede ist. Mit diesem verheißenen Messias beginnt die Herrschaft Gottes, und sie wird für immer bestehen bleiben (Jes 9,7):»Groß wird die Herrschaft sein und des Friedens kein Ende« (Zü.).

Der Herr Jesus wurde von einer Frau geboren und war aus dem Stamme Juda, vom Königshause David. Er kam in Bethlehem zur Welt und lebte nahezu dreißig Jahre lang in Nazareth in Galiläa, wenige Kilometer nordwestlich der Via Maris, der Straße am Meer, und während der letzten drei Jahre seines Lebens in Kapernaum, an der Nordwestküste des Sees Genezareth, östlich der Via Maris. Er wurde von einer Jungfrau geboren. In allen Berichten über seine Geburt und sein Leben werden wir mit dem Geheimnis seiner Person konfrontiert. Er ist der »Immanuel« – Gott mit uns. Der Apostel Johannes brachte dies auf einfache und zugleich tiefgründige Weise zum Ausdruck:

Im Anfang war das Wort, und das Wort war bei Gott, und das Wort war Gott. Im Anfang war es bei Gott. Alles ist durch das Wort geworden, und ohne das Wort wurde nichts, was geworden ist. In ihm war das Leben, und das Leben war das Licht der Menschen ... Und das Wort ist Fleisch geworden und hat unter uns gewohnt, und wir haben seine Herrlichkeit gesehen, die Herrlichkeit des einzigen Sohnes vom Vater, voll Gnade und Wahrheit (Joh 1,1–4.14 – Einh.).

Dieser ist es, dessen »Ursprung in der Vorzeit, in unvordenklichen Tagen« ist, dessen Name »Wunderrat, starker Gott, Ewigvater, Friedefürst« heißt.

Nicht nur sein Kommen und seine Geburt wurden uns vorausgesagt, sondern auch sein Amt und Werk:

Der Geist Gottes des Herrn ist auf mir, weil der Herr mich gesalbt hat. Er hat mich gesandt, den Elenden gute Botschaft zu bringen, die zerbrochenen Herzen zu verbinden, zu verkündigen den Gefangenen die Freiheit, den Gebundenen, daß sie frei und ledig sein sollen; zu verkündigen ein gnädiges Jahr des Herrn und einen Tag der Vergeltung unseres Gottes, zu trösten alle Trauern-

den, zu schaffen den Trauernden zu Zion, daß ihnen Schmuck statt Asche, Freudenöl statt Trauerkleid, Lobgesang statt eines betrübten Geistes gegeben werden, daß sie genannt werden »Bäume der Gerechtigkeit«, »Pflanzung des Herrn«, ihm zum Preise (Jes 61,1–3 – Lu.).

Aus den vier Evangelien geht hervor, wie sehr sich diese Worte während der öffentlichen Wirkenszeit Jesu bewahrheiteten. Er war wirklich der Messias, der von Gott Gesalbte, um den Elenden das Evangelium zu verkünden, die gute Botschaft. Er war ein Prophet wie Mose, den Gott versprochen hatte, der auf bisher unbekannte Weise lehrte. Er war das große Licht für die in der Finsternis Wandelnden. Er war der von Gott Gesalbte, er brachte Hoffnung und Heil, Befreiung aus dem Gefängnis für die Ausgestorbenen und Außenseiter der Gesellschaft. Durch ihn konnte der Taube wieder hören, der Stumme sprechen, der Blinde sehen, der Lahme gehen, der Aussätzige wurde rein, der Tote wurde auferweckt und vor allem: der Sünder wurde gerettet. Er war wahrhaftig der »Wunderrat«, dessen Wirken von herrlichen und gewaltigen Wundern erfüllt war, von Dingen, die den menschlichen Verstand weit übersteigen. Sein Evangelium stellte die ganze Welt auf den Kopf und tut es heute noch, wo es mit Vollmacht verkündet wird.

Auch der siegreiche Einzug des Messias in Jerusalem wurde vorausgesagt:

Frohlocke laut, Tochter Zion! Jauchze, Tochter Jerusalem! Siehe, dein König kommt zu dir; gerecht und siegreich ist er. Demütig ist er und reitet auf einem Esel, auf dem Füllen einer Eselin ... Er schafft den Völkern Frieden durch seinen Spruch, und seine Herrschaft reicht von Meer zu Meer, vom Euphrat bis an die Enden der Erde (Sach 9,9–10 – Zü.).

Der Messias würde weder als siegreicher Kriegsherr noch als starker Machthaber erscheinen, sondern als Friedefürst. Das Pferd war damals im Orient oft ein Symbol für militärische Macht und Stolz, der Esel hingegen ein Symbol des Friedens und des demütigen, gewöhnlichen zivilen Daseins.

Der Midrasch Bereshit Rabbah sieht die Weissagung Sacharjas

als Hinweis auf den Messias und bringt sie in Zusammenhang mit den Worten aus 1. Mose 49,11:

> *Er bindet seinen Esel an den Weinstock und an die Rebe das Füllen seiner Eselin, er wäscht sein Gewand in Wein und in Traubenblut seinen Mantel ... (Zü.).*

In Matthäus 21,1–11 und Lukas 19,29–40 wird uns berichtet, wie Jesus unter dem Jubel des Volkes durch Jerusalem ritt, als der messianische König auf einem Esel, auf dem Füllen der Eselin, das seine Jünger gefunden und losgebunden hatten. (War es an einen Weinstock gebunden gewesen?) Dieses Ereignis fand eine Woche vor seiner Kreuzigung statt, bei der er sozusagen »sein Gewand in Wein wusch und seinen Mantel in Traubenblut«. Das Auspressen von Trauben ist in der Schrift ein Sinnbild des Strafgerichtes, und Jesus nahm ja das Strafgericht für unsere Sünden auf sich.

Die Rabbis hatten schon früh auf einen offensichtlichen Widerspruch in den Weissagungen bezüglich der Ankunft des Messias aufmerksam gemacht. Sie stellten fest, daß die Verheißung in Sacharja vom Kommen des Messias in Niedrigkeit mit Daniel 7,13–14 nicht übereinstimme. Der Talmud berichtet darüber:

> *»Rabbi Alexandri sagte: Rabbi Josua stellte diese beiden Verse einander gegenüber: Es steht geschrieben: ›Und siehe, mit den Wolken des Himmels kam einer, der einem Menschensohn glich‹, während es an anderer Stelle heißt, er käme ›demütig und reitet auf einem Esel‹. Wenn sie es verdienen, wird er mit den Wolken des Himmels kommen, wenn nicht, dann demütig und auf einem Esel reitend« (Sanhedrin 98a).*

Wenn es auch viele gab, die durch Jesus zu Gott fanden, die das Wort Gottes tiefer als je zuvor verstanden, die durch die Liebe und das Mitleid Gottes angerührt und durch die Wahrheit Gottes freigemacht wurden, so gab es doch auch viele, für die der Herr Jesus, seine Person, seine Worte und Taten, ein »Stein des Anstoßes« war, ein »Fels des Ärgernisses«, ein Hindernis, über das sie stolperten, und ein Fels, auf den sie fielen und zerbrachen, wie in Jesaja geschrieben steht:

Den Herrn der Heere sollt ihr heilig halten; vor ihm sollt ihr euch fürchten, vor ihm sollt ihr erschrecken. Er wird das Heiligtum sein für die beiden Reiche Israels: der Stein, an den man anstößt, der Felsen, an dem man zu Fall kommt. Eine Schlinge und Falle wird er sein für alle, die in Jerusalem wohnen. Viele stolpern darüber, sie fallen und zerschellen; sie verstricken und verfangen sich. Ich will diese Warnung sorgfältig bewahren und die Lehre in meinen Jüngern wie mit einem Siegel verschließen. Ich will auf den Herrn warten, der jetzt sein Angesicht vor dem Haus Jakob verhüllt, auf ihn will ich hoffen. Seht, ich und die Kinder, die der Herr mir geschenkt hat, wir sind in Israel ein warnendes Zeichen, ein Mahnmal vom Herrn der Heere, der auf dem Berg Zion wohnt (Jes 8,13–18 – Einh.).

Als Jesus am achten Tag nach seiner Geburt im Tempel beschnitten wurde, sagte jener gottesfürchtige Jude Simeon zu der Mutter Jesu:

Dieser ist dazu bestimmt, daß in Israel viele durch ihn zu Fall kommen und viele aufgerichtet werden, und er wird ein Zeichen sein, dem widersprochen wird. Dadurch sollen die Gedanken vieler Menschen offenbar werden. Dir selbst aber wird ein Schwert durch die Seele dringen (Lk 2,34–35 – Einh.).

Die Weissagungen Jesajas und Simeons würden sich bis ins kleinste erfüllen. Viele würden durch Jesus zu Fall kommen, viele andere durch ihn aufstehen. Wenn es um die Person und das Werk des Herrn Jesus geht, gibt es keinen neutralen Boden. Durch die Geschichte hindurch war er entweder der schmale Weg, auf welchem Menschen zu Gott fanden, oder der Fels, über den sie stolperten und zu Fall kamen. Denen, die glauben und gerettet werden, ist er Gottes Kraft und Gottes Weisheit, denen aber, die nicht glauben und verlorengehen, ist er ein »Stein des Anstoßes« und »Torheit«. Er wird zur Falle, in die man durch Unglauben hineingerät, zur Schlinge, die, wenn sie erst einmal zugezogen ist, durch menschliche Kraft nicht mehr geöffnet werden kann.

2. »Im Buch ist von mir geschrieben ...«

Bisher sind wir noch nicht zum Kern der messianischen Verhei-
ßungen durchgedrungen, wenngleich wir viele messianische
Weissagungen betrachtet haben. Der Kern ist die göttliche
Zusage eines Erlösers. Es ist die Verheißung des Einen, der sein
Volk von all seinen Sünden erlösen und den göttlichen Vorsatz
für die Nation verwirklichen würde:

> *Aber für Zion wird er als Erlöser kommen und für die in Jakob,*
> *die sich von der Sünde abwenden, spricht der Herr ... Mache*
> *dich auf, werde licht; denn dein Licht kommt, und die Herrlich-*
> *keit des Herrn geht auf über dir! Denn siehe, Finsternis bedeckt*
> *das Erdreich und Dunkel die Völker; aber über dir geht auf der*
> *Herr, und seine Herrlichkeit erscheint über dir* (Jes 59,20–60,2 –
> Lu.).

In jüdischen Kreisen verstand und versteht man unter »Erlösung« eine äußerlich sichtbare und nationale Befreiung, weniger
eine Errettung von der Macht und den Folgen der Sünde. Die
göttliche Verheißung des Messias deutete aber nicht nur auf
einen sieghaften König hin, der sein Volk aus den Händen aller
Fremdherrschaft befreien und die Herrschaft Gottes für alle
Ewigkeit und bis an die Enden der Erde aufrichten würde. Sie
deutete gleichfalls hin auf jemanden, der sich selbst opfern und
dadurch die Sünde, das Grundproblem des Menschen und seiner
Geschichte, besiegen würde.

In unseren bisherigen Betrachtungen befaßten wir uns vor
allem mit dem Königreich und der Herrlichkeit des Messias. In
allen Weissagungen jedoch, die von seinem Erlösungswerk handeln, ist sein Leiden besonders hervorgehoben. In Rabbinerkrei-
sen unterschied man schon sehr früh zwischen zwei Hauptströmungen messianischer Prophetie im Alten Testament: Die eine
hebt den Triumph und die Herrlichkeit des Messias hervor, die
andere seine Selbsterniedrigung und sein Leiden. Das Resultat
dieser Beobachtungen waren zwei verschiedene Messiasvorstel-
lungen: Der eine Messias war der Sohn Josephs, der im Kampf
gegen die Gegner Gottes und Israels leiden und sterben würde;

der andere war der Sohn Davids, der in Macht und Herrlichkeit regieren würde, nachdem er jene Feinde besiegt, das Volk mit Gott versöhnt und das Universum seinem Schöpfer zurückerobert hätte.

Für den Christen weisen die beiden prophetischen Richtungen bezüglich der Person, der Ankunft und des Werkes des Messias auf ein und dieselbe Person hin: auf Jesus. Es ist auch weit einfacher und einleuchtender, die Erfüllung der verschiedenen messianischen Verheißungen im zweimaligen Kommen ein und derselben Person zu sehen. Wenn wir das erste Kommen Jesu betrachten (sein Leiden und Sterben, seine Auferstehung und Himmelfahrt) und uns dann sein zweites Kommen in Herrlichkeit vorstellen, erkennen wir, daß alle Erwartungen der beiden Richtungen messianischer Prophetie in ihm erfüllt sind.

Unter den messianischen Psalmen ist der 22. Psalm wohl der bedeutendste. Das Geschehen von Golgatha ist hier in einer Weise geschildert, die die Evangelienberichte weit übertrifft. Die Evangelien sagen, voller Zurückhaltung und Ehrfurcht, nur sehr wenig aus über das Leiden Jesu am Kreuz. In diesem Psalm aber sehen wir die Einzelheiten mit den Augen des Gekreuzigten. Wie erklärt man sich diese unglaubliche Tatsache? Die Darstellung im Psalm paßt nicht nur zu den Evangelienberichten, sie ist sogar ein Zeugnis des Leidenden selbst, das er Jahre vor dem eigentlichen Ereignis ablegte. Interessanterweise sieht der Yalkut in mindestens zweien dieser Verse einen Hinweis auf den Messias, den Sohn Josephs.

»Mein Gott, mein Gott, warum hast du mich verlassen?« Jesus hat die Eingangsworte dieses Psalmes im dunkelsten und schrecklichsten Augenblick seiner Leiden wiederholt, als er die Sünde der Welt hinwegtrug. Wir werden es niemals ganz verstehen, was in diesem Augenblick geschah, als der Sündlose für uns zur Sünde gemacht wurde und der Urteilsspruch für unsere Sünde auf ihn fiel. In diesem Augenblick, als er zum ersten und einzigen Mal von seinem Vater getrennt war und dieser Schrei sich seinem geängstigten Herzen entwand, blieb sogar das Universum nicht unbeteiligt; die Sonne verdunkelte sich drei Stunden lang. Für alle, die durch das vollendete Werk Jesu am Kreuz gerettet wurden, ist die in diesem Psalm so deutlich aufgezeigte furchtbare Seelenqual ein Hinweis auf das Geheimnis ihrer Erlösung.

In den Versen 7–9 ist die höhnende Menge, die das Kreuz umringt, mit all ihren Gesten und Bemerkungen genau beschrieben:

> *Ich aber bin ein Wurm und kein Mensch, ein Spott der Leute und verachtet vom Volke. Alle, die mich sehen, verspotten mich, sperren das Maul auf und schütteln den Kopf:»Er klage es dem Herrn, der helfe ihm heraus und rette ihn, hat er Gefallen an ihm«* (Lu.).

In den Versen 13, 14 und 17 sehen wir mit den Augen des Gekreuzigten auf den triumphierenden Haß derer, die seine Kreuzigung veranlaßt und ihn scheinbar endlich besiegt hatten:

> *Gewaltige Stiere haben mich umgeben, mächtige Büffel haben mich umringt. Ihren Rachen sperren sie gegen mich auf wie ein brüllender und reißender Löwe ... Denn Hunde haben mich umgeben, und der Bösen Rotte hat mich umringt* (Lu.).

Wie wütende Stiere umringten sie ihn, wie hungrige und reißende Löwen, die, auf die Beute wartend, schon den Rachen aufsperren. Diese Übeltäter waren wie eine Meute wilder Hunde, die ihr Opfer umkreisten.

Oder betrachten wir Vers 15–16:

> *Ich bin ausgeschüttet wie Wasser, alle meine Knochen haben sich voneinander gelöst; mein Herz ist in meinem Leibe wie zerschmolzenes Wachs. Meine Kräfte sind vertrocknet wie eine Scherbe, und meine Zunge klebt mir am Gaumen, und du legst mich in des Todes Staub* (Lu.).

Hier wird die körperliche Qual der Kreuzigung genauestens beschrieben, das langsame Austrocknen des Körpers, während die Last des Eigengewichtes die Gelenke ausrenkt. Die Verse 17–19 schildern in allen Einzelheiten, was an der Kreuzigung mit Jesus geschah. Man durchbohrte seine Hände und Füße. Seine

Knochen wurden nicht gebrochen; sie waren unversehrt bei seinem Tode. Sie teilten seine Kleider unter sich und warfen das Los um sein Gewand. Die Lebendigkeit und Originalität dieser ganzen Schilderung kommt vielleicht am besten in diesem Satz zum Ausdruck:»Sie aber schauen zu und sehen auf mich herab« (Schl.:»sehen mich schadenfroh an«).

Ist es nicht erstaunlich, daß er, der so schwer zu leiden hatte, der von Gott in des Todes Staub gelegt wurde (V. 16), dann triumphierend ausruft:

> *Hilf mir aus dem Rachen des Löwen und vor den Hörnern wilder*
> *Stiere – du hast mich erhört! Ich will deinen Namen kundtun*
> *meinen Brüdern, ich will dich in der Gemeinde rühmen* (V. 22–
> 23 – Lu.).

Von ihm heißt es, daß die Enden der Erde sein gedenken und sich zu ihm bekehren werden (V. 28); sie werden kommen und seine Gerechtigkeit (Einh.:»Heilstat«) predigen dem Volk, das geboren wird (V. 32). Er, der Leidende, der Messias, dessen Hände und Füße man durchbohrt hat, wurde zum Herrscher über alles, zum glorreichen»König der Könige und Herr aller Herren«.

Man fragt sich, wann und wie der Psalmist eine solche Erfahrung gemacht hat. Wir wissen von keinem Erlebnis in Davids Leben, wie es in der Bibel beschrieben wird, auf welches dieser Bericht zutreffen könnte. Psalm 22 ist eine erstaunliche Weissagung über das Erleben des Gekreuzigten, die sich im Tode Jesu bis in alle Einzelheiten erfüllte. Hierfür gibt es nur eine mögliche Erklärung: Der Geist des Messias war im Verfasser dieses Psalmes und zeugte im voraus von den Leiden des Messias und der darauffolgenden Herrlichkeit (siehe 1 Petr 1,10–11).

Während uns Psalm 22 eine genaue Beschreibung der Geschehnisse auf Golgatha gibt, handelt es sich bei Jesaja 52,13– 53,12 um eine äußerst bemerkenswerte Erklärung der *Bedeutung* dieses Todes – eine Interpretation, die selbst im Neuen Testament nicht ihresgleichen hat.

Dieser Abschnitt wird in vielen jüdischen Quellen messianisch interpretiert: im Talmud, im Jerusalemer Targum, im Yalkut, im Buche Zohar und von einer Anzahl berühmter Rabbis. Einer von ihnen, Rabbi Alsheikh (1508–1600), faßte es einmal folgendermaßen zusammen:»Unsere Rabbis akzeptieren und bekräftigen einstimmig die Auffassung, daß der Prophet vom König Messias spricht, und wir selbst schließen uns diesem Urteil an.« Erst später tendierte man dazu, in dem »Gottesknecht« Israel zu sehen, was meines Erachtens nicht gerechtfertigt ist.

Jesaja weissagt, daß der Messias viel zu leiden hätte:

> *Wie sich viele über ihn entsetzten – so entstellt, nicht mehr menschlich war sein Aussehen und seine Gestalt nicht wie die der Menschenkinder* (Jes 52,14 – Zü.).

Oder:

> *Verachtet war er und verlassen von Menschen, ein Mann der Schmerzen und vertraut mit Krankheit, wie einer, vor dem man das Antlitz verhüllt; so verachtet, daß er uns nichts galt* (Jes 53,3 – Zü.).

Und wiederum:

> *Er ward mißhandelt ... aus Drangsal ... ward er hinweggenommen* (Jes 53,7–8 – Zü.).

Wir hören, daß er nicht für seine eigene Schuld oder Sünde zu leiden hatte. Er selbst war schuldlos und ohne Sünde:

> *... wiewohl er kein Unrecht getan und kein Trug in seinem Munde war ... der Gerechte, mein Knecht* (Jes 53,9.11 – Zü.).

Der Messias würde bei seiner Verhaftung und Verurteilung keinen Widerstand leisten; still würde er vor seinen Anklägern verharren:

> *Er ward mißhandelt und beugte sich und tat seinen Mund nicht auf wie ein Lamm, das zur Schlachtbank geführt wird, und wie ein Schaf, das vor seinen Scherern verstummt* (Jes 53,7 – Zü.).

Mit Verbrechern würde er sterben und in das Grab eines Reichen gelegt werden.

Man gab ihm bei Gottlosen sein Grab und bei einem Reichen seine Gruft ... (er ließ) sich unter die Übeltäter zählen ... (Jes 53,9.12 – Schl.).

Dies alles hat sich im Leiden und Sterben des Herrn Jesus bemerkenswert genau erfüllt. Er war ohne Sünde und Schuld. Die Geschichte liefert uns keinerlei Hinweis auf irgendeine begründete Anklage, die des Todes würdig gewesen wäre, noch wird uns von irgendeiner Sünde berichtet. Alle gaben sie Zeugnis von seiner Reinheit und Unschuld. Er wurde verachtet und mißverstanden, besonders von den einflußreichen und mächtigen Führern seiner Zeit. Seine Verhöre, die kirchlichen wie die zivilen, waren eine Farce, in der er keinen Widerstand leistete und sich nicht verteidigte. Still stand er vor seinen Anklägern. Er starb mit zwei Verbrechern, und ein reiches Mitglied des Hohen Rates, Joseph von Arimathia, stellte ihm sein neues Grab zur Verfügung.

Doch größer noch als all diese Leiden ist die Bedeutung des Todes des Messias. Eine tiefe, unseren begrenzten Menschenverstand weit übersteigende Wahrheit steckt in den Worten:

Doch wahrlich, unsre Krankheiten hat er getragen und unsre Schmerzen auf sich geladen; wir aber wähnten, er sei gestraft, von Gott geschlagen und geplagt. Und er war doch durchbohrt um unserer Sünden, zerschlagen um unserer Verschuldungen willen; die Strafe lag auf ihm zu unserem Heil, und durch seine Wunden sind wir genesen. Wir alle irrten umher wie Schafe, wir gingen jeder seinen eignen Weg; ihn aber ließ der Herr treffen unser aller Schuld (Jes 53,4–6 – Zü.).

Dies ist das Kernstück des Wirkens des Messias: die Erlösung des gefallenen Menschen. Erneut wird darauf aufmerksam gemacht in den Worten »und ihre Verschuldungen wird er tragen« (53,11 – Zü.) und »dafür, daß er sein Leben in den Tod dahingab ... da er doch die Sünde der Vielen trug und für die Schuldigen eintrat« (53,12 – Zü.). Wie das Passahlamm würde der Messias für uns geschlachtet werden, auf daß wir gerettet und befreit würden. Er würde für unsere Sünde sterben, damit wir erlöst würden. Rabbi Elijah de Vidas (16. Jahrhundert n. Chr.) schrieb zu diesen Versen:

>*»Hinter den Worten ›Die Strafe liegt auf ihm, auf daß wir Frieden hätten‹ liegt folgender Sinn: Der Messias trägt unsere Sünde und muß aus diesem Grunde zerschlagen werden. Deshalb werden alle, die sein stellvertretendes Leiden nicht annehmen, die Strafe selbst tragen und erleiden müssen.«*

Im Buche Zohar lesen wir:

>*»Es steht geschrieben: ›Er ist um unserer Missetat willen verwundet …‹ Der Messias ruft jede Krankheit, jeden Schmerz und jede Züchtigung Israels zu sich; sie alle kommen und ruhen auf ihm. Hätte er sie Israel nicht abgenommen und auf sich geladen, hätte kein Mensch sonst Israels Züchtigungen für die Übertretung des Gesetzes tragen können; deshalb heißt es: ›Fürwahr, er trug unsere Krankheit …‹«*

Das Werk des Messias war von Gott vorausbestimmt worden. Es würde kein Unglück sein, sondern nur noch ein »Fehler, den er zum Besten wendet«.

Klar und unmißverständlich wird in diesem Text ein Geheimnis ausgesprochen:

>*Aber dem Herrn gefiel es, ihn mit Krankheit zu schlagen. Wenn er sein Leben zum Schuldopfer einsetzte, sollte er Nachkommen sehen und die Sache des Herrn durch ihn glücken* (Jes 53,10 – Zü).

In Luchot Habberit (242a) heißt es: »Er [der Messias] wird sich selbst und sein Leben in den Tod geben, mit seinem Blut wird er sein Volk versühnen.«

Dieses geheimnisvolle Von-Gott-gestraft-Sein (Jes 53,4) war der Anlaß dazu, dem Messias im Talmud (Sanhedrin 98b) den Titel »Aussätziger« zu geben. Das hebräische Wort, das in diesem Vers mit »gestraft« übersetzt wird, ist in 3. Mose 13,13 mit »Aussatz« wiedergegeben. Es bedeutet soviel wie »Schlag«, »Stoß«, Auferlegung eines Übels oder einer Plage (besonders als göttliche Strafe) oder »Fleck«, »Mal« (wie beim Aussatz). Es gäbe keinen treffenderen Ausdruck für diese Wahrheit im Werke des Messias, von der der Apostel Paulus in Galater 3,13–14 so klar bezeugt:

> *Messias hat uns von dem Fluch des Gesetzes losgekauft, indem er für uns zum Fluch geworden ist – denn es steht geschrieben: »Verflucht ist jeder, der am Holze hängt« – damit den Heiden der Segen Abrahams zuteil würde in Messias Jesus* (Zü., »Messias« statt »Christus« eingesetzt).

In 2. Korinther 5,21 heißt es ähnlich:

> *Er hat den, der von keiner Sünde wußte, für uns zur Sünde gemacht, damit wir in ihm die Gerechtigkeit Gottes würden* (Zü.).

Nicht nur das Werk des Messias wird im Alten Testament beschrieben und ausgelegt, sondern auch seine Auswirkungen. In Jesaja 53,11 lesen wir:

> *Durch seine Erkenntnis wird er, der Gerechte, mein Knecht, vielen Gerechtigkeit schaffen, und ihre Verschuldungen wird er tragen* (Zü.).

Hier kommen wir zu der Bedeutung des Namens »Jesus«. »Jesus« ist von der griechischen Form des hebräischen Wortes *Jeshua* oder *Josua* abgeleitet, wie wir es vom Alten Testament her kennen. Der Name bedeutet »Der Herr ist Heil«. Der Engel des Herrn sagte Josef im Traum:

> *Du sollst ihm den Namen Jesus geben, denn er wird sein Volk erretten von ihren Sünden* (Mt 1,21 – Zü.).

Der Prophet Jeremia sagte über den Messias:

> *Siehe, es kommen Tage, spricht der Herr, da werde ich dem David einen gerechten Sproß erwecken; der wird als König herrschen und weise regieren und Recht und Gerechtigkeit üben im Lande. In seinen Tagen wird Juda geholfen werden, und*

Israel wird sicher wohnen; und das ist der Name, mit dem man ihn nennen wird: »*Der Herr unser Heil!*« (Jer 23,5–6 – Zü.).

Der »Sproß« wird sowohl von jüdischen als auch von christlichen Quellen als messianischer Titel verstanden. Demzufolge handelt es sich hier um eine ganz gewaltige Weissagung, in der ausgesagt ist, daß der Messias, der Sproß, »der Herr unser Heil« oder »der Herr unsere Gerechtigkeit« (Lu.) genannt werden wird. Im Targum Jonathan wird dieser Vers wie auch in vielen anderen jüdischen Quellen auf den Messias bezogen. In dem Midrasch Mishle heißt es: »Rab Huna zählte zu den sieben Namen des Messias auch den Namen *Jehova Zidkenu* – ›der Herr unsere Gerechtigkeit‹.« Rabbi Joseph Albo (15. Jahrhundert n. Chr.) sagte: »Die Schrift gibt dem Messias den Namen *Jehova Zidkenu*, weil er der Mittler ist, durch den wir die Gerechtigkeit des Herrn erlangen werden.« Wenn der Messias nur ein Mensch wäre, wie könnte er dann »unsere Gerechtigkeit« sein? Wenn jedoch der Messias der Sohn Gottes ist, der menschgewordene Gott, der an unserer Statt zur Sünde gemacht wurde, auf daß wir in ihm die Gerechtigkeit Gottes würden, dann können wir diese Weissagung verstehen. Auf diese Weise wird der Messias durch »seine Erkenntnis ... vielen Gerechtigkeit schaffen«, weil »er ihre Verschuldungen trägt«. Viele haben die Erfüllung dieser Verheißung in der Person und im Werk des Herrn Jesus erfahren.

In Sacharja 6,12–13 steht geschrieben:

> *So spricht der Herr der Heere: Da ist ein Mann, Sproß ist sein Name; denn wo er steht, wird es sprossen, und er wird den Tempel des Herrn bauen. Er ist es, der den Tempel des Herrn baut. Er ist mit Hoheit bekleidet. Er sitzt auf seinem Thron und herrscht. Ein Priester steht an seinem Thron, und gemeinsam sorgen sie für den Frieden* (Einh.).

Für jeden wiedergeborenen Christen sind diese beiden Weissagungen von sehr großem Wert. Die erste handelt von dem Erlösungswerk des Messias, die zweite vom Bau des geistlichen Hauses Gottes, seines ewigen Wohnsitzes.

Die Herrlichkeit, die dem Leiden des Messias folgen würde, ist in Psalm 2 beschrieben, der sowohl von jüdischen als auch von christlichen Quellen als messianischer Psalm bezeichnet wird.

> *»Ich aber habe meinen König eingesetzt auf meinem heiligen Berg Zion.« Kundtun will ich den Ratschluß des Herrn. Er hat zu mir gesagt: »Du bist mein Sohn, heute habe ich dich gezeugt. Bitte mich, so will ich dir Völker zum Erbe geben und der Welt Enden zum Eigentum«* (V. 6–8 – Lu.).

Was immer sich dem Plan Gottes mit seinem Messias entgegenstellen mag, es wird weichen müssen und zerschlagen werden. Gottes Vorsatz wird sich bis in alle Einzelheiten erfüllen. Er wird die Völker zum Erbe erhalten und die Enden der Erde zum Eigentum. Die den Messias betreffenden Verse sind von jüdischen Quellen niemals hinreichend ausgelegt worden: »Du bist mein Sohn« (V. 7); »Küsset den Sohn, daß er nicht zürne und ihr nicht umkommet auf dem Wege« (V. 12 – Schl.; ähnlich Menge). Der Messias von Vers 6 ist der Sohn von Vers 7 und 12. Wie kann man von einem Menschen sagen: »Wohl allen, die auf ihn trauen« (V. 12 – Lu.)? Die Antwort liegt auf der Hand: Der Messias ist der Sohn Gottes. Er ist der »Immanuel«. Wer könnte dieser Sohn sein, wenn nicht Jesus selbst?

Der Triumph des verworfenen und verurteilten Messias erscheint auch in anderen Weissagungen. Nehmen wir z. B. Psalm 118:

> *Die Rechte des Herrn erhöht! Die Rechte des Herrn schafft Sieg! Ich werde nicht sterben, ich werde leben und die Taten des Herrn verkünden ... Der Stein, den die Bauleute verworfen haben, der ist zum Eckstein geworden. Von dem Herrn ist das gewirkt, es ist ein Wunder in unsern Augen. Dies ist der Tag, den der Herr gemacht hat; laßt uns frohlocken und seiner uns freuen!* (V. 16–17.22–24 – Zü.).

Es wird vorausgesagt, daß der Messias von den »Bauleuten« verworfen werden würde, daß er aber dennoch der Eckstein des ganzen Gebäudes werden sollte. In Psalm 110 finden wir dies bestätigt:

Es spricht der Herr zu meinem Herrn: »*Setze dich zu meiner Rechten, bis daß ich hinlege deine Feinde als Schemel für deine Füße.*« *Der Herr wird dein mächtiges Szepter ausstrecken vom Zion; herrsche inmitten deiner Feinde in heiligem Schmuck!* (V. 1–2 – Zü.).

Trotz allem Widerstand und aller Rebellion würde der Messias von der Rechten Gottes aus regieren. Jesaja hatte geschrieben:

Er wird emporsteigen, wird hochragend und erhaben sein (Jes 52,13 – Zü.).

Diese messianischen Psalmen haben sich in der Person Jesu auf herrliche Art und Weise erfüllt. Seine Verwerfung und Kreuzigung waren bei weitem nicht das letzte, sondern bildeten den Weg zu ewiger Herrlichkeit und Ehre. Sein Wort, sein Werk und vor allem seine Erlösung sind bis zu den Enden der Erde vorgedrungen, haben Tausende zu Gott gebracht und die Geschichte der Völker beeinflußt. In der Midrasch Rabbah heißt es:

»*In Zukunft wird Gott den Messias zu seiner Rechten sitzen lassen, wie geschrieben steht:* ›*Es spricht der Herr zu meinem Herrn: Setze dich zu meiner Rechten.*‹«

Gott hat den Herrn Jesus emporgehoben zu seiner Rechten, damit er von dort aus regiere, bis seine Feinde zum Schemel seiner Füße würden. Dieser herrliche Triumph des Messias wird eines Tages öffentlich proklamiert werden, und die ganze Welt wird seine Herrlichkeit sehen. Daniel hat geweissagt:

Ich schaute in den Nachtgesichten, und siehe, mit den Wolken des Himmels kam einer, der einem Menschensohn glich, und gelangte bis zu dem Hochbetagten, und er wurde vor ihn geführt. Ihm wurde Macht verliehen und Ehre und Reich, daß die Völker aller Nationen und Zungen ihm dienten. Seine Macht ist eine ewige Macht, die niemals vergeht, und nimmer wird sein Reich zerstört (Dan 7,13–14 – Zü.).

Sacharja schrieb über die Wiederkunft des Messias in Jerusalem auf dem Ölberg:

Doch dann wird der Herr hinausziehen und gegen diese Völker Krieg führen und kämpfen, wie nur er kämpft am Tag der Schlacht. Seine Füße werden an jenem Tag auf dem Ölberg stehen, der im Osten gegenüber von Jerusalem liegt (Sach 14,3–4 – Einh.).

An diesem Tag wird es in dieser traurigen und spannungsgeladenen Welt endlich Friede werden. Der Messias wird bis an die Enden der Erde regieren. Gerechtigkeit und Barmherzigkeit werden die Grundlagen seiner Herrschaft und seiner Beschlüsse sein, nicht Diplomatie und Kompromisse. Der Herr Jesus nahm Bezug auf diese Weissagungen, als er vom Hohenpriester verhört wurde:

Wiederum fragte ihn der Hohepriester ...: Bist du der Christus [der Messias], der Sohn des Hochgelobten? Jesus aber sprach: Ich bin's; und ihr werdet den Sohn des Menschen sitzen sehen zur Rechten der Macht und kommen mit den Wolken des Himmels (Mk 14,61–62 – Zü.).

Zuvor hatte er zu seinen Jüngern, als er ihnen die Zeichen für das Ende deutete, gesagt:

Und dann wird das Zeichen des Sohnes des Menschen am Himmel erscheinen, und dann werden alle Geschlechter der Erde wehklagen und werden »den Sohn des Menschen auf den Wolken des Himmels kommen« sehen mit großer Macht und Herrlichkeit (Mt 24,30 – Zü.).

Auch die beiden Engel erwähnten diese Verheißungen, als sie die erstaunten Jünger während der Himmelfahrt des Herrn Jesus auf dem Ölberg fragten:

Ihr galiläischen Männer, was steht ihr da und blickt zum Himmel auf? Dieser Jesus, der von euch weg in den Himmel emporgehoben worden ist, wird so kommen, wie ihr ihn habt in den Himmel fahren sehen (Apg 1,11 – Zü.).

Wie lassen sich diese Weissagungen erklären, die sich auf solch deutliche Weise nicht nur in der Person und im Kommen des Herrn Jesus, sondern auch in seinem Tod und seiner Auferstehung erfüllt haben? Wenn dies alles ein Zufall sein soll, wäre es wohl der größte Zufall aller Zeiten. In Psalm 40 heißt es:

Da sprach ich: Siehe, ich komme; im Buch ist von mir geschrieben: Deinen Willen, mein Gott, tue ich gern, und dein Gesetz habe ich in meinem Herzen (V. 8–9 – Lu.).

Diese Worte haben eine messianische Bedeutung. Der Herr Jesus sagte nach seiner Auferstehung zu seinen Jüngern:

Dies sind meine Worte, die ich zu euch geredet habe, als ich noch bei euch war: Alles müsse erfüllt werden, was im Gesetz des Mose und in den Propheten und Psalmen über mich geschrieben steht (Lk 24,44 – Zü.).

In diesen letzten beiden Kapiteln habe ich eine ganze Reihe messianischer Weissagungen aus dem Gesetz Mose, den Propheten und den Psalmen erwähnt und aufgezeigt, wie sie sich im Leben Jesu erfüllt haben. Dieses Thema ließe sich endlos fortsetzen. Diese Fülle prophetischer Worte und Weissagungen macht den Messias zu einer einzigartigen Persönlichkeit. Von keinem anderen Menschen in der Geschichte der Menschheit ist soviel gesagt und geschrieben worden, noch ehe er geboren war.
Sacharja hatte geweissagt:

Und sie werden mich ansehen, den sie durchbohrt haben, und sie werden um ihn klagen, wie man klagt um ein einziges Kind, und werden sich um ihn betrüben, wie man sich betrübt um den Erstgeborenen (Sach 12,10 – Lu.).

Im Talmud (Sukkah 52a) wird diese Weissagung auf den Messias, den Sohn Josephs, hin gedeutet:

»Der hat die Worte richtig verstanden, der sagt, daß die Ursache die Hinrichtung des Messias, des Sohnes Josephs, ist; stimmt dies doch mit dem Schriftwort überein: ›Und sie werden mich ansehen, den sie durchbohrt haben, und sie werden um ihn klagen ...‹«

Rashi sagte:

»Unsere Rabbis sehen in diesem Vers einen Hinweis auf den Messias ben Joseph.«

Rabbi Moses Alsheikh (1508–1600) sagte:

»»Sie werden auf mich sehen«, denn sie werden ihre Augen auf mich richten in völliger Buße, wenn sie den sehen, den sie durchstochen haben, das ist der Messias, der Sohn Josephs. Denn die Rabbis unserer gesegneten Vorzeit sagten, daß er die Schuld Israels auf sich nehmen und dann im Krieg getötet werden würde, um Sühne zu schaffen, und zwar auf solche Weise, daß man meinen würde, Israel habe ihn durchstochen, denn um ihrer Sünde willen starb er. Und deshalb, damit man es ihnen als völlige Sühne anrechnen kann, werden sie Buße tun und auf den Gesegneten schauen, indem sie sagen, daß niemand außer ihm vergeben kann, denen, welche um ihn klagen, um ihn, der für ihre Sünde starb. Dies ist die Bedeutung der Worte ›Sie werden auf mich sehen‹.«

Es wäre ein unwahrscheinlicher Zufall, wenn sich diese Worte nicht auf den Herrn Jesus beziehen würden. Für alle in die jüdische Geschichte Eingeweihten ist er die am meisten herausragende Persönlichkeit. Seine Kreuzigung war von ungeheurem Einfluß auf den Lauf der jüdischen Geschichte, ob man es wahrhaben will oder nicht. Wenn sich diese Texte aber auf ihn beziehen, dann wird Sacharja zufolge ein Tag kommen, an dem das jüdische Volk ihn als den Messias erkennen und sich bußfertig und glaubensvoll ihm zuwenden wird.

Dann wird der Ruf des Gekreuzigten die herrlichsten Früchte tragen:

Kommt, ihr alle, die ihr vorübergeht, schauet und seht, ob ein Schmerz sei wie der Schmerz, der mir angetan worden, mit dem der Herr mich geschlagen am Tage seines glühenden Zorns (Kla 1,12 – Zü.).

Diese Worte beziehen sich auf den Tag, an dem Jerusalem von Nebukadnezar zerstört wurde. Alten Überlieferungen zufolge wurden sie in der Höhle am Fuße des »Gordon-Golgatha« in Jerusalem geschrieben. Nichtsdestoweniger sind es ohne Zweifel auch messianische Worte, ein Hinweis auf den Tag, an dem die Leiden des Messias Beachtung finden würden von denen in Jakob, die »sich von der Übertretung bekehren«. Dann werden sie im Angesicht dessen, den sie für »bestraft« hielten, »von Gott geschlagen und geplagt«, das Licht der Erkenntnis der Herrlichkeit Gottes schauen.

3. Der König der Juden

»Wo ist der neugeborene König der Juden?« – so fragten damals die Weisen nach ihrer langen Reise aus dem Osten. Sie hatten seinen Stern gesehen, und er war ihnen so wundersam und einmalig erschienen, daß sie den König suchen wollten. Es muß etwas Ungewöhnliches an diesen Männern gewesen sein, denn gleich nach ihrer Ankunft waren sie in ganz Jerusalem im Gespräch. Bald kam die Neuigkeit auch Herodes dem Großen zu Ohren, und er versammelte die Priester und Schriftgelehrten, um zu erfahren, wo der Messias zur Welt kommen sollte.

Herodes zweifelte offenbar keine Sekunde lang daran, daß dieses Gerede von einem »König der Juden« mit dem messianischen Erlöser-König in Zusammenhang stand, der damals von einem so großen Teil des Volkes erwartet wurde. Die Priester und Schriftgelehrten erwiderten, daß der messianische König nach Micha 5,2 in Bethlehem in Juda zur Welt kommen sollte. Herodes spürte instinktiv, daß seine Position als König durch diesen möglichen Messias gefährdet war. Jedenfalls nahm er die Sache ernst genug, um sich genauestens über die Beobachtungen und Entdeckungen der Weisen zu erkundigen. Aus der Geschichte wissen wir, daß Herodes an Verfolgungswahn litt und bei jeder Gelegenheit um seinen Thron fürchtete. Er wollte genau wissen, wann der Stern das erste Mal erschienen war, und er befahl den Weisen, ihn zu unterrichten, sobald sie das Kind gefunden hätten. Als sie jedoch nicht zurückkehrten, veranlaßte er, daß jedes männliche Kind aus dem Umkreis Bethlehems, das unter zwei Jahren alt war, getötet wurde (Mt 2,16–18). Herodes glaubte tatsächlich, daß der Messias gekommen war, und ergriff harte Maßnahmen.

Jesus, der König der Juden, wurde in sehr armseligen Verhältnissen geboren. Seine Mutter, Maria, war königlicher Abstammung (von David) und auch sein irdischer »Vater« Josef. In der Schrift finden wir zwei Stammbäume, durch die wir die Herkunft Jesu zurückverfolgen können. Nach dem König David trennen sie sich; nur Serubbabel und Sealthiel haben sie gemeinsam. Der erste Stammbaum in Matthäus 1,1–16 scheint der Stammbaum Josefs zu sein, während der zweite in Lukas 3,23–38 der von Maria ist. Von vielen christlichen Gelehrten wird dies jedoch in Frage gestellt. Ihrer Meinung nach handelt es sich in Matthäus um die gesetzliche Abstammung, das heißt die Folge der Thronerben zur jeweiligen Zeit; der Stammbaum bei Lukas dagegen zeige die natürliche Abstammungslinie, das heißt die tatsächliche.

Interessanterweise heißt es im Talmud (Sanhedrin 43a): »... Jesus, der königlicher Abstammung war.« Es muß festgehalten werden, daß die Priester und Schriftgelehrten trotz ihrer Feindschaft gegenüber Jesus auch nicht ein einziges Mal den Anspruch Jesu in Frage stellten, er sei aus dem Hause Davids. Bis zur Zerstörung Jerusalems im Jahre 70 n. Chr. waren die Abstammungsregister vollständig und konnten jederzeit konsultiert werden. Die jüdischen Herrscherkreise suchten ja geradezu nach Beweisen, um Jesus in den Augen des Volkes unglaubwürdig zu machen, und die Widerlegung seiner Abstammung wäre der einfachste und wirksamste Weg dazu gewesen. Die Tatsache, daß sie niemals diese Waffe gegen ihn einsetzten, ist ein klares und kräftiges Zeugnis für die Richtigkeit des Stammbaums Jesu.

Die Berichte der Evangelien über die Geburt Jesu haben etwas Authentisches, Glaubwürdiges an sich. Als Elisabeth, die Cousine Marias, dieser begegnete, »hüpfte das Kind in ihrem Leibe«. Erfüllt mit dem Heiligen Geist brach sie mit lauter Stimme in die Worte aus:

Gesegnet bist du, mehr als alle anderen Frauen, und gesegnet ist die Frucht deines Leibes. Wer bin ich, daß die Mutter meines Herrn zu mir kommt? (Lk 1,42–43 – Einh.).

Und Maria erwiderte:

Meine Seele preist die Größe des Herrn, und mein Geist jubelt über Gott, meinen Retter. Denn auf die Niedrigkeit seiner Magd hat er geschaut. Siehe, von nun an preisen mich selig alle Geschlechter. Denn der Mächtige hat Großes an mir getan, und sein Name ist heilig (Lk 1,46–49 – Einh.).

Bei der Beschneidung (Brit Milah) von Johannes, dem Kind Elisabeths, acht Tage nach seiner Geburt wurde Zacharias, der Vater des Kindes, ein Priester, vom Heiligen Geist erfüllt und weissagte:

Gepriesen sei der Herr, der Gott Israels! Denn in seiner Gnade ist er gekommen, um sein Volk zu erlösen. Er hat uns einen mächtigen Retter gesandt aus dem Haus seines Knechtes David. So hat er durch seine heiligen Propheten verheißen schon seit uralten Zeiten: er werde uns vor unseren Feinden retten und vor allen, die uns mit ihrem Haß verfolgen; er werde sich unserer Väter erbarmen und sich an seinen heiligen Bund erinnern, an den Eid, den er unserem Vater Abraham geschworen hat: er werde uns aus der Gewalt unserer Feinde befreien, damit wir ihm furchtlos dienen und heilig und gerecht vor ihm leben all unsre Tage. Du aber, Kind, wirst ein Prophet des Höchsten sein, denn du wirst dem Herrn vorangehen und ihm den Weg bereiten. Du wirst seinem Volk die Einsicht schenken, daß es gerettet wird durch die Vergebung der Sünden; denn unser Gott ist reich an Erbarmen, darum kommt zu uns das strahlende Licht aus der Höhe. Es wird allen leuchten, die in Finsternis sitzen und im Dunkel des Todes; es wird unsere Schritte auf den Weg des Friedens lenken (Lk 1,68–79 – Einh., 2. Version).

Aus der Art und Weise, wie Zacharias über die Geburt seines Sohnes und die bevorstehende Geburt Jesu sprach, geht klar hervor, daß auch er überzeugt war, daß Jesus der Messias ist.

Auch andere dachten so. Als Maria und Josef das Kind zur Darbringung in den Tempel brachten, begegnete ihnen der gottesfürchtige Simeon. Der Heilige Geist hatte ihm geoffenbart, daß er nicht sterben würde, bevor er den Messias gesehen hätte.

Er nahm Jesus in seine Arme und dankte Gott mit den Worten:

Nun läßt du, Herr, deinen Knecht, wie du gesagt hast, in Frieden scheiden. Denn meine Augen haben das Heil gesehen, das du vor allen Völkern bereitet hast, ein Licht, das die Heiden erleuchtet, und Herrlichkeit für dein Volk Israel (Lk 2,29–32 – Einh.).

Und zu Maria, der Mutter Jesu, sagte er:

Dieser ist dazu bestimmt, daß in Israel viele durch ihn zu Fall kommen und viele aufgerichtet werden, und er wird ein Zeichen sein, dem widersprochen wird. Dadurch sollen die Gedanken vieler Menschen offenbar werden. Dir selbst aber wird ein Schwert durch die Seele dringen (Lk 2,34–35 – Einh.).

Dann war da eine alte Prophetin, Hanna, die im Tempel als treue Beterin bekannt war. Sie erkannte in dem Kind den messianischen Erlöser-König und »sprach über das Kind zu allen, die auf die Erlösung Jerusalems warteten« (Lk 2,38 – Einh.).

Jesus kam als König der Juden zur Welt und starb auch als König der Juden. Als alle Anschuldigungen gegen ihn nicht mehr standhielten, brachten die führenden Juden eine neue Anklage vor den römischen Statthalter Pontius Pilatus. Sie sprachen:

Wir haben festgestellt, daß dieser Mensch unser Volk verführt, es davon abhält, dem Kaiser Steuer zu zahlen, und behauptet, er sei der Messias und König (Lk 23,2 – Einh.).

Pilatus war beunruhigt, und er fragte Jesus, ob er wirklich der König der Juden sei. Die Antwort Jesu ist sehr aufschlußreich. Er sagte zu Pilatus: »Sagst du das von dir aus, oder haben es dir andere über mich gesagt?« (Joh 18,34 – Einh.). Pilatus antwortete: »Ich bin kein Jude. Ich verstehe nichts von den Knifflichkeiten eurer heiligen Schriften und Überlieferungen. Dein eigenes Volk und seine Führer haben dich vor mich gebracht. Sag mir, was du getan hast.«

Jesus erwiderte ihm: »Mein Königtum ist nicht von dieser

Welt. Wenn es von dieser Welt wäre, würden meine Leute kämpfen.« Pilatus entgegnete ihm:»Also bist du doch ein König?« Jesus sprach:»Ja, du sagst es, ich bin ein König. Ich bin dazu geboren und dazu in die Welt gekommen, daß ich für die Wahrheit Zeugnis ablege. Jeder, der aus der Wahrheit ist, hört auf meine Stimme.« Was Jesus damit meinte, war:»Wer an die Wahrheit glaubt und zum Reich Gottes und des Lichts gehört, der wird erkennen, ob ich der König der Juden bin oder nicht.« Daraufhin entgegnete ihm Pilatus:»Was ist Wahrheit?« Pilatus war tief beeindruckt. Zweimal verkündete er den offiziellen Urteilsspruch:»Unschuldig!« Als der Pöbel jedoch immer zahlreicher und lauter wurde, befürchtete er einen ernsten Aufruhr. Als die jüdische Obrigkeit ihn dann noch beschwor:»Wenn du ihn freiläßt, bist du kein Freund des Kaisers; jeder, der sich als König ausgibt, lehnt sich gegen den Kaiser auf«, gab Pilatus nach, wusch seine Hände in Unschuld und verurteilte Jesus zum Tod am Kreuz (Joh 19,1–16).

Auf diese Weise entledigte sich Pilatus aller Verantwortung. Er wußte genau, was richtig war, aber letztlich hatte er hier zu wählen zwischen seinen eigenen Interessen und Jesus. Er wählte sein eigenes Ich. Er hatte zwar versucht, Jesus zu retten, war aber nicht bereit, den Preis zu zahlen, als er vor die Wahl gestellt wurde. Entweder beschwichtigte er die jüdische Obrigkeit und den von ihr aufgestachelten Pöbel (boshaft und gemein, wie er ihn kannte), indem er den Messias kreuzigen ließ, oder er nahm sich die Freiheit, einen unschuldigen Mann freizusprechen, und riskierte damit einen Tumult, der seiner Karriere ganz empfindlichen Schaden zufügen konnte. Politische Zweckmäßigkeit siegte auf Kosten der Gerechtigkeit. Als die verhüllte Drohung bezüglich seiner Loyalität dem Kaiser gegenüber ausgesprochen war, wusch Pilatus feierlich seine Hände, ließ Jesus auspeitschen und unterschrieb das Todesurteil. Die der Kreuzigung vorausgehende Geißelung führte manchmal schon zum Tod. Die Geißel war aus Lederriemen angefertigt, in die Blei- und Knochenstückchen eingeflochten waren, welche schwere Verletzungen verursachten. Wahrscheinlich dachte Pilatus, der jammervolle Anblick des gegeißelten Jesus, der seinen Anspruch, König und Messias zu sein, trotz aller Verspottung und Verachtung aufrechterhielt, würde die Menge umstimmen. Aber er hatte sich getäuscht. Pilatus war durch die Angst und Sorge um sein eigenes Leben gezwungen, den Messias zum Tode zu verurteilen.

Das römische Kaiserreich, vertreten durch die Person des Pilatus, stellte Jesus vor Gericht und verurteilte ihn zum Tode. Wir hätten nichts anderes erwarten können. Darüber hinaus erkennen wir hier einen außergewöhnlichen Zusammenschluß zweier sich eigentlich feindlich gesinnter Welten, nämlich der heidnischen und der jüdischen, die sich verbündeten, um den messianischen König umzubringen. Vielleicht gibt es kein deutlicheres Bild für den grundlegenden Unterschied zwischen dem Messias und dieser Welt als dieses. Denn wenn die Welt erkennt, was recht ist, sich aber zwischen den eigenen Interessen und Gott entscheiden muß, wird sie immer das eigene Ich wählen und versuchen, Gott zum Schweigen zu bringen. Man fragt sich zu Recht, wie man sich – auch in ihrer edelsten Form – solchen Menschen, solch einer Gesellschaft, solch einer Gesinnung anvertrauen kann, die ihre Hände in Unschuld wäscht und einen Mord vollbringt. Dies ist ein Gleichnis unserer gefallenen menschlichen Gesellschaft in ihrer primitivsten wie kultiviertesten Form. Es ist, als ob wir durch ein Fenster in das Herz des gefallenen Menschen und der von ihm geschaffenen Gesellschaft blickten. Wir erkennen die Hoffnungslosigkeit des Menschen und der Gesellschaft und sehen ihren unvermeidlichen Zusammenbruch kommen, auch wenn sie sich theoretisch mit den höchsten Idealen und ethischen Vorstellungen identifiziert.

Gott sei Dank sehen wir in dem Messias etwas ganz anderes. Auch er war in Gethsemane vor die Wahl gestellt: Gott oder ich selbst, Selbstaufgabe oder Selbstverwirklichung. Er wählte Gott. Aus freiem Willen opferte er sein Leben für die Nation und für die Welt. In ihm erkennen wir eine andere Art von Mensch, den Menschen, wie Gott ihn gemeint hat, mit dem Wesen und Charakter Gottes und der Bereitschaft zum Dienen, die einem von Liebe erfüllten Herzen entspringt.

Dort steht er, verurteilt, eine einsame Gestalt. Verspottet, geschlagen, entstellt, blutig, gedemütigt nimmt er alles schweigend hin, schweigend aufgrund seiner unermeßlichen Liebe. Er erträgt alles, um uns zu retten, um einen Ausweg zu schaffen aus dieser Art von Menschsein, aus dieser Gesellschaft, aus diesem unserem Wesen, aus dieser Sinnlosigkeit in ein anderes Königreich hinein, das Königreich Gottes. Die innere Königswürde Jesu trat niemals deutlicher zum Vorschein als hier. Angesichts all der Dinge, vor denen der Mensch sich am meisten fürchtet und zurückschreckt – Schmerzen, Leid, Spott, Einsamkeit, Böses, Tod, Ungewißheit –, zeigt er uns eine Würde, Majestät und Königlichkeit ohnegleichen, die wie ein Glanz auf ihm liegt. Zerrissen und blutig, mit Speichel auf dem Angesicht, verflucht, verspottet und verlacht, während die körperliche Kraft unter dem Gewicht des Kreuzes nachläßt, man ihn an Händen und Füßen an einen Marterpfahl nagelt und die ganze Hölle in wenigen Stunden satanischer Wut und Finsternis gegen ihn losgelassen wird, strahlt er eine Autorität, Würde und Majestät aus, die diese Welt nicht kennt. Sogar in dem Augenblick, als er zum ersten und einzigen Mal von Gott verlassen ist und das Universum den erschütterndsten, schrecklichsten und qualvollsten Ruf aller Zeiten vernimmt – so qualvoll, daß selbst die Sonne ihr Gesicht verhüllt –, ist seine Königswürde noch sichtbar.

Jesus offenbart eine Art von Königswürde und Führerschaft, die von der Art dieser Welt weit abweicht. Sie beruht nicht auf dem richtigen Stammbaum und auch nicht auf äußerlichem Glanz und Aufwand oder unumschränkter Macht; nicht einmal – auf geistlicher Ebene – auf dem Recht auf Königsherrschaft durch göttliche Vorbestimmung. Jesus war zwar der schon lange verheißene König. Er war von Gott erwählt und vorbestimmt. Er war königlicher Abstammung. Aber seine Königsherrschaft gründet sich auf mehr als diese Dinge. Er ist ein geborener Herrscher. Seine Autorität und Würde sind unabhängig von einem Amt, einem Titel, einer Position. Sie haben ihren Ursprung in seiner geistlichen Kraft und Aufrichtigkeit. Seine Königsherrschaft gründet sich auf Liebe und Wahrheit, auf Recht und Gerechtigkeit, auf Güte, Heiligkeit und Barmherzigkeit. Ihr Fundament ist Selbstaufopferung und Reinheit. Während der 33 Jahre seines irdischen Lebens, das er in durchschnittlichen Verhältnissen und unter normalen Bedingungen verbrachte, bewies er, daß er des Thrones und Königreiches Gottes würdig war. Gott bestätigte dies, als er ihn verherrlichte. Aber in keiner Situation hat Jesus seine Königswürde mehr unter Beweis gestellt als in seiner Erniedrigung, seinem Leiden und Tod, beraubt all der Dinge, die unserer Vorstellung nach einen König ausmachen. Wir haben einen König, der für immer und ewig Nägelmale an Händen und Füßen trägt, die ewigen Zeichen seiner nie endenden Liebe zu uns. Dieser König ist nicht besorgt um seine eigene Zukunft, seinen guten Ruf, seinen Glanz. Er kann alle Herrlichkeit zur Seite legen und sterben für die, die es nicht verdient haben, um sie in Gottes Reich zu bringen.

Rom hatte keine Ahnung davon, was bei dem Verhör dieses »jüdischen Messias« alles auf dem Spiel stand. Ohne daß es ihm bewußt war, war sein Tag des Gerichtes angebrochen. Rom mochte mit seinen hohen Idealen prahlen, seine edlen ethischen Maßstäbe verkünden, seine unfehlbaren Gesetze verteidigen; sein wahres Wesen offenbarte sich in der Person des Pilatus. Rom mochte seine Hände tausendmal in Unschuld waschen, es änderte nichts an den Tatsachen. Das Verhör des Messias zeigte, wer Rom in Wirklichkeit war. Indem es ihn verhörte, wurde es selbst verhört und verurteilt. Indem es sein Todesurteil unterzeichnete, unterzeichnete es sein eigenes. Am Ende ist es das stolze kaiserliche Rom, das zu Staub wird, und es ist der König der Juden, Jesus, der an jenem Tage verachtet und verlassen im Prätorium stand, der nun aber auf dem Throne Gottes sitzt, um auf ewig zu herrschen.

4. »Sehet, das ist euer König!«

War Pilatus zynisch oder meinte er es ehrlich, als er zu den Obersten der Juden sprach: »Das ist euer König?« Meinte er es ernst, als er die heulende Menge, die die Hinrichtung Jesu forderte, fragte: »Soll ich euren König kreuzigen?« Hatte Pilatus gemerkt, daß Jesus echt und wahr war?

Sicher war es vielen, die im Laufe der Wirkenszeit Jesu mit

ihm in Berührung gekommen waren, ähnlich ergangen. Pilatus machte sich ganz sicher nicht lustig über Jesus, sondern appellierte vielmehr zum letzten Mal an das Gewissen der jüdischen Obrigkeit. Natürlich hatte er einen solchen Appell nicht nötig. Er als Statthalter hatte das letzte Wort. Seine Aufgabe bestand ja gerade in der Überwachung der Rechtsprechung. Er ist deshalb auch im selben Maße schuldig an der Kreuzigung Jesu wie alle anderen Beteiligten auch, wenn nicht noch mehr. Die von ihm aufgesetzte Kreuzesinschrift läßt darauf schließen, daß er von Jesus tief beeindruckt war. Gewöhnlich enthielt die Inschrift die Anklage, derer der Verbrecher für schuldig befunden worden war. Auf dem Weg zur Hinrichtungsstätte wurde sie entweder vor ihm hergetragen oder um seinen Hals gehängt; danach nagelte man sie über seinem Kopf fest. Bei Jesus ließ Pilatus in hebräischer, lateinischer und griechischer Sprache anbringen: »Jesus von Nazareth, der König der Juden.« Die jüdischen Führer waren entsetzt und protestierten aufs heftigste. Sie beantragten folgende Änderung: »Jesus von Nazareth, der von sich sagte, er sei der König der Juden.« Aber Pilatus antwortete mit den unvergeßlichen Worten: »Was ich geschrieben habe, das habe ich geschrieben.« Jesus starb als König der Juden, so wie er auch als König der Juden in die Welt gekommen war.

Einer von denen, die ihn während seines öffentlichen Wirkens als den messianischen König erkannten, war Nathanael, der sagte: »Du bist der Sohn Gottes, du bist der König Israels« (Joh 1,49 – Zü.). Ein anderer Jünger Jesu, Petrus, bekannte: »Du bist der Christus [Messias], der Sohn des lebendigen Gottes« (Mt 16,16 – Zü.). Der blinde Bartimäus rief aus: »Sohn Davids, Jesus, erbarme dich meiner!« (Mk 10,47 – Zü.) und wurde geheilt. Einmal wollte das galiläische Volk Jesus sogar mit Gewalt zum König machen; er zog sich jedoch rechtzeitig zurück (Joh 6,15).

Eine Woche vor seinem Tod hielt er einen siegreichen Einzug in Jerusalem. Das Herz der Volksmenge war Jesus zugewandt. Sie verstand offenbar sofort, daß er als der Messias kam, und schämte sich nicht, ihm zuzujubeln. In Johannes 12,12–16 lesen wir:

Am Tag darauf hörte die Volksmenge, die sich zum Fest einge-
funden hatte, Jesus komme nach Jerusalem. Da nahmen sie
Palmzweige, zogen hinaus, um ihn zu empfangen, und riefen:
Hosanna! Gesegnet sei er, der kommt im Namen des Herrn, der
König Israels! Jesus fand einen jungen Esel und setzte sich darauf
– wie es in der Schrift heißt: Fürchte dich nicht, Tochter Zion!
Siehe, dein König kommt; er sitzt auf dem Fohlen einer Eselin.
Das alles verstanden seine Jünger zunächst nicht; als Jesus aber
verherrlicht war, da wurde ihnen bewußt, daß es so über ihn in
der Schrift stand und daß man so an ihm gehandelt hatte (Einh.).

Wenn auch die Jünger nicht die volle Bedeutung dieses Ereignis-
ses erfaßten, so begriffen doch die Pharisäer und die Obrigkeit
sehr wohl, was geschehen war. Sie sagten:

Ihr seht, daß ihr nichts ausrichtet; alle Welt läuft ihm nach (Joh
12,19 – Einh.).

Die einfachen Leute erkannten Jesus weitgehend als den messianischen König aus dem Hause Davids an. Seine Königswürde,
das wußten sie, war nicht nur eine Frage der Abstammung. Sie
war bestätigt worden durch Zeichen und Wunder, durch seine
Art zu reden, aber vor allen Dingen durch sein inneres Wesen,
seinen geistlichen Charakter. Bei seinem Verhör und Prozeß und
seiner Verhöhnung durch die römischen Soldaten ging es immer
wieder um seinen Anspruch, der König der Juden zu sein. Noch
bei seiner Kreuzigung riefen die Hohenpriester ihm zu:

Der Messias, der König von Israel! Er soll doch jetzt vom Kreuz
herabsteigen, damit wir sehen und glauben (Mk 15,32 – Einh.).

Welche andere Erklärung gäbe es für die Person Jesu, als daß er
wirklich der war, der zu sein er behauptete – nicht nur der
Messias, sondern König? Sehen wir einen Moment lang von
seinen Zeichen und Wundern ab. Können wir uns vorstellen, daß
seine Worte die Worte eines sich selbst täuschenden Schauspie-
lers waren? Nie hatte jemand so gesprochen wie er. Jede sorgfäl-
tige Überprüfung seiner Worte muß damit enden, daß er die
Wahrheit sagte. Angesichts seiner Worte, Zeichen und Wunder
müssen wir uns auch seinen Aussagen über sich selbst stellen.

Wenn wir an die vielen Verheißungen bezüglich des Messias denken, die sich in der Person und im Werk Jesu erfüllten, in den äußeren Umständen seiner Geburt, in den gewaltigen drei Jahren seines öffentlichen Wirkens, in seinem Leiden und Sterben, so müssen wir meines Erachtens die Behauptung des Herrn Jesus, er sei der messianische Erlöser-König, annehmen. Keine andere Erklärung seiner Person, seines Wesens und seines Werkes kann mich zufriedenstellen, als daß er der Sohn Gottes, der Messias, der König der Juden war und ist.

Die Weissagungen über ihn, die viele Jahrhunderte vor seiner Geburt verkündet und niedergeschrieben worden waren, sind bemerkenswert. Die Umstände seiner Geburt, seines öffentlichen Wirkens und vor allem seines Todes sind erstaunlich. Aber die Ereignisse, die seinem Tode folgten, sind das Gewaltigste von allem. Man kann kaum annehmen, daß Jesus die Kreuzigung auf irgendeine Weise überlebte, daß er wieder aufwachte und man ihn dann verschwinden ließ, ohne daß jemand davon erfuhr. Ich kenne den Nahen Osten mit all seiner Neugierde in solchen Sachen und seiner Neigung zu Gerüchten. Wenn er dem Tod entkommen wäre, wären seine Jünger vor Freude außer sich gewesen. Sie hatten ja noch gar nicht begriffen, daß er sterben mußte, geschweige denn auferstehen. Bedenken wir die Vorsichtsmaßnahmen, die getroffen wurden, die Wachen am Grab, das offizielle Siegel am Grab und außerdem die Enttäuschung der betrübten Jünger. Welch andere Erklärung gibt es für das, was geschah, als daß er wirklich von den Toten auferstand?

Für das leere Grab hat es nie eine andere zufriedenstellende Erklärung gegeben. Die verstörten Jünger hätten den Leib Jesu nicht einfach forttragen können; schließlich war das Grab ja bewacht. Die jüdischen Führer kannten nur ein Ziel: den leblosen Körper Jesu im Grab zu halten. Was konnte dann geschehen sein? Alle stimmten darin überein, daß das Grab leer war.

Es gibt jedoch noch andere Faktoren, zum Beispiel die zurückgebliebenen Tücher, die denen auffielen, die zum leeren Grab gegangen waren. Sie glichen der leeren Hülle eines Schmetterlingskokons. Sie waren nicht vom Körper weggerissen, auch nicht sorgfältig entfernt worden. Der Körper war einfach aus ihnen entwichen, hatte sie in der genauen, dem Körper angepaßten Anordnung der Falten hinterlassen; das Schweißtuch war an einem Ort für sich zusammengewickelt (Joh 20,6–7).

Ein anderer Faktor waren die ungläubigen Jünger. Beim sorgfältigen Lesen der Berichte wird deutlich, daß sie der Tatsache seiner Auferstehung anfangs kaum Glauben schenken konnten. Erst durch sein Erscheinen wurden sie überzeugt (siehe zum Beispiel Lk 24). Die Art dieser Erscheinungen ist ein weiterer Faktor. Es waren nicht die Erscheinungen eines Geistes. Die Jünger begegneten ihm, berührten ihn, aßen mit ihm. Sogar der rationalistische Verstand eines Thomas ließ sich schließlich überzeugen (siehe Lk 24,36–43; Joh 20,20.24–28).

Ebenso bemerkenswert sind die Unterschiede zwischen den verschiedenen Evangelien. Wäre die Auferstehung Jesu ein schlau eingefädelter Schwindel gewesen, dann hätte man zumindest die Berichte entsprechend aufeinander abgestimmt. Statt dessen finden wir einige leichte Unterschiede, die aber nur für die Authentizität der Berichte sprechen (vgl. zum Beispiel die Zahl der Jünger in Mk 16,14 und Lk 24,33). *Keiner der Evangelisten hat versucht, die verschiedenen Augenzeugenberichte aufeinander abzustimmen.*

Ein anderer wichtiger Faktor ist die Veränderung, die an den enttäuschten und mutlosen Jüngern geschah. Als der Herr Jesus starb, waren sie vom Schock wie gelähmt und stoben auseinander. Aber dann geschah etwas, was die Jüngerschar zu einer dynamischen Bewegung verwandelte, die nicht nur die ganze damalige Welt auf den Kopf stellte, sondern auch die Kraft hatte, harte Verfolgungen freudig auf sich zu nehmen. Sie wußten felsenfest, daß Jesus von den Toten auferstanden war als der Erlöser für alle, die durch ihn zu Gott kommen. Durch die Jahrhunderte hindurch haben zahllose Männer und Frauen dieselbe Entdeckung gemacht: Jesus lebt! Kann man das auf Halluzinationen, Massensuggestion oder Schwindel zurückführen? Niemals! Die Wahrheit ist, daß Gott ihn von den Toten auferweckt hat als Bestätigung dessen, was Jesus über sich selbst sagte, nämlich daß er der Messias und der Herr ist. Für den Apostel Petrus gab es an Pfingsten keinen Zweifel, als er sagte:

Israeliten, hört diese Worte: Jesus, der Nazoräer, den Gott vor
euch beglaubigt hat durch machtvolle Taten, Wunder und Zei-
chen, die er durch ihn in eurer Mitte getan hat, wie ihr selbst wißt
– ihn, der nach Gottes beschlossenem Willen und Vorauswissen
hingegeben wurde, habt ihr durch die Hand von Gesetzlosen ans
Kreuz geschlagen und umgebracht. Gott aber hat ihn von den
Wehen des Todes befreit und auferweckt; denn es war unmöglich,
daß er vom Tod festgehalten wurde ... Mit Gewißheit erkenne
also das ganze Haus Israel: Gott hat ihn zum Herrn und Messias
gemacht, diesen Jesus, den ihr gekreuzigt habt (Apg 2,22–24.36 –
Einh.).

Der Apostel Paulus drückte dies später auf einfache und tiefe
Weise so aus:

... das Evangelium Gottes ... das er durch seine Propheten im
voraus verheißen hat in den heiligen Schriften: das Evangelium
von seinem Sohn, der dem Fleisch nach geboren ist als Nach-
komme Davids, der dem Geist der Heiligkeit nach eingesetzt ist
als Sohn Gottes in Macht seit der Auferstehung von den Toten,
das Evangelium von Jesus Christus, unserem Herrn (Röm 1,1–4
– Einh.).

Dies ist nicht nur eine objektive Wahrheit. Wir, die wir gläubig
geworden sind, tragen das Zeugnis in uns selbst. Wir wurden ...

... wiedergeboren zu einer lebendigen Hoffnung durch die Auf-
erstehung Jesu Christi von den Toten (1 Petr 1,3 – Zü.).

Ist es ein Wunder, daß Gott den Messias Jesus zum »König der
Könige und Herrn aller Herren« machte? Ihn, der als König der
Juden zur Welt kam und als König der Juden starb, hat Gott ...

... zu seiner Rechten in der Himmelswelt gesetzt über jede
Gewalt und Macht und Kraft und Hoheit und jeden Namen, der
genannt wird, nicht allein in dieser Welt, sondern auch in der
zukünftigen (Eph 1,20–21 – Zü.).

5. »Wir haben keinen König außer dem Kaiser«

Es gibt keine traurigeren und ernsteren Worte als Johannes 19,14–16:

> *Es war aber Rüsttag für das Passah; es war um die sechste Stunde. Und er [Pilatus] sagte zu den Juden: Da, seht euren König! Da schrien jene: Hinweg, hinweg mit ihm, kreuzige ihn! Pilatus sagte zu ihnen: Euren König soll ich kreuzigen? Die Hohenpriester antworteten: Wir haben keinen König außer dem Kaiser. Darauf lieferte er ihn an sie aus, damit er gekreuzigt würde* (Zü.).

Die jüdische Welt – vertreten durch die jüdische Obrigkeit, die Hohepriesterfamilie, die Ältesten, Priester und Schriftgelehrten – und die heidnische Welt – vertreten durch den römischen Prokurator Pontius Pilatus, der im Namen des kaiserlichen Roms handelte – reichten sich die Hand, um den Messias zu kreuzigen. Dies war einer der größten Wendepunkte in der jüdischen Geschichte, ja in der Geschichte der Menschheit. Denn Jesus *war* der König der Juden und wurde letztlich aus diesem Grunde gekreuzigt.

Es war der traurigste Tag in der jüdischen Geschichte, als die Menge schrie:»Hinweg, hinweg mit ihm, kreuzige ihn!« und die Führer der jüdischen Nation zu Pilatus sagten:»Wir haben keinen König außer dem Kaiser.« Von jenem Tage an bis heute hat es nie wieder einen jüdischen König gegeben. Bis zum Jahre 1948 kannte das jüdische Volk keine andere Regierung als die des»Kaisers«. All die Jahre hindurch war es unter der Herrschaft von Heiden, von Nichtjuden, wo immer es lebte.

Es wäre natürlich ein großer Fehler, zu behaupten, nur das jüdische Volk (oder nur die damaligen Heiden) sei für den Tod des Messias verantwortlich gewesen. Da wir ja alle Sünder sind, sind wir auch alle verantwortlich für seine Kreuzigung, denn er war Gottes Lamm, das die Sünde der Welt hinwegtrug, der Eine, auf den all unsere Übertretungen gelegt wurden. Deshalb sind wir, die wir gesündigt haben, mit schuld an seinem Tod.

Im Gegensatz zur jüdischen Obrigkeit scheint ein großer Teil des einfachen Volkes dem Herrn Jesus bis zum Ende wohlgesinnt gewesen zu sein. In Markus 14,1–2 lesen wir zum Beispiel:

> *Nach zwei Tagen war aber das Fest des Passah und der ungesäuerten Brote. Und die Hohenpriester und die Schriftgelehrten trachteten darnach, wie sie ihn mit List festnehmen und töten könnten. Sie sagten nämlich: Nicht am Fest, damit kein Aufruhr des Volkes entsteht!* (Zü.).

Es war Judas, der ihnen die Gelegenheit gab, Jesus in einem einsam gelegenen Garten im Kidron-Tal, Gethsemane genannt, festzunehmen. In sicherer Entfernung von den größeren Wohngebieten hatte man hier einen idealen Ort für die plötzliche Festnahme Jesu. Die jüdische Obrigkeit hätte es gar zu gerne gesehen, daß das Volk sich gegen Jesus stellte, aber sie mußte zugeben, daß er sehr populär war, und zwar in einem solchen Ausmaß, daß sie bei einer Festnahme während des Passahfestes mit einem Aufruhr rechnen mußte, der tragische Folgen hätte haben können.

In Lukas 23,27–31 wird berichtet:

> *Es folgte ihm aber eine große Menge des Volkes und viele Frauen, die ihn betrauerten und beklagten. Jesus jedoch wandte sich zu ihnen um und sprach: Ihr Töchter Jerusalems, weinet nicht über mich; weinet vielmehr über euch und über eure Kinder! Denn siehe, es kommen Tage, wo man sagen wird: Selig sind die Unfruchtbaren und die Leiber, die nicht geboren haben, und die Brüste, die nicht gestillt haben. Dann wird man anfangen, zu den Bergen zu sagen: Fallet auf uns! und zu den Hügeln: Bedecket uns! Denn wenn man dies am grünen Holze tut, was soll am dürren geschehen?* (Zü.).

Lukas schreibt mit der für ihn typischen Exaktheit, daß eine »große Menge des Volkes« dem Herrn Jesus zu seiner Hinrichtungsstätte folgte. Die Art und Weise, wie er von den Frauen erzählt, die Jesus »betrauerten und beklagten«, deutet darauf hin, daß die Mehrheit dieser großen Volksmenge auf der Seite Jesu war. An jenem Tag waren viele jüdischen Gesichter mit Tränen überströmt, und viele Herzen waren von Leid erschüttert. Lukas fährt in diesem Kapitel fort (V. 48):

Und die ganze Volksmenge, die zu diesem Schauspiel mitgekom-
men war, schlug sich beim Anblick dessen, was geschehen war,
an die Brust und kehrte zurück (Zü.).

Dieser Bericht erlaubt uns, die ganze Situation in einem neuen
Licht zu sehen. Ein Großteil des gewöhnlichen Volkes war tief
bewegt durch das, was geschehen war. Es wird oft behauptet,
daß dieselbe Volksmenge, die den Herrn Jesus bei seinem Einzug in Jerusalem als messianischen König feierte, einige Tage
später seine Kreuzigung verlangte. Nun, das menschliche Herz
mag unbeständig sein, aber wir haben keinen Hinweis dafür, daß
dieselbe Menge, die Jesus zujubelte, ihn später verwarf. Die
Evangelien lassen vielmehr darauf schließen, daß viele der einfachen Leute wußten, daß etwas Böses im Gange war und gottlose
Mächte sich gegen Jesus verschworen hatten, daß sie sich aber
machtlos fühlten, etwas dagegen zu unternehmen.

Wir alle wissen aus dem heutigen Weltgeschehen, daß es nicht
schwer ist, eine manchmal sogar gewalttätige Volksmenge von
mehreren tausend Personen zu versammeln, die nicht unbedingt
die Meinung der Mehrheit der Nation widerspiegelt. Der blut-
rünstige Haufen, der nach dem Tode Jesu verlangte, setzte sich
aller Wahrscheinlichkeit nach aus bestochenem Pöbel, einigen
einfachen, aber leicht zu beeinflussenden Leuten und den bitte-
ren Todfeinden Jesu zusammen. Die jüdische Obrigkeit war
zweifellos der Haupteinfädler der ganzen Sache (siehe Mt 27,20;
Mk 15,11). Als Jesus seine Kreuzigung ankündigte, bezeichnete
er die Ältesten, Hohenpriester und Schriftgelehrten als die
(menschlichen) Hauptinitiatoren für sein Leiden, seine Verwerfung und seinen Tod (siehe Mt 16,21; Mk 8,31; 10,33–34; Lk
9,22).

Wenn auch der jüdische Hohe Rat durch die Korruption und
Schlechtigkeit der damaligen hohenpriesterlichen Familie und
Clique bei den meisten Christen in ein schlechtes Licht geraten
ist (übrigens gibt es auch in der christlichen Kirchengeschichte,
bei vielen Konfessionen, Beispiele für solche »kirchlichen
Mafias«), so gab es doch zwei Mitglieder des Hohen Rates, die
seinen Ruf für immer gerettet haben. Das waren Joseph von

Arimathia und Nikodemus. Joseph war »ein angesehener Rats-
herr« (Mk 15,43 – Zü.), der aber weder an der Intrige der
Hohenpriester teilnahm noch dem Todesurteil zustimmte (Lk
23,50–51). Diese zwei Männer waren es, die den leblosen Körper
des Messias behutsam vom Kreuz nahmen, ihn für das Begräbnis
vorbereiteten und in Josephs eigenes, neuerrichtetes Grab
legten.

Oft wird das jüdische Volk als der Alleinverantwortliche für
die Kreuzigung Jesu hingestellt. Diese Behauptung läßt sich
jedoch nicht aufrechterhalten, wenn wir allen Tatsachen Rech-
nung tragen. Andere gehen ins entgegengesetzte Extrem und
versuchen das jüdische Volk aller Verantwortung zu entheben,
so, als seien die Juden überhaupt nicht an der Kreuzigung
beteiligt gewesen. Das Motiv hinter dieser zweiten Einstellung
mag zwar lobenswert sein, denn es entspringt dem Wunsch, eine
der Hauptursachen des Antisemitismus zu beseitigen. Aber es
entspricht nicht der Wahrheit und kann vom Neuen Testament
her nicht bestätigt werden. Weder die Juden noch die Heiden
oder Römer können von der Verantwortung losgesprochen
werden.

Tatsache ist, daß die jüdische Obrigkeit, mochte sie in anderen
Angelegenheiten auch noch so zerstritten sein, sich hierin einig
war: Sie wollte Jesus umbringen. Die hohepriesterliche Familie,
angeführt von dem ebenso boshaften wie klugen Hannas, von
dem nicht einmal der Talmud Gutes zu berichten weiß, war der
Hauptanstifter der Verschwörung. Die Sadduzäer, die Partei der
Priester und adligen Familien von Jerusalem, schlossen sich mit
den Pharisäern zusammen (den »Fundamentalisten« und »Purita-
nern« jener Zeit) und mit den Herodianern, die bei den anderen
wegen ihrer Unterstützung der herodianischen Familie und der
Römer eigentlich als hoffnungslose Fälle galten. Die Triebkraft
hinter dieser ungleichen Koalition war der Wunsch, den Einfluß
und das Werk des Herrn Jesus loszuwerden.

Der Apostel Petrus faßte die Situation so zusammen:

Ihn [den Messias], der nach Gottes beschlossenem Willen und Vorauswissen hingegeben wurde, habt ihr [die jüdische Obrigkeit] durch die Hand von Gesetzlosen [Heiden] ans Kreuz geschlagen und umgebracht (Apg 2,23 – Einh.).

Bei einer späteren Gelegenheit war Petrus ausführlicher:

Der Gott Abrahams, Isaaks und Jakobs, der Gott unserer Väter, hat seinen Knecht Jesus verherrlicht, den ihr verraten und vor Pilatus verleugnet habt, obwohl dieser entschieden hatte, ihn freizulassen. Ihr aber habt den Heiligen und Gerechten verleugnet und die Freilassung eines Mörders gefordert. Den Urheber des Lebens habt ihr getötet, aber Gott hat ihn von den Toten auferweckt. Dafür sind wir Zeugen ... Nun, Brüder, ich weiß, ihr habt aus Unwissenheit gehandelt ebenso wie eure Führer. Gott aber hat auf diese Weise erfüllt, was er durch den Mund aller Propheten im voraus verkündigt hat: daß sein Messias leiden werde. Also kehrt um und tut Buße, damit eure Sünden getilgt werden und der Herr Zeiten des Aufatmens kommen läßt und Jesus sendet als den für euch bestimmten Messias. Ihn muß freilich der Himmel aufnehmen bis zu den Zeiten der Wiederherstellung von allem, was Gott von jeher durch den Mund seiner heiligen Propheten verkündigt hat (Apg 3,13–21 – Einh.).

Der Tag der Kreuzigung Jesu war der dunkelste und traurigste Tag in der jüdischen Geschichte, nicht nur wegen seines Todes, denn dieser war ja von Gott vorausbestimmt worden. Auch wenn das jüdische Volk nichts mit dem Tod des Messias zu tun gehabt hätte, wäre er gekreuzigt worden und gestorben. Nur wären dann die Heiden allein für seinen Tod verantwortlich gewesen. Ich glaube, auch wenn die ganze jüdische Nation an ihn geglaubt, seine Ansprüche anerkannt und ihn als König und Messias angenommen hätte, wäre er dennoch gekreuzigt worden. Nur hätten die Juden nicht ihre Hand mit im Spiel gehabt. Es war der traurigste und dunkelste Tag in der jüdischen Geschichte, weil gerade das Volk, das die Verheißungen und den Bund von Gott empfangen hatte und den Heilsplan Gottes kannte, den Messias verwarf und den Herrn der Herrlichkeit, den Fürst des Lebens, kreuzigte.

Es kann keine andere Erklärung für die zweite Verbannungszeit des jüdischen Volkes geben als diese. Im Jahre 587 v. Chr. wurde es wegen seiner fortwährenden Abgötterei und seinem Ungehorsam dem Wort Gottes gegenüber für 70 Jahre nach Babylon in die Gefangenschaft geschickt. Welche Sünde könnte eine Verbannungszeit von 1900 Jahren verdient haben, eine Leidenszeit ohnegleichen sogar für das jüdische Volk? Einige sind zwar der Auffassung, Gesetzesübertretung und Ungehorsam Gott gegenüber seien der Grund gewesen. Andere wiederum sehen die Ursache in der Gottlosigkeit der Führungsschicht, besonders in der Verschwörung, der Korruption und den Rivalitäten, die in der hohenpriesterlichen Familie im Gange waren. Aber es gibt nur eine hinreichende Erklärung für die zweite Verbannungsperiode des jüdischen Volkes: seine Ablehnung des Messias. Die Gesetzesübertretung, der grundlegende Ungehorsam bestand darin, daß es die Verheißungen, die sich in ihm erfüllten, unbeachtet ließ.

Jene anderen Faktoren – Uneinigkeiten und Kämpfe innerhalb der Nation, Rivalitäten und Korruption in den führenden religiösen und politischen Kreisen – waren dagegen nur zweitrangig. Ohne Zweifel trug auch die übrige Welt einen großen Teil der Verantwortung; aber das steht jetzt nicht zur Debatte. Die Heiden waren zur damaligen Zeit noch nicht in den Bund Gottes mit einbezogen. Die Tragik lag darin, daß gerade das Bundesvolk Gottes, das in einer einzigartigen Beziehung zu dem lebendigen Gott stand, den verwarf und ans Kreuz schlug, auf den seine ganze Geschichte hindeutete, von dem all seine Propheten geweissagt hatten, von dem sein ganzes Schicksal abhing. Indem es den Messias zum Tode verurteilte, trieb es ein Schwert durch sein eigenes Herz und tötete gewissermaßen seine eigene Geschichte.

Wir haben gesehen, daß dies nicht die Tat des ganzen Volkes war, sondern der Wille einer machthungrigen herrschenden Clique, deren Handeln von der Selbstsucht diktiert wurde. Nichtsdestoweniger wurde das ganze Volk für die Sünde der Obrigkeit bestraft. Dies mag uns unverständlich erscheinen, aber es ist einer der Gründe, warum wir für unsere Regierungen beten sollen. Jemand hat einmal gesagt, daß Gott einem Volk die

Führer gibt, die es verdient. Die Regierung eines Volkes, der Gang seiner Geschichte und der göttliche Segen oder Fluch für das Land sind aufs engste miteinander verbunden. Als der britische Außenminister Ernest Bevin in den Nachkriegsjahren 1946/47 den Strom verzweifelter jüdischer Flüchtlinge nach Palästina aufhielt, indem er den Juden von Palästina harte Bestimmungen auferlegte und die sogenannten »illegalen« Einwanderer kurzerhand internierte, leisteten er und das britische Reich, dessen Vertreter er war, aktiven Widerstand gegen den Plan und das Wort Gottes. Gottes Gericht folgte. Dasselbe spielte sich in der jüdischen Geschichte ab.

Der Herr Jesus ist der Schlüssel zur jüdischen Geschichte. Im Talmud finden wir den eindrucksvollen Satz (Sanhedrin 97a–97b):

> *»Die Welt wird 6000 Jahre lang bestehen. In den ersten zwei Jahrtausenden herrschte die Gesetzlosigkeit; 2000 Jahre lang regierte die Thora [das Gesetz]; die nächsten zwei Jahrtausende sind das messianische Zeitalter.«*

Das heißt, daß die letzten zwei Jahrtausende das Zeitalter des Messias sind. Der jüdischen Überlieferung zufolge ist der Messias jedoch noch gar nicht erschienen. Rashi bemerkte dazu folgendes:

> *»... denn nach den zweiten 2000 Jahren muß der Messias gekommen und das Reich der Gottlosigkeit zerstört worden sein.«*

An derselben Stelle im Talmud (Sanhedrin 97a) ist der Kommentar eines anderen Rabbis zu finden: »Alle vorbestimmten Daten sind nun überschritten.« Aus diesem Grunde lehrten einige Rabbis, daß der Messias in Bethlehem oder Jerusalem zur Welt kam, aber von Gott verborgen gehalten wird bis zum Ende der Weltzeit.

Auch die geheimnisvolle Aussage Daniels über die 70 Jahrwochen, das heißt 490 Jahre, deutet auf die Zeit Jesu hin (siehe Dan 9,24–27). Ganz gleich, von welchem persischen Edikt an wir die 490 Jahre zählen, alle enden vor dem Jahre 70 n. Chr. und der

Zerstörung Jerusalems. Aus dieser Weissagung in Daniel geht klar hervor, daß am Ende der 490 Jahre ...

... ein Gesalbter umgebracht [wird], aber ohne Richterspruch. Das Volk eines Fürsten, der kommen wird, bringt Verderben über die Stadt und das Heiligtum. Er findet sein Ende in der Flut; bis zum Ende werden Krieg und Verwüstung herrschen, wie es längst beschlossen ist (Dan 9,26 – Einh.).

Man kann fast sichergehen in der Annahme, daß diese Weissagung sich bei der Zerstörung Jerusalems und des Tempels durch Titus im Jahre 70 n. Chr. erfüllte. Wenn das der Fall war, dann muß der Messias Daniel zufolge vor diesem Ereignis gekommen sein. So wird es auch von vielen Rabbis interpretiert. Ferner muß er nicht nur gekommen, sondern auch »umgebracht« worden sein.

Auf wen beziehen sich alle diese Stellen, wenn nicht auf Jesus Christus? Alles deutet auf ihn hin. Er war vom Samen Abrahams und Isaaks, nicht Ismaels. Er war der Stern aus Jakob, das Zepter aus Israel. Er war vom Stamme Juda, das Wurzelschoß Isais, der Sohn Davids. Er kam in Bethlehem zur Welt. Er wurde aus dem Lande der Lebendigen hinweggerafft und unter die Übeltäter gezählt. Seine Hände und Füße wurden durchbohrt. Man gab ihm bei Gottlosen sein Grab und bei einem Reichen seine Gruft. Und Gott weckte ihn auf am dritten Tage. Von ihm können wir mit Recht sagen, daß »die Heiden nach ihm fragten«, »Nationen zu seinem Lichte wallten und Könige zu dem Glanz, der über ihm erstrahlte«. Rabbi Isaak Abravanel (1437–1508) schrieb in seinem Kommentar über den Abschnitt Jesaja 11,1–10, daß ein Kennzeichen des wahren Messias darin bestünde, daß die Heiden nach ihm fragten. Die vielen falschen Messiasse der jüdischen Geschichte mögen Anhänger aus dem Judentum gehabt haben, aber keiner von ihnen hatte Einfluß auf die übrigen Völker. Im Gegensatz dazu hatte das Leben Jesu tiefe Auswirkungen in der heidnischen Welt. Tausende und Abertausende haben sich nach seinem Namen genannt und in ihm das Heil Gottes erfahren..

Der Herr Jesus ist der Schlüssel zur jüdischen Geschichte. Er ist die Erklärung des Unerklärlichen. Er ist der Schlüssel nicht nur zum Untergang des jüdischen Volkes, sondern auch zu seiner Wiederherstellung, zu seiner Wiederannahme bei Gott. Er ist der Schlüssel zur Auflösung seines Staates, seiner Zerstreuung bis an die Enden der Erde, aber auch zur Neugründung des Staates und seiner Rückkehr in das Abraham, Isaak, Jakob und ihren Nachkommen bis in Ewigkeit versprochene Land. Denn obgleich es ihn verwarf, hat er es doch nicht verworfen.

Im Johannesevangelium heißt es:

> *Da beriefen die Hohenpriester und die Pharisäer eine Versammlung des Hohen Rates ein und sagten: Was tun wir? Denn dieser Mensch tut viele Zeichen. Lassen wir ihn auf diese Weise gewähren, so werden alle an ihn glauben, und die Römer werden kommen und uns sowohl die heilige Stätte als auch das Volk wegnehmen. Einer aber von ihnen, Kajaphas, welcher Hoherpriester jenes Jahres war, sagte zu ihnen: Ihr wisst nichts; auch bedenkt ihr nicht, daß es für euch besser ist, wenn ein Mensch für das Volk stirbt und nicht das ganze Volk umkommt. Dies sagte er aber nicht von sich aus, sondern weil er Hoherpriester jenes Jahres war, weissagte er. Denn Jesus sollte für das Volk sterben, und nicht für das Volk allein, sondern damit er auch die [unter den Völkern] zerstreuten Kinder Gottes in Eins zusammenbrächte* (Joh 11,47–52 – Zü.).

Jesus starb sowohl für das jüdische Volk als auch für die ganze Welt. Dem Handeln Gottes mit dem jüdischen Volk in seiner Heimkehr, seinem Wiederaufbau als Nation und seiner einstigen Erlösung liegt das Werk des Messias am Kreuz zugrunde. Daniel sah in seiner prophetischen Schau das Werk des Messias so:

> *Dann wird dem Frevel ein Ende gemacht und die Sünde abgetan und die Schuld gesühnt, und es wird ewige Gerechtigkeit gebracht und Gesicht und Weissagung erfüllt und das Allerheiligste gesalbt werden* (Dan 9,24 – Lu.).

In seltsamer und geheimnisvoller Weise liegt der ganzen jüdischen Geschichte und besonders den Ereignissen der letzten Zeit das vollendete Werk des Messias zugrunde.

Ich habe den Tag der Kreuzigung Jesu als traurigsten und

dunkelsten Tag der jüdischen Geschichte bezeichnet. Aber er wird noch zum herrlichsten und strahlendsten Tag werden. Der gekreuzigte Messias wird das Heil und die Herrlichkeit des jüdischen Volkes werden. Der Tag wird kommen, an welchem »ein Geist der Gnade und des Flehens« über es ausgegossen wird, »und sie werden hinschauen auf ihn, den sie durchbohrt haben, und um ihn klagen, wie man klagt um das einzige Kind, und bitterlich über ihn weinen, wie man weint über den Erstgeborenen« (Sach 12,10 – Zü.). Dann, und erst dann, wird das jüdische Volk seine Geschichte vollends begreifen. Es wird ihre Bedeutung erkennen und verstehen im Lichte des Herrn Jesus. Es wird sehen, daß seine jahrhundertealte Hoffnung, allen Völkern der Erde zum Segen zu werden, sich in Jesus, dem Messias, erfüllt hat und daß eine unzählbare Schar von Heiden »aus allen Stämmen und Sprachen und Völkern und Nationen« (Offb 5,9) durch ihn gerettet, zu Gott geführt und zu Teilhabern des Volkes Israel gemacht wurde.

Es wird die Worte des Apostels Paulus in Römer 15,8–12 (Einh.) begreifen:

> *Denn, das sage ich, Christus ist um der Wahrhaftigkeit Gottes willen Diener der Beschnittenen geworden, damit die Verheißungen an die Väter bestätigt werden. Die Heiden aber rühmen Gott um seines Erbarmens willen; es steht ja in der Schrift:* »*Darum will ich dich bekennen unter den Heiden und deinem Namen lobsingen*« *(Ps 18,50). An anderer Stelle heißt es:* »*Ihr Heiden, freut euch mit seinem Volk!*« *(5 Mo 32,43). Und es heißt auch:* »*Lobt den Herrn, alle Heiden, preisen sollen ihn alle Völker*« *(Ps 117,1). Und Jesaja sagt:* »*Kommen wird der Sproß aus der Wurzel Isais; er wird sich erheben, um über die Heiden zu herrschen. Auf ihn werden die Heiden hoffen*« *(Jes 11,10).*

Jesus kam als König der Juden zur Welt, er starb als König der Juden, und er wird wiederkommen als König der Juden. Seit dem Tode Jesu gab es keinen anderen jüdischen König, und es wird auch keinen geben, bis er, der das Anrecht darauf hat, den Thron wieder besteigen und regieren wird. Gleichwie sich Joseph damals seinen Brüdern zu erkennen gab, so wird auch Jesus sich dereinst, nachdem er »Ägypten« und die Heiden errettet hat,

»seinen Brüdern nach dem Fleisch« zu erkennen geben. Das wird ein Tag ohnegleichen in der Geschichte der Menschheit sein. Dann wird sich das Wort der Weisheit und Erkenntnis, das dem frommen Simeon kurz nach der Geburt Jesu zuteil wurde, bis ins letzte erfüllen:

Meine Augen haben das Heil gesehen, das du vor allen Völkern bereitet hast, ein Licht, das die Heiden erleuchtet, und Herrlichkeit für dein Volk Israel (Lk 2,30–32 – Einh.).

Der Herr wird zur Herrlichkeit seines Volkes Israel werden. Es wird der strahlendste Tag der jüdischen Geschichte sein, wenn alles Leid, alle Pein, alle Entfremdung und aller Kummer verschlungen wird von unaussprechlicher Freude, wenn nach strömendem Regen die Sonne von einem wolkenlosen Himmel scheint.

6. Der König aller Könige und Herr aller Herren

Irgendwann vor langer Zeit, noch ehe die Welt erschaffen und der Mensch in Sünde gefallen war, schallte der Ruf Gottes durch den Himmel:»Wen soll ich senden, und wer will unser Bote sein?« (vgl. Jes 6,8). Dieser Ruf kam aus dem Herzen Gottes des Vaters, als er die Not der menschlichen Sünde und Schuld voraussah, das scheinbar unlösbare Problem einer vom Teufel verführten Menschheit. Die Antwort auf dieses Problem lag nicht in der Zerstörung des Menschen – obwohl dies die einfachste Lösung gewesen wäre, hätte Gott diese Welt nicht so sehr geliebt. Sie lag vielmehr in der Versöhnung, in der Rückkehr des Menschen zum ursprünglichen Plan Gottes, zu seiner Bestimmung zur ewigen Gemeinschaft mit dem Vater. Und es war der Sohn Gottes, der auf den Ruf antwortete und selbst zur Lösung des Problems wurde:»Hier bin ich; sende mich.« Die wunderbaren Worte»Da sprach ich: Siehe, ich komme; im Buch ist von mir geschrieben: Deinen Willen, mein Gott, tue ich gern« gingen in Erfüllung, als der Messias Jesus in diese Welt kam (Ps 40, 8–9 – Lu.; vgl. Hebr 10,5–10).

Es wird deutlich, daß Jesus von Beginn seines Menschseins an wußte, was sein Auftrag war. Von dem Augenblick an, in dem Petrus bekannte: »Du bist der Messias, der Sohn des lebendigen Gottes« (Mt 16,16 – Einh.), offenbarte Jesus seinen Jüngern, was das Ziel seines Werkes war. Sein ganzes Leben war auf dieses Ziel ausgerichtet. Der Tag, der die Mitte aller Geschichte und Zeit ist und von welchem das Heil und die Erlösung abhängen, kam mit seiner Kreuzigung.

Wir dürfen jedoch niemals dem Irrtum erliegen, daß wir meinen, das Erlösungswerk sei eine einfache Tat gewesen, weil es an einem einzigen Tag vollendet wurde. Es kostete den Messias alles! Diese wenigen Stunden vereinigten eine alles menschliche Ermessen übersteigende Welt des Schmerzes und der Qual in sich. Nicht einmal göttlich inspirierte Worte vermögen dieses Leiden zu beschreiben. Keiner der Evangelisten hat versucht, von den wirklichen Qualen des Messias zu berichten. Sie beschränken sich nur auf die äußeren Tatsachen. Sogar die Apostel sprachen nur von der geistlichen *Bedeutung* seines Leidens – daß er unsere Sünden trug, an unserer Stelle litt, für uns zur Sünde gemacht wurde.

An keiner Stelle versuchten sie zu beschreiben, was Jesus in dieser Stunde durchmachen mußte. Sie schienen sich alle im klaren darüber zu sein, daß solch ein Versuch die menschliche Sprache und das menschliche Vorstellungsvermögen weit übersteigt, daß sein Leiden so heilig, so wunderbar, so geheimnisvoll und unbegreiflich, so großartig und so zeitlos in seiner Bedeutung war, daß sogar der begabteste Rhetoriker der Welt es nicht in Worte hätte fassen und der größte Theologe nicht hätte definieren können. Die wirkliche Geschichte davon, wie der Sündlose für uns zur Sünde gemacht, wie das Lamm Gottes in jenen schrecklichen Stunden zur »erhöhten Schlange« wurde (2 Kor 5,21; Joh 1,29; 3,14), kann niemals erzählt werden. Wir können die abgrundlose Tiefe des Leidens und der Qual höchstens erahnen.

Wir sehen das Äußere, die Demütigungen, die Marter, die Verspottung. Wir hören seine Worte, sein Rufen. Wir sehen seine Reaktionen, die körperliche Qual, den Tod. Wir sehen dies alles und wissen, daß es letztlich nur vordergründig ist. Das körperliche Leiden des Messias war nur der äußerliche Ausdruck einer unendlichen und unaussprechlichen Seelenqual. Was er wirklich für uns litt, bleibt dem natürlichen Auge verborgen. Der Knecht des Herrn verschwindet vor unseren Augen in eine Dunkelheit, in die wir niemals werden eindringen können. Wir sind an der Grenze unseres Verstehens angelangt und können nur unsere Knie und Herzen vor ihm beugen. Dort in der Dunkelheit wurde seine Seele zum Opfer für unsere Sünde. Er wurde verwundet, durchbohrt für unsere Übertretungen, zerschlagen für unsere Missetat. Dort litt er um unseres Heiles, unseres Friedens willen. Er wurde gezüchtigt, damit unser unglückliches, gequältes Gewissen Frieden mit Gott finden kann. Dort trug er unsere Sorgen und Lasten, unsere Krankheit und Schwäche (siehe Jes 52,13–53,12). Er nahm die Ursache und die Auswirkungen der Sünde auf sich. Alle unsere Missetat wurde auf ihn gelegt. Er trug die Sünde der ganzen Welt – die tiefe Verderbtheit, den ruhelosen Haß, die Qual der ganzen Menschheitsgeschichte. In diesen wenigen Stunden wurde dies alles zusammengetragen und auf die Schultern dieses Einen gelegt.

Es war kein Zufall, daß der Messias am Passahfest starb. Es war das Fest, an dem Gott einst sein Volk auf herrliche Weise aus Elend und Gefangenschaft befreit hatte. Im Zentrum dieses Festes stand ein geschlachtetes Lamm, ein einjähriges männliches, fehlerloses Tier, mit dessen Blut die Türpfosten und die Oberschwelle jedes gläubigen Heimes angestrichen wurden. Johannes der Täufer sagte von Jesus:»Siehe, das Lamm Gottes, das die Sünde der Welt hinwegnimmt!« (Joh 1,29 – Zü.). Es war deshalb kein Zufall, daß der Messias an dem Tag starb, als man die Lämmer zum Passah schlachtete. In ihm erfüllte sich die Symbolik dieses Festes.

Die Stunde der Mächte der Finsternis war gekommen. Als sie in Gethsemane erkennen mußten, daß sie die Vollendung des Werkes des Messias nicht zu verhindern vermochten, kannte ihr bodenloser Haß, ihre wahnsinnige Wut keine Grenzen mehr. Diese letzten Stunden waren so schrecklich, daß sogar die Schöpfung vor Entsetzen zurückschreckte. In Kolosser 1,17 lesen wir, daß alles Geschaffene in Jesus seinen Bestand hat. Als der Messias für uns zur Sünde gemacht und damit zum »Fluch« wurde, war es, als ob die natürliche Schöpfung, die in ihm ihren Bestand hat, diese Erschütterung fühlte. Die Erde bebte, und die Felsen zerrissen (Mt 27,51), das natürliche Licht verwandelte sich in Dunkelheit (Mk 15,33). Es war, als ob Gott selbst von einem unerträglichen Schmerz ergriffen würde und das ganze Universum darunter litt.

Auch wenn wir das Geheimnis dieses Geschehens nicht ergründen können, offenbart es doch etwas von dem Ausmaß der Leiden des Messias. Aus der schwarzen, undurchdringlichen Tiefe des Schmerzes und der Nacht hallt der erschütternde Ruf seines gebrochenen Herzens durch die Jahrhunderte hindurch: »Mein Gott, mein Gott, warum hast du mich verlassen?« (Mk 15,34). Der Messias wurde für uns zur Sünde gemacht, und es gefiel dem Herrn, ihn zu schlagen; er hatte dem Messias das Leid auferlegt. Der Herr Jesus war nicht nur als Mensch allein gelassen; auch Gott hatte sich von ihm abgewandt um unserer Sünde willen.

Das ganze Ausmaß dessen, was er für uns tat, wie er für uns litt, wie er für uns zur Sünde gemacht wurde, der Preis, den er zu zahlen hatte – dies alles liegt jenseits der Grenze unseres Verstehens. Was wir aber wissen und erfahren haben, wenn wir Jesus im Glauben in unser Leben aufgenommen haben, ist, daß er uns errettet hat. Eine Welt der Sünde, des Schmerzes, des Leidens und Sterbens drang auf ihn ein. Ihn ließ der Herr unser aller Schuld treffen, und er trug sie hinweg, um ihrer nie mehr zu gedenken. Er zahlte mit dem höchsten Preis – mit seinem eigenen Leben – und litt um unserer Sünde willen, der Gerechte für die Ungerechten, um uns zu Gott zurückzubringen. Der Messias schmeckte den Tod für jeden Menschen, um von dort viele Söhne zur Herrlichkeit zu führen (Hebr 2,9–10).

Eigenartigerweise werden wir gerade in den höhnischen Worten der Priester und Schriftgelehrten mit der Wirklichkeit konfrontiert. Unbewußt sprachen sie eine Weissagung aus: »Andere hat er gerettet, sich selbst kann er nicht retten« (Mk 15,31 – Zü.).

Damit hatten sie den Nagel auf den Kopf getroffen. Er hatte sein ganzes Leben gegeben, um andere von Tod, Verderben, Gefangenschaft und Krankheit, von Sünde und vom Satan zu befreien. Und nun, am tiefsten Punkt angelangt, konnte er sich selbst nicht retten. Nicht, daß er nicht die Macht dazu gehabt hätte. Alle Kräfte des Universums standen ihm zur Verfügung, aber er gebrauchte sie nur, um sich zu opfern, nicht aber, um sich zu retten. Seine Liebe zu uns verbaute ihm den Weg zur Selbsterhaltung. Was ihn am Kreuz festhielt, waren weder die Nägel noch die abgebrühten Soldaten, die ihn bewachten. Es war seine göttliche Liebe. Diese Liebe hielt ihn am Kreuz fester als alles andere auf der Welt. Der Knecht des Herrn gab seine Freiheit dahin und band sich an seine Liebe zum Vater und zu uns Menschen. Hier gibt es eine Lektion zu lernen für alle, die Gott dienen wollen. Es gibt tausend Dinge, die wir tun könnten, aber wenn wir Gott wirklich dienen wollen, werden wir feststellen, daß die Liebe zu ihm und zu den Menschen uns den Weg versperrt. Die göttliche Liebe wird uns festnageln, den Willen Gottes zu tun. Sie wird uns zu freiwilligen Gefangenen Jesu machen.

Die Hohenpriester und Schriftgelehrten waren blind für das, was am Kreuz geschah. Der Messias konnte sich selbst nicht retten, weil er im Begriff war, uns zu retten. Er konnte nicht gleichzeitig sich selbst und andere retten. Er mußte wählen zwischen sich selbst und der gefallenen Menschheit, und in seiner unendlichen Liebe und Gnade entschied er sich für uns. Ja, seine Liebe war sogar so groß, daß sein Tod auch den Hohepriestern und Schriftgelehrten, Hannas, Kajaphas und Pilatus und dem spottenden Pöbel Erlösung brachte, wo sie nur zu Gott umkehrten und an ihn glaubten. Sie meinten, Jesus sei jetzt am Ende, seine Kraft sei zerbrochen und sein Mund zum Schweigen gebracht. Aber sie irrten. Denn als diese Hände und Füße ans Kreuz genagelt wurden und nach außen hin kein Wunder geschah, keine Kräfte wirksam und keine Botschaft verkündet wurde, da geschah das Wunder aller Wunder, die wirksamste Kraft in der Geschichte der Menschheit wurde freigesetzt und die wichtigste Botschaft aller Zeiten verkündet. Als Jesus mit dem

Ausruf »Es ist vollbracht!« verschied, zerriß der Vorhang im Tempel von oben bis unten (Joh 19,30; Mk 15,37–38). Nie zuvor hatte der Messias eine so gewaltige Botschaft verkündet wie dieses kleine Wort »vollbracht«. Nie zuvor war etwas so Großes geschehen wie das vollendete Erlösungswerk des Messias, unsere Versöhnung mit Gott.

Der Vorhang im Tempel zerriß beim Tode Jesu, weil er der Mittler ist zwischen der gefallenen Menschheit und Gott. Dieser Vorhang war ein Zeichen der Trennung des sündigen Menschen von Gott, ein Symbol seiner Gottesferne. Er zeigte, daß die Tore der Ewigen Stadt, des Wohnortes Gottes, für den gefallenen Menschen verschlossen waren. Jetzt wurde dieser Vorhang von Gott selbst zerrissen; er schob den Riegel vom Tor und öffnete die Türen weit. Kein anderer hätte das vollbringen können, was der Messias tat. Er erwarb uns nicht nur eine ewige Erlösung, so wunderbar schon diese Tatsache ist. Er setzte der alten Ordnung, der alten Schöpfung, dem alten Menschen und der alten Natur ein Ende. Als Knecht des Herrn legte er einen festen und ewigen Grundstein für eine neue Ordnung, eine neue Schöpfung, einen neuen Himmel und eine neue Erde, in welchen Gerechtigkeit wohnt. Er war der neue Mensch. Die ganze Weltordnung, die durch den Sündenfall von Satan eingeführt worden war, wurde durch den Messias gerichtet und beendet. In ihm wurde sie gekreuzigt, begraben und für alle Zeiten abgetan. Und mitten im Gericht öffnete sich das Tor der Hoffnung. Wo, menschlich gesehen, die finsterste Nacht gekommen war, brach ein neuer Tag an. Für alle, die seinen Namen fürchteten, war die Sonne der Gerechtigkeit aufgegangen, die Heilung birgt unter ihren Flügeln. Für sie war ein neuer und ewiger Tag angebrochen mit neuem Leben, neuer Kraft und einem neuen Ziel. Für den Knecht des Herrn, Jesus, hatten sich die ewigen Tore aufgetan. Er war siegreich durch sie eingegangen und mit ihm, durch die Gnade Gottes allein, alle, die an ihn glauben.

Der Messias Jesus ist einzigartig in jeder Beziehung. Sei es nun das Geheimnis seiner Person als Gott und Mensch, seien es die vielen Weissagungen, die auf sein Kommen, seine Geburt, sein Werk und die darauffolgende Herrlichkeit hindeuteten, oder sei es die Vollkommenheit seines Charakters: Er ist einzigartig. Und wenn schon seine Person einzigartig ist, so kann sein Lebenswerk diese Einzigartigkeit nur noch unterstreichen. Denn kein anderer hätte das tun können, was Jesus getan hat. In der *Encyclopaedia Judaica* steht der bemerkenswerte Satz:

> *»Wenn, wie die Christen glauben, der Märtyrer Jesus zugleich der Messias war, dann ist sein Tod von weltweiter Bedeutung.«*

Wir ahnen etwas von dem Preis, den der Messias zahlen mußte, um die ihm von Gott gestellte Aufgabe auszuführen. Der Preis überstieg alles menschliche Fassungsvermögen, aber Jesus war bereit, ihn zu zahlen, und er gab sein Leben hin. Weil wir dessen aber so unwürdig sind, erhebt sich die Frage, warum er sein Leben für uns gab. Es gibt darauf nur eine einzige Antwort: Er starb weder aus einem Pflichtgefühl heraus noch um seiner eigenen Genugtuung und Ehre willen; auch nicht allein zur Verherrlichung Gottes, obwohl dies ein sehr edles Motiv gewesen wäre. Er wurde zum Lamm Gottes, das unsere Sünde hinwegtrug, weil er uns unermeßlich und unaufhörlich liebt. Der Apostel Paulus drückte es folgendermaßen aus: »... der mich geliebt und sich für mich dahingegeben hat« (Gal 2,20 – Zü.). Diese Liebe ist ebenso unergründlich wie unerklärlich.

Hier sehen wir in das Herz des Königs und Messias. Er ist der messianische König nicht nur seiner Abstammung wegen – obwohl diese echt war; er *war* der Sohn Davids –, noch ist er der messianische König, weil er dazu vorherbestimmt wurde – obwohl er von allem Anfang an von Gott ausersehen war. Er ist vor allem deshalb König, weil er würdig erfunden wurde, den Thron zu besteigen. Er hat den Charakter, die Wesensart, die von vornherein zum Regieren bestimmt ist. Durch sein inneres Wesen verwandelte er eine Dornenkrone in die wertvollste Krone, die jemals in der Geschichte getragen worden ist, und ein nutzloses Rohr in das mächtigste Zepter aller Zeiten. Er ist ein König, ein Führer, ein Herr ohnegleichen. Die Wurzel seines Königtums ist selbstloser, aufopfernder Dienst, ein Leben, das völlig für andere hingegeben wird. Seine Königsherrschaft gründet sich auf göttliche Liebe, auf absolute Wahrheit und auf himmlische Wirklichkeit.

Dies alles ist Grund genug, ihn würdig zu nennen. Der Apostel Johannes, der in seiner Vision einen Blick in den Himmel und in die Ewigkeit warf, sah in der Mitte von allem den Thron Gottes stehen, und auf dem Thron sah er »ein Lamm; es sah aus wie geschlachtet« (Offb 5,6 – Einh.). Inmitten einer unendlichen triumphierenden und anbetenden Schar in einem neuen Himmel und einer neuen Erde steht der gekreuzigte und herrschende Messias. Das »geschlachtete Lamm« ist der auf dem Thron sitzende Messias, der die Narben seines Leidens, die Nägelmale an seinen Händen und Füßen, den Speerstich in seiner Seite in alle Ewigkeit tragen wird. Johannes sah den Messias die mit sieben Siegeln versehene Buchrolle nehmen, die den Plan und Willen Gottes enthält und die niemand, weder Jude noch Nichtjude, hatte öffnen können. Der Messias brach die Siegel und öffnete sie. Der Messias Jesus hat den ewigen Ratschluß Gottes erfüllt, hat eine unzählbare Schar aus allen Völkern der Erde erlöst und viele Söhne zur Herrlichkeit geführt. Kein anderer ist jemals würdig erfunden worden, den Thron Gottes zu erben, die Schöpfung dem Vater zurückzubringen, den Plan Gottes für die kommenden Zeitalter zu verwirklichen.

Das geschlachtete Lamm ist der Schlüssel zur jüdischen Geschichte, der alles bisher Unerklärliche aufschließt und Trübsal in Herrlichkeit verwandelt. Der Plan Gottes ist durch das Versagen des jüdischen Volkes nicht vereitelt, sondern erfüllt worden. Seine Liebe zu ihm ist nie erloschen. Am Ende wird das ganze Israel errettet sein, und die Erde wird voll sein von der Erkenntnis des Herrn wie von Wassern, die das Meer bedecken. Denn Gott hat von Anfang an gesagt:

So wahr ich lebe und die ganze Erde der Herrlichkeit des Herrn voll werden soll ... (4 Mo 14,21 – Zü.).

An jenem Tag wird sich die Weissagung des Propheten Jesaja erfüllen:

Jedes Tal soll sich heben, und jeder Berg und Hügel soll sich senken, und das Höckerige soll zur Ebene werden und die Höhen zum Talgrund, daß die Herrlichkeit des Herrn sich offenbare und alles Fleisch es sehe zumal; denn der Mund des Herrn hat es geredet (Jes 40,4–5 – Zü.).

Von der rechten Hand Gottes aus wird Jesus, das Lamm Gottes und der Löwe von Juda, für immer regieren. Der König der Juden ist zum König aller Könige und Herrn aller Herren geworden, und

groß wird die Herrschaft sein und des Friedens kein Ende auf dem Throne Davids und über seinem Königreiche, da er es festigt und stützt durch Recht und Gerechtigkeit von nun an bis in Ewigkeit (Jes 9,7 – Zü.).

Die prophetischen Worte des Königs David über den Messias, die er Jahrhunderte zuvor niedergeschrieben hatte, werden endlich in Erfüllung gehen (Ps 72,17–19 – Zü.):

Sein Name soll ewiglich bleiben, soll sprossen, solange die Sonne scheint. Mit seinem Namen sollen sich Segen wünschen alle Geschlechter der Erde, alle Völker sollen ihn glücklich preisen.

Gelobt sei der Herr, der Gott Israels, der allein Wunder tut. Und gelobt sei sein herrlicher Name in Ewigkeit, alle Lande sollen seiner Herrlichkeit voll werden! Amen! Amen!

Sach- und Begriffserklärungen

Aschkenasi/Aschkenasim

Ursprünglich wurden die in Nordwesteuropa, insbesondere in Deutschland, Mittel- und Osteuropa sowie Rußland beheimateten Juden nach diesem Namen benannt. Später dehnte man den Begriff auf die Kultur und den Lebensstil der aus diesen Gegenden stammenden Juden aus – im Gegensatz zu den Sephardim.

Balfour-Erklärung

Außenministerium
2. November 1917

Sehr geehrter Lord Rothschild,
ich habe das Vergnügen, Ihnen im Namen der Regierung Seiner Majestät die folgende, dem Kabinett unterbreitete und von ihm gebilligte Sympathieerklärung mit den jüdisch-zionistischen Bestrebungen zu übermitteln:
»Die Regierung Seiner Majestät steht der Errichtung einer Nationalen Jüdischen Heimstätte für das jüdische Volk in Palästina mit Wohlwollen gegenüber und will die Ausführung dieses Vorhabens nach Kräften erleichtern helfen, unter der ausdrücklichen Voraussetzung, daß nichts geschieht, was die bürgerlichen oder religiösen Rechte der bereits in Palästina bestehenden nichtjüdischen Gemeinden oder die Rechte und den politischen Status der Juden in irgendeinem anderen Land beeinträchtigt.«
Ich wäre Ihnen dankbar, wenn Sie diese Erklärung dem Zionistischen Bund zur Kenntnis bringen wollten.

Mit vorzüglicher Hochachtung
Arthur James Balfour
(Abba Eban, *Dies ist mein Volk*, S. 284)

Chalukka

Bezeichnung für die finanzielle Unterstützung der jüdischen Einwohner Palästinas, insbesondere der vier heiligen jüdischen Städte Jerusalem, Hebron, Tiberias und Safed, durch im Ausland lebende Juden. Es handelte sich um eine Hilfsorganisation, von der die eingehenden Gelder registriert und weitergeleitet wurden. Wegen der besonders hohen Steuern und strengen Regelungen, denen sie in Palästina ausgesetzt waren, hätten die jüdischen Siedler ohne diese Hilfe kaum existieren können. In frommen Kreisen wurde es außerdem als besonders gute Tat angesehen, wenn man die Juden in Palästina unterstützte. Auf lange Sicht gesehen, schadete diese Einrichtung jedoch den Juden in Palästina und führte zu einer von Almosen abhängigen Gesellschaft ohne Eigeninitiative. Die frühen Zionisten, die besonderen Wert auf Selbsthilfe legten und handwerkliche Arbeit als Teil des Wiederaufbaus des Landes betrachteten, lagen mit dem Chalukka-System im Widerstreit. Als gegen Ende des 19. Jahrhunderts neue Siedlungen entstanden, die ausschließlich auf die Arbeit ihrer eigenen Hände vertrauten, begann das Chalukka-System auszusterben.

Chassid – Chassidim – Chassidismus

Volkstümliche religiöse Bewegung innerhalb des Judentums, die in der zweiten Hälfte des 18. Jahrhunderts begann. Zuerst wurde sie von den Orthodoxen sehr bekämpft, später aber akzeptiert und anerkannt. Sie zeichnete sich durch religiöse Verzückung, Schwärmerei, enges und zusammenhängendes Gemeinschaftsleben und durch ihre »charismatischen« Führer aus.

Haskala

Hebräischer Ausdruck für die jüdische Aufklärungsbewegung, deren Ziel es war, die moderne europäische Kultur unter den Juden zu verbreiten. Sie wurde von den Orthodoxen aufs bitterste bekämpft. Sie begann etwa 1770 in Mitteleuropa, griff auf weite Teile Europas (einschließlich des europäischen Teils von Rußland) über und lief in den 1880er Jahren aus. Im großen und ganzen förderte sie die Assimilierung der Juden in Sprache, Kleidung und Umgangsformen, da sie das Ziel jüdischen Lebens darin sah, im Rahmen des allgemeinen Fortschrittes der Menschheit eine Bereicherung für das Leben der jeweiligen Nation zu sein, in der man lebte. In der jüdischen Erziehung setzte sie den Schwerpunkt auf säkulare Fächer. Sie verwendete auch das biblische

Hebräisch für säkulare Zwecke und trug damit – allerdings nur begrenzt – zum Wiederaufleben des Hebräischen bei. In Mittel- und Westeuropa führte sie durch die Assimilierung zu einer gewissen Desintegration im jüdischen Leben. In Rußland war sie bis Anfang des 20. Jahrhunderts eine einflußreiche Bewegung. Innerhalb der russischen Haskala gab es eine Strömung, die den jüdischen Nationalismus förderte, insbesondere nach 1870.

Holocaust

Das Wort kommt aus dem Griechischen und bedeutet »ein ganzes Brandopfer«, »Massenopfer« oder »Massenzerstörung«. Diese englisch-amerikanische Bezeichnung wurde der tragischsten Zeitspanne während der zweiten jüdischen Verbannungszeit gegeben, die insgesamt zwölf Jahre (von 1933–1945) umfaßt. Die letzten sechs Jahre, von 1939– 1945, waren die schlimmsten und brachten die von den Nazis inszenierte »Endlösung der Judenfrage«, die die systematische Ausrottung des jüdischen Volkes zum Ziel hatte. Anerkannten Schätzungen zufolge kamen in dieser Zeit mindestens sechs Millionen Juden ums Leben.

Jalkut: siehe Yalkut

Jeschiwa/Jeschiva: siehe Yeshiva

Kabbala – Kabbalistik – Kabbalist

Das Wort »Kabbala« bedeutet soviel wie »bekommen«, »erhalten«. Es ist der gebräuchlichste Ausdruck für den jüdischen Mystizismus – besonders die im Mittelalter nach dem 12. Jahrhundert aufkommenden Formen, aber auch die gesamte Entwicklung seit der Zerstörung des zweiten Tempels im Jahre 70 n. Chr. Ziel dieser Lehre war es, Gott zu erkennen und den Sinn des Lebens durch Kontemplation und Erleuchtung zu finden. Der Verstand wurde zwar nicht kleingeschrieben, jedoch war man der Auffassung, daß wahre Gotteserkenntnis den Verstand übersteigt; sie muß durch Erleuchtung gefunden werden. Die spanische Kabbalistik des 13. Jahrhunderts war von großer Bedeutung für die gesamte Bewegung, besonders durch ihr berühmtestes literarisches Werk, das Buch Zohar (Sohar). Erst durch die spanische Kabbalistik wurde die Kabbalistik zu einer zusammenhängenden Kraft im Judentum. Nach der Zerstörung der Judenheiten in Spanien und Portugal während der Inquisition verlagerte sich das Zentrum der Kabbalistik nach Safed in Nordgaliläa. Damit wurde die Kabbalistik zu einer Volksbewegung sowie stark messianistisch. Die Kabbalistik gehört zu den mächtigsten und einflußreichsten Kräften, die die innere Entwicklung des Judentums geprägt haben.

Karäer

Jüdische Sekte, die nur das Alte Testament, nicht aber den Talmud und die rabbinische Tradition anerkennt; gegründet im 8. Jahrhundert n. Chr. in Persien.

Makkabäer

Beiname eines jüdischen Herrschergeschlechts, das den Aufstand des jüdischen Volkes gegen den Seleukidenkönig Antiochus IV. Epiphanes anführte; insbesondere auch Beiname des dritten Sohnes, Judas. Bis zum heutigen Tage gibt es keine befriedigende Erklärung für die Bedeutung oder Herkunft des Namens. Josephus zufolge lautete der Name der Familie »Hasmon«, weshalb sie als »Hasmonäer« in die rabbinische Literatur eingingen. Mit Antiochus IV. begann im Jahre 171 v. Chr. eine Schreckensherrschaft, die sieben Jahre lang andauern sollte. Die zweite Hälfte dieser Zeitspanne war die schrecklichste; in ihr tötete der Vater der Makkabäerfamilie, der Priester Mattathias, in einem Aufstand in der kleinen Stadt Modi'in in der Nähe Jerusalems den griechischen Offizier und den abtrünnigen Juden, die beide an einem heidnischen Ritus teilnahmen. Er und seine fünf Söhne flohen dann mit vielen anderen in die judäischen Berge und begannen einen Guerilla-Krieg. Viele schlossen sich ihnen an. Als Mattathias noch im gleichen Jahr ums Leben kam, übernahm sein dritter Sohn, Judas, die Führerschaft und erwies sich als ein Mann mit den Eigenschaften eines Gideon. Dank seiner ausgezeichneten Taktiken führte er die Makkabäer von Sieg zu Sieg. Antiochus IV. starb 164 v. Chr. in einem Feldzug in Medien. 161 v. Chr. starb Judas auf dem Schlachtfeld. Sein jüngster Bruder, Jonathan, trat an seine Stelle, bis er 143 v. Chr. auf verräterische Weise umgebracht wurde. Die endgültige Unabhängigkeit wurde durch Simon, dem zweitältesten Bruder, erlangt. Zum ersten Mal seit der Zeit vor der babylonischen Gefangenschaft war das jüdische Volk jetzt wahrhaft frei und erwarb sich das ganze Gebiet zurück, das im Goldenen Zeitalter von David und Salomo in seinem Besitz gewesen war. Die Makkabäerzeit ist eine der eindrücklichsten Zeitspannen in der Geschichte des jüdischen Volkes. Sie wird im ersten und zweiten Buch der Makkabäer näher beschrieben. In Erinnerung an die Befreiung feiern die Juden noch heute das Fest Channuka (Lichterfest).

Midrasch

Der Stamm dieses Wortes bedeutet soviel wie »suchen«, »untersuchen«, »erforschen«. Ausdruck für eine bestimmte Art der rabbinischen Literatur, die größtenteils aus homiletischen Auslegungen der Bibel besteht.

Sephardi/Sephardim

Im engsten Sinne Bezeichnung für Juden spanischer oder portugiesischer Herkunft. Sepharad ist gleichbedeutend mit Spanien. Im gewöhnlichen Sprachgebrauch umfaßt das Wort jedoch alle Juden lateinisch-romanischen Ursprungs sowie die von der Mittelmeergegend stammenden Juden einschließlich ihrer Kultur und ihres Lebensstils.

Talmud

Das Wort bedeutet »Studium« oder »Lernen«. Im gebräuchlichsten Sinne Name für Aufzeichnungen von Gelehrten (3.–5. Jahrhundert n. Chr.), bestehend aus Kommentaren und Erörterungen über die Mischna. Der Talmud setzt sich aus zwei Teilen zusammen:
1. *Mischna* – eine Sammlung mündlich überlieferter Gesetze der Ältesten, im Gegensatz zum schriftlich niedergelegten Gesetz Gottes. Sie wurde zusammengestellt und herausgegeben von Rabbi Juda Ha-Nasi (230 n. Chr.) und umfaßt etwa die Zeitspanne vom 2. Jahrhundert v. Chr. bis zum 2. Jahrhundert n. Chr. Ziel dieser Sammlung war die Bewahrung des Gesetzes Gottes und seine praktische Anwendung auf den Alltag. Seit der Zeit der Zusammenstellung von Rabbi Juda kommt sie in den Augen der Juden an zweiter Stelle gleich nach dem Alten Testament. Der Wortstamm von *Mischna* heißt soviel wie »wiederholen«, also »Lehre durch Wiederholung«.
2. *Gemara* – Aufzeichnung von Kommentaren und Erörterungen zur Mischna. *Gemara* bedeutet »Vervollständigung« oder »Überlieferung«. Man unterscheidet zwischen zwei Gemaras. Die eine wurde in Tiberias von Rabbi Johanan im 4. Jahrhundert n. Chr. zusammengestellt, die zweite in Babylon gegen Ende des 5. Jahrhunderts n. Chr. Deshalb wird die Mischna mit der tiberianischen Gemara gewöhnlich als »Jerusalemer Talmud« bezeichnet, die Mischna mit der babylonischen Gemara hinge-

gen als »Babylonischer Talmud«. Der Talmud ist von unschätzbarem Einfluß auf das jüdische Leben, Denken und Verhalten.

Targum

Das Wort bedeutet »Übersetzung«. Es bezeichnet in der rabbinischen Literatur fast ausschließlich die Übersetzung der Bibel ins Aramäische sowie die bereits ursprünglich auf Aramäisch abgefaßten Bibelteile. Parallel zur Übersetzung finden sich oft Erklärungen im Sinne von Übertragungen. Am bekanntesten ist das Targum Onkelos. Überlieferungen zufolge war Onkelos ein Schüler von Rabbi Gamaliel. Dieses Targum stammt aus dem 2. Jahrhundert n. Chr. Weitere Targume sind das Targum Jonathan (4. Jahrhundert n. Chr.) und das Jerusalemer Targum, das auch Targum Pseudo-Jonathan genannt wird (7. Jahrhundert n. Chr.).

Unabhängigkeitserklärung

Im Lande Israel entstand das jüdische Volk. Hier prägte sich sein geistiges, religiöses und politisches Wesen. Hier lebte es frei und unabhängig. Hier schuf es nationale und universelle Kultur und schenkte der Welt das ewige Buch der Bücher.

... Durch Gewalt vertrieben, blieb das jüdische Volk auch in der Verbannung seiner Heimat in Treue verbunden. Nie wich seine Hoffnung, nie verstummte sein Gebet um Heimkehr und Freiheit.

Beseelt von der Kraft der Geschichte und Überlieferung, suchten Juden jeder Generation in ihrem alten Lande wieder Fuß zu fassen. Im Laufe der letzten Jahrzehnte kamen sie in großen Scharen. Arbeiter und Wegbereiter, Verteidiger des schon Geschaffenen erweckten gemeinsam mit den der Blockade trotzenden Neueinwanderern (Maapilim) Einöden zur Blüte, belebten aufs neue die hebräische Sprache, bauten Dörfer und Städte und errichteten eine stets wachsende Gemeinschaft mit eigener Wirtschaft und Kultur, die nach Frieden strebte, sich aber auch zu verteidigen wußte, die allen im Lande die Segnungen des Fortschritts brachte und sich vollkommene Unabhängigkeit zum Ziel setzte.

Im Jahre 5657 (1897) trat der erste Zionistenkongreß zusammen, der dem Rufe Dr. Theodor Herzls, des Sehers des jüdischen Staates, gefolgt war, und verkündete das Recht des jüdischen Volkes auf nationale Erneuerung in seinem Lande. Dieses Recht wurde am 2. November 1917 in der Balfour-Deklaration anerkannt und durch das Völkerbundmandat bestätigt, das der historischen Verbindung des jüdischen Volkes mit dem Lande Israel und seinem Anspruch auf die Wiedererrichtung seiner Nationalen Heimstätte internationale Geltung verlieh.

Die Katastrophe, die in unseren Tagen über das jüdische Volk hereinbrach und Millionen von Juden in Europa vernichtete, bewies unwiderleglich aufs neue, daß das Problem der jüdischen Heimatlosigkeit durch die Wiederherstellung des jüdischen Staates im Lande Israel gelöst werden muß, eines Staates, dessen Pforten jedem Juden offenstehen und der dem jüdischen Volk den Rang einer gleichberechtigten Nation in der Völkerfamilie sichert.

Die Überlebenden des fürchterlichen Nazigemetzels in Europa sowie Juden anderer Länder scheuten keine Schwierigkeiten, Hindernisse und Gefahren, um nach dem Lande Israel aufzubrechen und ihr Recht auf ein Dasein in Würde und Freiheit und ein Leben redlicher Arbeit im Heimatland durchzusetzen.

Im Zweiten Weltkrieg leistete die jüdische Gemeinschaft im Lande Israel ihren vollen Beitrag zum Kampfe der Frieden und Freiheit liebenden Nationen gegen die verbrecherischen Nazimächte. Mit dem Blute ihrer Soldaten und ihrem Einsatz für den Sieg erwarb sie das Recht auf Mitwirkung bei der Gründung der Vereinten Nationen.

Am 29. November 1947 faßte die Vollversammlung der Vereinten Nationen einen Beschluß, der die Errichtung eines jüdischen Staates im Lande Israel forderte. Sie rief die Bewohner des Landes auf, alle ihrerseits zur Durchführung dieses Beschlusses nötigen Maßnahmen zu ergreifen. Diese von den Vereinten Nationen ausgesprochene Anerkennung der Berechtigung des jüdischen Volkes, seinen Staat zu gründen, ist unwiderruflich.

Gleich allen anderen Völkern ist es das natürliche Recht des jüdischen Volkes, seine Geschicke unter eigener Hoheit selbst zu bestimmen.

Demzufolge haben wir, die Mitglieder des Volksrates, als Vertreter der jüdischen Bevölkerung und der Zionistischen Organisation, heute, am letzten Tage des britischen Mandats über Palästina, uns hier eingefunden und verkünden hiermit kraft unseres natürlichen und historischen Rechtes und auf Grund des Beschlusses der UNO-Vollversammlung die Errichtung eines jüdischen Staates im Lande Israel – des Staates Israel.

Wir beschließen, daß vom Augenblick der Beendigung des Mandats, heute um Mitternacht, dem sechsten Tag im Monat Ijar des Jahres 5708, dem 15. Mai 1948, bis zur Amtsübernahme durch verfassungsgemäß zu bestimmende Staatsbehörden, doch nicht später als bis 1. Oktober 1948, der Volksrat als vorläufiger Staatsrat und dessen ausführendes Organ, die Volksverwaltung, als zeitweilige Regierung des jüdischen Staates wirken sollen. Der Name des Staates lautet Israel.

Der Staat Israel wird der jüdischen Einwanderung und der Sammlung der Juden im Exil offenstehen. Er wird sich der Entwicklung des Landes zum Wohle aller seiner Bewohner widmen. Er wird auf Freiheit, Gerechtigkeit und Frieden im Sinne der Visionen der Propheten Israels gestützt sein. Er wird allen seinen Bürgern ohne Unterschied der Religion, der Rasse oder des Geschlechts soziale und politische Gleichberechtigung verbürgen. Er wird Glaubens- und Gewissensfreiheit, Freiheit der Sprache, Erziehung und Kultur gewährleisten, die heiligen Stätten unter seinen Schutz nehmen und den Grundsätzen der Charta der Vereinten Nationen treu bleiben.

Der Staat Israel wird bereit sein, mit den Organen und Vertretern der Vereinten Nationen bei der Durchführung des Beschlusses vom 29. November 1947 zusammenzuwirken und sich um die Herstellung der gesamtpalästinensischen Wirtschaftseinheit zu bemühen.

Wir wenden uns an die Vereinten Nationen mit der Bitte, dem jüdischen Volke beim Aufbau seines Staates Hilfe zu leisten und den Staat Israel in die Völkerfamilie aufzunehmen.

Wir wenden uns – selbst inmitten der mörderischen Angriffe, denen wir seit Monaten ausgesetzt sind – an die in Israel lebenden Araber mit dem Aufrufe, den Frieden zu wahren und sich aufgrund voller bürgerlicher Gleichberechtigung und entsprechender Vertretung in allen provisorischen und permanenten Organen des Staates an seinem Aufbau zu beteiligen.

Wir bieten allen unseren Nachbarstaaten und ihren Völkern die Hand zum Frieden und guter Nachbarschaft und rufen sie zur Zusammenarbeit und gegenseitigen Hilfe mit dem selbständigen jüdischen Volke in seiner Heimat auf. Der Staat Israel ist bereit, seinen Beitrag bei gemeinsamen Bemühungen um den Fortschritt des gesamten Nahen Ostens zu leisten.

Unser Ruf ergeht an das jüdische Volk in allen Ländern der Diaspora, uns auf dem Gebiete der Einwanderung und des Aufbaus zu helfen und uns im Streben nach der Erfüllung des Traumes von Generationen – der Erlösung Israels – beizustehen.

Mit Zuversicht auf den Fels Israels setzen wir unsere Namen zum Zeugnis unter diese Erklärung, gegeben in der Sitzung des zeitweiligen Staatsrates auf dem Boden unserer Heimat in der Stadt Tel Aviv, heute, am Vorabend des Sabath, den fünften Ijar 5708, 14. Mai 1948.

David Ben Gurion

Daniel Auster	Golda Myerson
Mordekhai Bentov	Nachum Nir
Yitchak Ben Zvi	Zvi Segal
Eliyahu Berligne	Rabbi Yehuda Leib
Fritz Bernstein	Hacohen Fishman
Rabbi Wolf Gold	David Zvi Pinkas
Meir Grabovsky	Aharon Zisling

Yitzchak Gruenbaum
Dr. Abraham Granovsky
Eliyahu Dobkin
Meir Wilner-Kovner
Zerach Wahrhaftig
Herzl Vardi
Rachel Cohen
Rabbi Kalman Kahana
Saadia Kobashi
Rabbi Yitzchak Meir Levin
Meir David Loewenstein
Zvi Luria

Moshe Kolodny
Eliezer Kaplan
Abraham Katznelson
Felix Rosenblueth
David Remez
Berl Repetur
Mordekhai Shattner
Ben Zion Sternberg
Bekhor Shitreet
Moshe Shapira
Moshe Shertok

(Abba Eban, *Dies ist mein Volk*, S. 365–368)

Wadi

Arabischer Ausdruck für ein felsiges Flußbett, das außer in der Regenzeit trocken liegt. Das hebräische Äquivalent ist »Nahal«.

Yalkut

Der Stamm dieses Wortes bedeutet »zusammenstellen«. Es handelt sich um eine umfangreiche, die ganze Bibel umfassende Midrasch-Anthologie. Am bekanntesten ist das Yalkut Shimoni, auch unter der Bezeichnung »Yalkut des Simeon von Frankfurt«. Es stammt aus dem frühen 14. Jahrhundert n. Chr. Das Yalkut Ha Malchiri stammt aus der gleichen Zeit, ist aber weniger umfangreich.

Yeschiva/Yeschivot

Name für Akademien oder Institutionen, in denen der Talmud gelehrt wird. Einige von ihnen waren berühmte und einflußreiche Studienorte, die auf das jüdische Leben großen Einfluß ausübten. Bei anderen handelte es sich eher um kleine »Bibelschulen«. In Jerusalem gibt es zur Zeit eine wachsende Zahl Yeschivot.

Das Buch Zohar (Sohar)

»Zohar« bedeutet »Glanz«. Es ist das zentrale literarische Werk der Kabbala, eine Serie von Büchern, die unter einer Überschrift stehen und in fünf Bände aufgeteilt sind. Herausgegeben und veröffentlicht wurde dieses Buch von Moses ben Shem Tov de Leon im späten 13. Jahrhundert, erhob jedoch für sich den Anspruch, »die Midrasch von Rabbi

Simeon ben Johai, einem Lehrer des 2. Jahrhunderts n. Chr.« zu sein.
Der Heilige Zohar, wie er manchmal genannt wird, war von großem
Einfluß auf den gesamten jüdischen Mystizismus.

Bibliographie

Alon, Azaria, *The Natural History of the Land of the Bible*, Jerusalem 1969

Avi-Yonah, Michael, *Die Geschichte der Juden im Zeitalter des Talmud*, Berlin 1962

Avi-Yonah, Michael, *Das Heilige Land. Buchers Führer zu den Zentren der Kultur*, Luzern: Bucher, 1973

Avi-Yonah, Michael (Hrsg.), *Geschichte des Heiligen Landes*, Frankfurt: Ullstein, 1971

Ben Gurion, David, *Israel. Die Geschichte eines Staates*, Frankfurt: Fischer, 1973

Ben Gurion, David (Hrsg.), *Die Juden in ihrem Land. Die Geschichte des Volkes Israel von den Anfängen bis in unsere Zeit*, Würzburg: Arena, 1967

Cansdale, George S., *Animals of Bible Lands*, London 1970

Charif, Ruth/Raz, Simcha (Hrsg.), *Jerusalem: The Eternal Bond*, Tel Aviv 1977

Eban, Abba, *Dies ist mein Volk*, Zürich: Droemer/Knaur, 1968

Eban, Abba, *Mein Land. Das moderne Israel*, Zürich: Droemer/Knaur, 1973

Edersheim, Alfred, *The Life and Times of Jesus, the Messiah* (2 Bde.), London 1890

Elon, Amos, *Morgen in Jerusalem. Theodor Herzl. Sein Leben und Werk*, Wien/München: Molden, 1975

Encyclopaedia Judaica. Das Judentum in Geschichte und Gegenwart (10 Bde.: A–L), Berlin: Eschkol, 1928–1934

Encyclopaedia Judaica, C. Roth u.a. (Hrsg.), Jerusalem 1971

Gilbert, Martin, *The Arab-Israeli Conflict. Its History in Maps* (2. Ausgabe), London 1976

Gilbert, Martin, *The Jews of Arab Lands*, London 1976

Gilbert, Martin, *The Jews of Russia*, London 1976

Gilbert, Martin, *Jerusalem: A Historical Atlas*, Jerusalem 1977

Gilbert, Martin, *Exile and Return*, London 1978

Halevi, Jehuda, *Zionslieder* (übersetzt u. erläutert von F. Rosenzweig), Berlin: Schocken, 1933

Hareuveni, Nogah u.a., *Ecology in the Bible*, Kiryat Ono, 1974

Hess, Moses, *Rom und Jerusalem. Die letzte Nationalitätenfrage*, Tel Aviv: Hozaah Ivrith, 1935

Herzl, Theodor, *Der Judenstaat*, Berlin: Jüdischer Verlag, 1936

Herzl, Theodor, *Gesammelte zionistische Werke, Bd. I: Zionistische Schriften, Bd. II: Tagebücher I und II,* Berlin: Jüdischer Verlag, 1922

Hertz, J.H., *A Book of Jewish Thoughts,* London 1935

Join-Lambert, Michel, *Jerusalem,* London 1958

Kleines Lexikon des Judentums, J. Maier/P. Schäfer (Hrsg.), Konstanz: Christliche Verlagsanstalt, 1981

Kollek, Teddy/Pearlman, Moshe, *Jerusalem, heilige Stadt der Menschheit. Seine Geschichte in vier Jahrtausenden,* Frankfurt: Fischer, 1969

Lambert, Lance, *Battle for Israel,* Eastbourne 1976

Lexikon des Judentums, J.F. Oppenheimer u.a. (Hrsg.), Gütersloh: Bertelsmann, 1967

Mazar, Benjamin, *The Mountain of the Lord,* New York 1975

Orni, Efraim/Efrat, Elisha, *Geographie Israels,* Jerusalem: Israel Universities Press, 1966

Rosen, Dov, *Shema Yisrael* (2 Bde.), Jerusalem 1974

Roth, Cecil, *Geschichte der Juden. Von den Anfängen bis zum neuen Staate Israel,* Köln: Kiepenheuer & Witsch, 1964

Sachar, Howard M., *A History of Israel from the Rise of Zionism to Our Time,* Jerusalem 1976

Scholem, Gershom, *Zur Kabbala und ihrer Symbolik,* Frankfurt: Suhrkamp, 1973

St. John, Robert, *Tongue of the Prophets,* Hollywood 1952

Zweig, Stefan, *Die Welt von Gestern. Erinnerungen eines Europäers,* Frankfurt: Fischer, 1970

Leonard J. Davis

Israel – Behauptungen und Tatsachen

Was Israelfreunde wissen müssen

Pb., 368 S.,
Nr. 57.342
ISBN 3-7751-1288-X

Seit seiner Staatsgründung wird Isreal von seinen arabischen Nachbarn
gnadenlos bekämpft – mit den Waffen des Militärs und der Propaganda.
So haben gezielte arabische Kampagnen Israel das Existenzrecht abge-
sprochen. Das objektive Bild des Staates wurde durch immer wiederholte,
irreführende Behauptungen bewußt verfälscht. Die Informationen dieses
Buches zwingen zur Revision von Vor- und Fehlurteilen, schärfen den
Blick für die Wirklichkeit.

Bitte fragen Sie in Ihrer Buchhandlung nach diesem Buch! Oder
schreiben Sie an den Hänssler-Verlag,
Postfach 12 20, W-7303 Neuhausen-Stuttgart.

hänssler

Israel von A–Z

Daten, Fakten, Hintergründe

Pb., 240 S., 120 Fotos,
Nr. 391.534
ISBN 3-7751-1534-X

Wohin auch immer die Reise in Israel führen soll, ist dies ein unentbehrliches Handbuch voller Informationen über alle wichtigen Lebensbereiche des heutigen Israel: Land – Lebensstil – Ursprünge – Suche nach Frieden – Staat – Wirtschaft – Menschen – Das Jahr in Israel – Bildung und Sport – Gesundheit und Sozialwesen – Kultur.
Farbfotos, Tafeln und Karten und nützliche Tips geben einen kompakten Querschnitt durch das Land.

Bitte fragen Sie in Ihrer Buchhandlung nach diesem Buch! Oder schreiben Sie an den Hänssler-Verlag,
Postfach 12 20, W-7303 Neuhausen-Stuttgart.

hänssler

Peter Hahne

Isreal – erlebt

Tb., 96 S., Nr. 70.675
ISBN 3-7751-1763-6

Erlebnisse, Entdeckungen und Begegnungen im Heiligen Land. Peter Hahne, bekannt und beliebt bei Millionen TV-Zuschauern, schildert Höhepunkte seiner zahlreichen Israelreisen. Wie immer packend und aktuell, humorvoll und nachdenklich. Es geht um neueste Ausgrabungen und Funde als verblüffende Hinweise für die Glaubwürdigkeit der Bibel. Um biblische Vorbilder für heutige Wirtschafts- und Militärpolitik. Um aktuelle Nahostfragen im Lichte der Bibel. Peter Hahne hat ein Herz für Israel: Ein einzigartiges Land mit einzigartigen Menschen.

Bitte fragen Sie in Ihrer Buchhandlung nach diesem Buch! Oder schreiben Sie an den Hänssler-Verlag, Postfach 12 20, W-7303 Neuhausen-Stuttgart.